服 务 管 理

张 威 主编

南开大学出版社

天 津

图书在版编目(CIP)数据

服务管理 / 张威主编. —天津：南开大学出版社，
2019.1
ISBN 978-7-310-05496-1

Ⅰ.①服… Ⅱ.①张… Ⅲ.①服务业－企业管理
Ⅳ.①F719

中国版本图书馆 CIP 数据核字(2017)第 276528 号

版权所有　侵权必究

南开大学出版社出版发行
出版人:刘运峰
地址:天津市南开区卫津路 94 号　　邮政编码:300071
营销部电话:(022)23508339　23500755
营销部传真:(022)23508542　　邮购部电话:(022)23502200
*
天津泰宇印务有限公司印刷
全国各地新华书店经销
*
2019 年 1 月第 1 版　　2019 年 1 月第 1 次印刷
230×170 毫米　16 开本　16 印张　2 插页　260 千字
定价:52.00 元

如遇图书印装质量问题,请与本社营销部联系调换,电话:(022)23507125

前　言

本书全面讲述了服务管理所涉及的基本理论与基本知识，从认知服务的概念与特性开始，以"服务战略"为引领，对服务管理中"服务运营"与"服务交互"这两大研究领域进行解析，最后对"服务组织"进行阐述。本书具体内容共有 9 章，重点章节在于服务的概念与特性、服务竞争战略、服务产品开发与设计、服务流程设计、服务设施选址、服务需求管理、服务生产能力管理、服务质量管理、服务利润链、服务接触概述、服务补救、服务组织结构、内部营销等。

本书可作为企业管理、市场营销、旅游管理等专业本科生、研究生的教材使用，也可作为政府、企事业单位人员培训的参考用书。本书具有科学性、系统性和逻辑性，便于学生理解服务管理的原理和方法，掌握在服务企业或部门运营管理的实际能力。另外，本书在每一章都配有服务管理的典型案例和中英文术语表，也有助于教学的开展。

本书主编张威于 2006 年获得南开大学管理学博士学位，现为天津财经大学商学院旅游系主任、教授、硕士生导师、国家旅游局旅游业青年专家，长期从事战略管理、服务管理的教学与科研工作，负责全书的内容架构、第一章的编写以及最后的总纂。其他编写者有天津财经大学商学院旅游系教师黄妍莺（第二章、第四章、第五章、第六章）、浙江横店影视职业学院影视旅游学院教师牛状（第三章、第九章）以及天津财经大学珠江学院酒店与旅游管理系的两位教师张一楠（第七章）和胡晓丽（第八章）。

在本书的编写过程中，参考了许多服务管理的经典著作和教材，恕不能在书中一一列举，在此向各位作者表示感谢。同时，本书的疏漏之处也请读者给予批评指正。

张　威

2018 年 12 月

目　录

第一章 绪 论

　　随着经济与社会的不断发展，服务业在国内生产总值（GDP）中的比重逐渐提高。本章首先阐述人类社会从农业经济、工业经济、服务经济到体验经济的演进过程，阐明服务业在国民经济中的地位与作用；其次介绍服务的概念与特性；最后在厘清服务管理研究发展阶段的基础上，提出本书的服务管理基本框架，并给出全书的主要内容。

第一节 服务的发展

一、服务经济的演进历程

　　1672 年，英国古典政治经济学创始人威廉·配第（William Petty）第一次发现了世界各国国民收入水平的差异和经济发展不同阶段的关键原因是产业结构的不同[①]，并在 1692 年出版的《政治算术》中阐述了劳动力随着经济的发展从农业经济向工业经济，再向服务经济转移的现象。他发现大部分人口从事制造和商业的荷兰，其人均国民收入要比当时欧洲大陆其他国家高得多，而就英国不同产业来看，其人均收入也不相同，从事农业的农民收入与从事运输的船员相比较，后者竟高于前者四倍。他通过考察得出结论：工业比农业收入多，商业又比工业的收入多，即工业比农业、商业比工业附加值高。以上结论完成了古典经济理论对服务经济最初的认识。

　　1935 年，英国经济学家罗纳德·费希尔（R. A. Fisher）在《进步与安

---

① 贺灿飞. 中国地区产业结构转换比较研究[J]. 经济地理，1996（3）：68-74.

全的冲突》一书中，以统计数字为依据再次提起配第的论断，首次提出了关于二次产业经济的划分方法：第一产业是农业和矿产业，第二产业是加工制造业，第三产业是提供各种服务活动的产业[①]。人类的生产活动首先是以农业和畜牧业为主的初级生产阶段，随后进入以工业迅猛发展的第二阶段，再后来进入以服务业发展为主的第三阶段。第三阶段开始于20世纪初，此时大量的劳动力和资金开始流入旅游、娱乐、文化、艺术、医疗、教育、科研以及政府公共服务等活动中。

在吸收并继承了配第、费希尔等人观点的基础上，克林·克拉克（Colin Clark）1940年在《经济发展条件》一书中不仅强调了三大部门的分类，而且强调了对生产、收入、消费增长的原因和计量分析[②]。他通过对四十多个国家和地区不同时期三次产业劳动投入和总产出资料的整理和比较，总结了劳动力在三次产业中的结构变化与人均国民收入的提高存在着一定的规律性：随着全社会人均国民收入的提高，劳动人口从农业向制造业，进而从制造业再向商业及服务业移动，即克拉克法则。

美国经济学家维克多·福克斯（Victor R. Fuchs）是第一个提出"服务经济"概念的人，他于1968年出版了服务经济学研究的经典著作《服务经济》。他指出，美国现在正在经济发展方面开创一个新时期。在第二次世界大战结束以后，这个国家已成为世界上第一个"服务经济"国家，即第一个一半以上就业人口不从事食物、衣着、房屋、汽车或其他实物生产的国家[③]。该理论经过进一步发展，由服务部门创造的价值在国民生产总值中所占的比重大于60%成为一个对服务经济的公认判断标准。依据这一标准，西方发达国家早在20世纪70年代就进入了服务经济时代。

1973年，美国社会学家丹尼尔·贝尔（Daniel Bell）出版了《后工业社会的来临：对社会预测的一项探索》一书，第一次提出后工业社会这个概念[④]。他认为，如果把"工业社会"作为研究的概念单位，可以把社会分为前工业社会、工业社会和后工业社会三种类型。前工业社会依靠原始的劳动力并从自然界提取初级资源；工业社会是围绕生产和机器这个轴心

---

① 陈家泽. 政府作用与文化产业政策设计[J]. 西南交通大学学报（社会科学版），2006（5）：86-92.

② Clark C. The Conditions of Economic Progress, 3rd ed[M]. London: The Macmillan Co., 1957.

③ 曹建海. 一部系统研究服务业竞争力的力作——评《服务业竞争力》[J]. 财贸经济，2004（3）：95.

④ Bell D. The Coming of Post-Industrial Society: A Venture in Social Forecasting[M]. New York: Basic Books, Inc., 1973.

为制造商品而组织起来的；后工业化社会是工业社会进一步发展的产物，是人类社会进化到一定阶段必定会出现的社会结构与生活方式，一个简单的标准就是大多数劳动力不再从事农业或制造业，而是从事服务业，如贸易、金融、保险、房地产、医疗、教育、科学研究与技术开发等。

1982 年，约翰·奈斯比特（John Naisbitt）出版了《大趋势——改变我们生活的十个新方向》，认为后工业化社会就是信息社会，指出信息社会始于 1956 年或 1957 年[①]。美国未来学家阿尔文·托夫勒（Alvin Toffler）则把贝尔和奈斯比特描述的 20 世纪 50 年代中期开始的重大技术和社会变化称为人类变化的第三次浪潮，把人类文明划分为三个阶段：农业社会的文明、工业社会的文明、超工业社会的文明。后工业社会和超工业社会的文明都宣告服务经济时代的正式到来[②]。

目前，人类社会的经济形态经历了农业经济、工业经济和服务经济之后，已经进入服务经济的高级形态——体验经济时代。

（一）农业经济时代

自人类文明史的出现，在漫长的历史进程中，农业经济占据了绝大部分的时间。这是经济社会发展的最初阶段，人们主要以手工劳动为主，生产力水平低，劳动形式是以家庭为单位分散劳动，人与人之间的关系较为简单，合作较少，较少发生交换关系，但是这一阶段却是人们从事物质资料生产活动的开始。纵观农业经济阶段的物质资料生产，主要表现在人们利用土地及其他生产资料，通过手工劳动，把自然界的生物等物质转化为人类自身所需要的基本生活资料和再生产所需要的原料。可见，这一阶段的物质资料生产主要集中在衣食住行的生存需要。

农业经济时代里，生产是为了满足生产者家庭或经济单位（如原始氏族、封建庄园）自身的需要，而不是为了社会交换，此时产品很少进入流通领域。因为其效率低下，虽然绵延数千年，但除了完成延续人类生命这一主要使命之外，它在人类发展进步等方面所创造的业绩远不如后来的工业经济和服务经济。

（二）工业经济时代

18 世纪 60 年代发生在西欧资本主义国家的第一次工业革命，实现了以蒸汽机为动力的机器生产代替手工劳动，使社会化大生产进入成熟阶段。

① 约翰·奈斯比特. 大趋势——改变我们生活的十个新方向[M]. 北京：科学普及出版社，1985.
② Toffler A. The Third Wave: The Classic Study of Tomorrow[M]. New York: Bantam Books, 1980.

这一阶段的生产属于社会化生产，具体是指生产过程本身的社会化，即由分散的小生产转变为大规模社会生产。工业经济阶段主要经济形式是商品经济，其特征是直接以交换为目的，具有商品生产、商品交换和货币流通的经济形式。在这种经济形式下，生产不再是为了满足单个人的需要，而是为全社会提供需要。所以这个阶段财富的增长，主要来自分工，来自生产的起点到消费终点之间增加的诸多中间环节。

工业经济经过两个世纪的快速增长后开始衰退，因为在推动人类发展的同时，它也污染了环境，浪费了资源和能源，带来过多的温室气体，引起全球气候的变化，使人类的生存面临着诸多挑战，也加大了人类财富分配的两极分化与不同国家或利益集团的冲突。

（三）服务经济时代

自 20 世纪 50 年代以来，全球经济经历着一场结构性的变革，对于这一变革，美国经济学家维克多·福克斯（Victor R. Fuchs）在 1968 年称之为"服务经济"。福克斯认为美国在西方国家中率先进入了服务经济社会。福克斯的宣言预示着始于美国的服务经济在全球范围的来临。

服务经济是指服务经济产值在国内生产总值（GDP）中的相对比重超过 60%的一种经济状态，或者说服务经济是指服务经济中的就业人数在整个国民经济就业人数中的相对比重超过 60%的一种经济态势。现代服务经济产生于工业化高度发展的阶段，是依托信息技术和现代管理理念而发展起来的。现代服务经济的发达程度已经成为衡量国家现代化和竞争力的重要标志之一，是区域经济极具潜力的新增长点。

在经济全球化背景下，资本、商品、技术、劳动力等生产要素跨越国界在全球范围内自由流动和配置，那些在地理上分散于全球的经济活动开始整合或一体化，其具体表现如国际资本在全球范围内追求最大利益，跨国公司在全球范围内选址组织其生产及商业活动，以求得全球资源的最佳配置。随着全球化对世界经济影响的深入，全球也经历了史无前例的大规模分工，其国际分工的模式也出现了重要变化，从不同产业的全球分工，到产业内全球分工，再发展到产品内生产环节和生产程序的全球分工。

以信息技术、知识产业的迅猛发展为主要标志的知识经济革命使西方主要发达国家进入了一个崭新的时代——后工业化社会，服务经济也随之表现出新的发展趋势。与工业社会不同的是，后工业化社会大量的人力、物力和资本不是流入传统的工业、农业，而是流入服务性行业，服务业成为后工业时代的主导产业，在经济结构中的比重逐渐提高，对国民生产总值的贡献度也日益增加。后工业社会中随着知识经济和服务经济在发达国家逐步成为现实的经济形态，国家经济功能也必须由生产型向服务型转变，这种转变也使得国际分工模式出现了前所未有的垂直分离和重构，全球系统出现了国际分工"产品环节型分工"和"生产工序型分工"深化发展的新特点，推进了新一轮世界产业结构调整中服务经济形态的演进。一方面，发达国家对自身的核心竞争力做出了一次重新定位，将重心由生产制造转移到创新、设计、市场营销、科学研究和技术开发等高附加值环节，即实现由自由生产型经济向服务型经济转变；另一方面，发展中国家不但承接了大量从发达国家转移出来的生产制造型行业和生产制造环节，而且开始承接部分发达国家已经成熟、流程化、标准化了的智力密集型服务产业和服务环节。

服务经济作为近五十年来崛起的新的经济形式，在国民经济构成中占有极其重要的地位，它涵盖了服务业乃至对外服务贸易的广阔市场经济门类与形式。在国外，服务经济已基本形成相对成熟的体系，并有其自身的运作方式。在我国，随着市场经济的发展，服务经济已经得到政府主管部门的高度重视，并在国民经济中的比重逐渐加大。它是我国正在进行的产业结构调整升级的主要途径，关系到未来经济发展的走向，具有十分重要的战略意义。

（四）体验经济时代

如今，随着消费形态的改变，经济形态演进的过程已从过去的农业经济、工业经济、服务经济转变到更加高级的服务经济阶段，即"体验经济"时代。早在 20 世纪 70 年代，美国著名未来学家阿尔文·托夫勒（Alvin Toffler）预言：来自消费者的压力和希望经济继续上升的人的压力将推动社会朝着未来体验生产的方向发展，服务业最终会超过制造业，体验生产又会超过服务业，某些行业的革命会扩展，使得它们的独家产品不是粗制滥造的商品，甚至也不是一般性的服务，而是预先安排好了的"体验"[①]。随着科技、信息产业的日新月异，经济提供物由货物、商品、服务转变为体验。

1999 年，美国战略地平线 LLP 公司的共同创始人约瑟夫·派恩（Joseph Pine）和詹姆斯·吉尔摩（James H. Gilmore）撰写的《体验经济》一书中

---

① 阿尔文·托夫勒. 未来的冲击[M]. 蔡伸章，译. 北京：中信出版社，2006.

将体验定义为"企业以服务为舞台，以商品为道具，以消费者为中心，创造能够使消费者参与、值得消费者回忆的活动"，体验经济是通过满足人们的各种体验的一种全新的经济形态①。人类的经济生活，自诞生之日起，经历了农业经济、工业经济、服务经济三个发展阶段，体验已经逐渐成为继农业经济、工业经济和服务经济之后的又一种主导型经济形态。越来越多的消费者渴望享受到更高品质的消费体验，越来越多的企业精心设计并销售体验活动。在体验经济中，企业不再仅是销售商品或服务，它提供最终体验并充满感情的力量，给顾客留下难以忘却的愉悦记忆。

进入 21 世纪后，体验经济开始慢慢显露出来。一方面，从宏观上看，体验经济是因为社会高度富裕、文明、发达而产生的。物质文明的发展、居民生活水平的提高、闲暇时间的增多、新技术的不断发展、先进企业对人们消费观念的引领和示范，都促进了服务经济到体验经济的演进。另一方面，从微观上看，体验经济的兴起是由于企业对产品及服务在质量、功能上已做得相当出色，顾客开始追求更高层次的特色和效用，即"体验"。

目前，从美国到欧洲的整个发达社会经济，正以发达的服务经济为基础，并紧跟网络信息时代，逐步甚至大规模开展体验经济。服务经济从工业到农业、商业、旅游业、餐饮业、娱乐业等各个行业都在进行着升级，尤其是娱乐业已经成为现在世界上成长最快的体验经济领域。

二、服务业在国民经济中的地位与作用

（一）服务业及其分类

一般认为服务业即指生产和销售服务产品的生产部门和企业的集合。在我国国民经济核算实际工作中，将服务业视同为第三产业，即将服务业定义为除农业、工业、建筑业之外的其他所有产业部门，包括：批发和零售业，交通运输、仓储和邮政业，住宿和餐饮业，信息传输、软件和信息技术服务业，金融业，房地产业，租赁和商务服务业，科学研究和技术服务业，水利、环境和公共设施管理业，居民服务、修理和其他服务业，教育，卫生和社会工作，文化、体育和娱乐业，公共管理、社会保障和社会组织，国际组织，以及农、林、牧、渔业中的农、林、牧、渔服务业，采矿业中的开采辅助活动，制造业中的金属制品、机械和设备修理业等。其

---

① Joseph Pine B & James H Gilmore. The Experience Economy[M]. Harvard Business School Press, 1999.

发展水平是衡量生产社会化程度和市场经济发展水平的重要标志，积极发展第三产业是促进市场经济发育、优化社会资源（包括自然资源、资金和劳动力）配置、提高国民经济整体效益和效率的重要途径。

国外经济学家对服务业的分类由于其目的和标准不同，不同分类之间差异十分明显。目前国际上服务业分类的标准主要有：根据服务活动的功能划分、根据服务业在不同经济发展阶段的特点划分、根据服务的供给（生产）导向型分类法、根据服务的需求（市场）导向型分类法等，比较流行的标准分类方法主要有辛格曼分类法、联合国标准产业分类法（1990）、北美产业分类体系（1997）等。其中，经济学家布朗宁（Browning）和辛格曼（Singelman）于1975年根据联合国标准产业分类（SIC）的规则，将商业产业和服务产业加以分类，他们的产业分类标准是商品与服务的产品性质、功能。如表1-1所示，1978年，辛格曼又在1975年分类的基础上，根据服务的性质、功能特征，对服务业重新进行了分类，将服务业分为流通服务、生产者服务、社会服务和个人服务四类，这种分类同时也反映了经济发展过程中服务业内部结构的变化。后来，又有西方学者将布朗宁和辛格曼的分类法进行综合，提出了生产者服务业、分配性服务业、消费性服务业和社会性服务业四分法，其内容大体上与辛格曼的分类法相同，但在二级分类中存在细微差别，比较而言，后者的二级分类更为简化[①]。

表 1-1　辛格曼与西方国家服务业四分法的比较

辛格曼分类法		西方国家服务业分类法	
一级分类	二级分类	一级分类	二级分类
生产者服务	银行、信托及其他金融业	生产者服务业	金融业
	保险业、房地产		保险业
	工程和建筑服务业		不动产业
	会计和出版业、法律服务		商务服务业
	其他营业服务		
流通服务	交通仓储业	分配性服务业	交通运输与仓储业
	通信业、批发业		邮电通信业
	零食业（不含饮食业）		商业
	广告业及其他销售服务		公用事业

① 方远平，毕斗斗. 国内外服务业分类探讨[J]. 国际经贸探索，2008，24（1）：72-76.

续表

辛格曼分类法		西方国家服务业分类法	
一级分类	二级分类	一级分类	二级分类
个人服务	家庭服务	消费性服务业	餐饮业
	旅游和饮食业		旅馆业
	修理服务、洗衣服务		娱乐与休闲业
	理发与美容		私人服务业
	娱乐和休闲		
	其他个人服务		
社会服务	医疗和保健业、医院	社会性服务业	行政服务业
	教育		教育
	福利和宗教服务		健康
	非营利性机构		福利
	政府、邮政		国防
	其他专业化服务和社会服务		司法
			军队和警察

　　我国国家统计局根据不同时期社会经济发展的需要,于 1985 年、1994 年、2002 年、2012 年分四次修订了国民经济行业分类中包含的服务业分类,明确第三产业即为服务业。其中,2002 年的《三次产业划分规定》基本上与国际标准产业分类建立了对应关系,有利于我国服务业与国际之间的对比研究,有利于我国更好地借鉴国外的经验,促使我国第三产业分类更加科学合理。由于服务业内容复杂,且随着经济的发展与技术的进步,社会分工越来越细化,新兴服务业的不断涌现,都给服务业的分类研究带来挑战,加上世界各国的经济发展水平差异显著,迄今为止尚没有适用于世界各国的统一的服务业分类体系。随着经济全球化和国际经济一体化,我国经济逐步与西方接轨,因此服务业分类体系也需要与西方国家对接。现今,我国国民经济行业分类标准在最细层次上基本与西方服务业分类建立了对应关系,因此可以将我国国民经济行业分类中服务业的 15 个门类纳入服务业四分法中,这既有利于研究和探寻不同类型、不同层次服务业的发展规律、布局特征及其差异性,也将推动服务业发展的国际比较研究,可以为我国服务业发展政策的制定提供借鉴

与启示。随着信息技术的进步和经济结构的升级，新兴服务业不断产生，服务业的多样化和差异性愈加明显，我国学术界和政府也应结合时代发展的需要，借鉴西方国家的主流服务业分类法，加强对我国服务业的分类研究，建立既能真正反映我国服务业发展实际情况又能与国际服务业分类标准接轨的服务业分类法，以更好地促进服务经济的健康发展，推动服务业的学术研究。

（二）世界及我国服务业发展现状

17世纪工业革命开始到20世纪中叶，制造业的发达程度一直是衡量一国经济发展水平的关键指标。无论是在经济学界还是在国际组织，"发达国家"只是"工业化国家"的代名词，服务业仅作为各国经济中的辅助性产业而发挥作用。20世纪60年代初，世界主要发达国家的经济重心开始转向服务业，产业结构呈现出"工业经济"向"服务经济"转型的总趋势。

从全球经济体来看，世界范围内的经济增长促进了服务部门的发展，人们生活水平不断提高，人们拥有了更多可支配的收入和更多的闲暇时间，人们不再局限于基本生活需求，而更高层次的享受需要和发展需要逐渐成为人们消费的主导方面。人们的消费需求日益复杂化、个性化，现代个人、家庭和工作生活的许多方面都广泛涉及各种各样的服务。同时，许多社会、文化趋势也不断促进了服务业的发展。例如，人们对服务的需求正成为消费者地位的一种象征。旅游和休闲、美丽和健康，以及现代高等教育在人们心目中已在一定程度上取代了耐用消费品的地位，促进了旅游业、康养业和教育业的快速发展。因此，随着人们生活方式的改变，伴随着人们对各种服务需求的强劲增长，服务业也因此得到快速成长。

近几十年来，服务在社会经济中的地位不断提高，这主要体现在服务业对社会经济总体的贡献份额不断增加，以及服务业所提供的大量就业机会等方面。目前，全球服务业增加值占国内生产总值的比重达到70%，高收入国家达到75%，即使是中低收入国家也达到了50%以上的平均水平；在服务业吸收劳动力就业方面，西方发达国家服务业就业比重普遍达到70%左右，少数发达国家达到80%以上。服务业不仅在国民经济和人们日常生活中的作用日益增强，而且关系到一国在全球竞争中的地位、成败和兴衰。

近年来，全球服务业受世界经济复苏缓慢、增长低迷的影响，总体呈现出低速增长、稳中趋缓的态势。但是，与整个世界经济相比，服务业仍然有较好的表现，全球服务业跨国直接投资、服务贸易的增速均高于全球跨国直接投资（FDI）和世界贸易增速。跨境电商、物联网、互联网金融、众包、大数据、共享经济等新兴服务业、新的服务模式蓬勃发展，成为全球服务业增长的主要引擎。新业态的不断涌现也推动了各国服务业政策的不断创新。各国经济发展阶段的巨大差异，导致不同经济体之间服务业发展极度不平衡，发达国家仍保持绝对优势，同时发展中国家也具有较大增长空间和潜力①。

即使发生在 2008 年末的世界金融危机促使了美国等发达国家"再工业化战略"的实施，但其根本目的是重拾实体经济，为服务经济的发展注入可服务的对象，着力保持服务业领先优势。发展中国家在推动工业化进程中，也都不遗余力地弥补服务业发展不足。因此，服务业占全球国内生产总值的比重一直保持在 70% 以上的水平，仍然是全球经济增长的第一大部门和主要驱动力，以服务经济为主的产业结构仍然没有改变。现今，全球服务业增长已经进入相对稳定、增速平缓的新时期，服务业结构调整已经进入创新驱动、新兴服务业拉动的动力转换期，新兴业态与传统业态融合将成为未来服务业转型升级的主要方向。

改革开放以来，我国服务业持续快速发展，服务领域不断拓宽，服务品种日益丰富，新业态、新模式竞相涌现，有力支撑了经济发展、就业扩大和民生改善。虽然在全球产业转移的大背景下，工业化仍是我国大部分地区经济发展的主要动力，但是近年来，服务业增加值已经超过工业，服务业就业人数也超过工业。2013 年，第二产业增加值比重为 43.7%，第三产业增加值比重为 46.9%，第三产业增加值占比首次超过第二产业；2015 年，服务业在国内生产总值中的比重达到 50.5%，首次占据到一半以上的份额；2018 年，服务业增加值比重继续上升到 52.2%。然而，服务业依然是我国经济社会发展中的一块"短板"，大大低于发达国家 78% 的比例数值，也比同等收入水平的发展中国家低 10 个百分点左右；第三产业就业人员占 44.9%，虽说远高于第二产业就业人员 28.1% 的占比，成为吸纳就业的绝对主力，但就业比重较之发达国家也明显偏低。

---

① 王晓红，李勇坚. 全球服务业形势分析与展望[J]. 全球化，2016（1）：60-71，134.

20 世纪 90 年代中期，中国就已经进入"产品过剩"时代，制造业的发展超过了实际的市场需求，许多工业产品供过于求。但是因为我国各个地区工业化发展水平的差异较大，现阶段总体上还处于工业化发展的中期，只有北京（2018 年第三产业增加值比重 87.9%）、上海（2018 年第三产业增加值比重 69.9%）等国际化大都市处于后工业化阶段，作为工业主导型城市的天津（2018 年第三产业增加值比重 58.6%）则进入工业化后期阶段，包括金融业、线上批发和零售业、信息服务和软件业、租赁与商业服务业、科学研究与技术服务业、教育与咨询服务业等在内的现代服务业、高端服务业、生产性服务业开始成为我国大城市的发展潮流。

制造业在三次产业增加值中的比重减少，相应的，服务业的占比增加。餐饮、娱乐、商贸和运输等传统的劳动密集型服务业的扩张会更快更多地创造就业机会，提高工资水平，增加人民收入和支出；而金融、信息、咨询、研发等资本密集型和知识密集型现代服务业为广泛的政府部门、行业企业以及家庭和个人等提供高层次、高智力的服务，更是有助于经济与社会的发展。同时，服务业因其污染小、耗能低的特点，对于环境保护和生态修复具有积极的支持作用。增加服务业有效供给，提高服务业水平，可以释放巨大的内需潜力，形成稳定经济增长的有力支撑，也会对经济结构优化和质量价值提升产生放大效应[①]。2017 年，国家发改委印发的《服务业创新发展大纲（2017—2025 年）》明确，到 2025 年，将在优化结构、提高质量、提升效率基础上，实现服务业增加值"十年倍增"，使服务业增加值占国内生产总值比重提高到 60%，就业人口占全社会就业人口比重提高到 55%。

（三）我国大力发展服务业的意义

大力发展服务业，对于我国推动经济结构调整、深化改革开放、促进民生改善，都具有重要意义。

1. 大力发展服务业是稳增长、保就业的重大举措

保持经济稳定增长是中国宏观调控的重要任务。稳增长，重点是增强国内消费需求对经济增长的拉动作用。中国人均国内生产总值已经超过 9000 美元，达到中等收入水平。从消费结构变化规律来看，在这个阶段上，人们不仅需要好的产品，而且需要好的服务，这样才能提高生活质量。扩大内需，

---

① 李克强. 围绕"新四化"发展提升服务业[N]. 人民日报，2013-05-30.

就是要顺应这个发展规律，稳步释放服务消费的巨大潜力，为经济增长也为民生改善提供支撑。稳增长说到底是为了保就业，各国发展经验表明，服务业是最大的就业"容纳器"。中国作为人口大国，农业要现代化，工业要信息化，新增就业主要靠服务业吸纳。因此，促进服务业加快发展，培育服务消费热点，改善服务消费环境，能够实现有就业、惠民生的发展。

2．大力发展服务业是调结构、促转型的战略选择

服务业发达程度是衡量一个国家、一个地区产业发展水平的重要标志。发达国家已经形成了以服务业为主的产业结构。现在中国一般工业产品供应充足，一些行业还存在严重产能过剩现象，而服务业许多领域却供不应求。发展服务业有利于增加有效供给，深化社会化专业分工，形成新的经济增长点。服务业还具有资源消耗小、污染排放少的特点，它的发展与传统产业改造相结合，有利于缓解能源资源和环境压力，培育节能环保产业和绿色循环经济，因而有利于提高经济增长的质量和效益。特别是以服务业为依托的信息网络技术等现代科技进步，推动了战略性新兴产业的孕育与发展，带动着整个技术创新、管理创新和业态创新。所以，发展服务业是当前和今后一段时期中国产业结构调整优化的主要方向之一，可以促进产业由中低端向中高端迈进，能够实现更环保、可持续的发展。

3．大力发展服务业是推进现代化的有效途径

从中国国情出发，加快社会主义现代化，需要协调推进工业化、信息化、新型城镇化、农业现代化，而"新四化"与服务业密不可分。推进工业化既要做强工业也要扩大服务业，发展先进制造业需要以现代服务业为支撑，通过财税支持、股权激励等多种措施，强化研发设计、市场营销等服务环节，这会给产品结构优化、质量改善和价值提升带来放大效应。信息化本身就以服务业为载体，服务业壮大也有利于信息技术的广泛推广应用，可以拓展以信息消费为代表的新型服务消费。新型城镇化的核心是人的城镇化，人口在空间上的集聚，既创造服务，也需要服务，包括需要发展服务业为产业和就业提供支撑，需要增强城市交通、流通、环保等服务功能和承载能力，需要加强科教文卫、社会保障等公共服务和社会事业。推进农业现代化，也需要完善农技农机等农业生产服务和农村生活服务。加快发展服务业，可以促进工业化与信息化深度融合、新型城镇化与农业现代化相辅相成，能够实现更全面、更协调的发展。

第二节 服务的概念与特性

一、服务的概念

服务广泛存在于现代社会之中，贯穿于每一个人的日常生活中。在古代，服务多指伺候、服侍的意思。随着时代的发展，"服务"被不断地赋予新意，如今已成为人类促进生产、构建和谐人际关系的基础。作为一个学术上的概念，最早关注服务的是经济学家。现在被经济学家广泛采用的定义出自希尔（Hill T. P.），他指出："一项服务生产活动是这样一种活动，即生产者的活动会改善其他一些单位的状况。这种改善可以采取消费单位所拥有的一种商品或一些商品的物质变化形式，另一方面，改善也可能关系到某个人或一批人的身体或精神状态。随便在哪一种情形下，服务生产的显著特点是，生产者不是对其商品或本人增加价值，而是对其他某一经济单位的商品或个人增加价值"①。可见，希尔是从服务生产入手来定义服务的，强调服务生产与服务产品的区别。

有关组织由于涉及服务领域，也给出了服务的概念。1960 年，美国市场营销协会（AMA）最先给服务下的定义为：用于出售或者是同产品连在一起进行出售的活动、利益或满足感。这一定义在此后的很多年里一直被人们广泛采用。质量保证体系（ISO9001）对服务的定义是：为满足消费者的需要，在同消费者接触中供方的活动或供方所有的活动的结果，通常是无形的。

与上述概念相似，还有很多管理学家对服务进行了定义，虽没有形成统一的认识，但却有共同之处，就是基本都强调了服务的无形性特征。例如，克里斯廷·格罗鲁斯（Christian Grönroos）认为服务是或多或少具有无形特征的一种或一系列活动，通常（但并非一定）发生在顾客同服务的提供者及其有形的资源、商品或系统相互作用的过程中，以便解决消费者的有关问题②；菲利普·科特勒（Philip Kotler）指出，服务是一方提供给

① Hill T P. On Goods and Services[J]. Review of Income and Wealth, 1977, 23(4): 315-338.
② Grönroos C. Service Management and Marketing[M]. John Wiley & Sons, 2000.

另一方的本质上是无形的且不导致任何所有权转移的活动和利益，它的产生可能与实际产品有关，也可能无关[①]；詹姆斯·Λ. 菲茨西蒙斯和莫娜·J. 菲茨西蒙斯（James A. Fitzsimmons & Mona J. Fitzsimmons）定义服务是一种顾客作为共同生产者的、随时间消失的、无形的经历[②]。

通过对服务定义的探讨，我们对服务的概念有了初步的认识。而通过服务包的概念可以帮助我们更好地回答"什么是服务"。由于服务的无形性，服务企业很难具体识别它们的产品，但是，服务过程中顾客的存在才是人们如此关注服务经历的根本原因。例如，对于餐厅而言，就餐氛围与菜品同样重要，因为很多顾客将这一场合看作与亲戚朋友聚会的地方；通过银行员工态度的好坏或排队等候时间的长短，顾客很快就会形成自己对银行的看法。

服务包（Service Package）是指在某种环境下提供的一系列产品和服务的组合[③]。服务包包括以下 4 个部分。

1. 支持性设施

在提供服务前必须到位的物质资源。例如，高尔夫球场、滑雪场的缆车、医院和飞机。

2. 辅助物品

顾客购买和消费的物质产品，或是顾客自备的物品。例如，高尔夫球棒、滑雪板、食物、备用的汽车零件、法律文件及医疗设备。

3. 显性服务

那些可以用感官察觉到的和构成服务基础或本质特性的利益。例如，治疗后疼痛感消失、经过修理的汽车可以正常驾驶、消防部门出车救险的时间。

4. 隐性服务

顾客能隐约感到服务带来的精神上的收获，或服务的非本质特性。例如，重点大学学位的身份象征、高级会所的私密性、24 小时道路救援。

表 1-2 列出了服务包的评价标准，并附有旅游服务的实例。

---

① Kotler P. Marketing Management(Tenth Edition)[M]. Prentice Hall, 2000.

② James A Fitzsimmons, Mona J Fitzsimmons. Service Management: Operations, Strategy and Information Technology(Third Edition) [M]. The McGraw-Hill Companies, 2000.

③ James A Fitzsimmons, Mona J Fitzsimmons. Service Management: Operations, Strategy and Information Technology(Fifth Edition) [M]. The McGraw-Hill Companies, 2006.

表 1-2 服务包评价标准

支持性设施	
1．地点：乘车是否方便到达，是否坐落在市中心	4．建筑的适当性：酒店建筑的风格，景区大门的特色
2．内部装修：合适的情调，家具的质量和协调性	5．设施布局：是否提供了足够的停车场地，景区游览线路是否存在不必要的重复
3．支持性设备：旅行社使用的车辆类型、年限	
辅助物品	
1．一致性：菜品的口味	3．选择：各种可供选择的旅游线路，可供租用的各种类型的旅游车辆
2．数量：饮料和菜品的丰富程度	
显性服务	
1．服务人员的资质：导游人员是否有导游资格证	3．稳定性：餐厅的上菜时间
2．全面性：高星级饭店比低星级饭店提供更多的服务	4．便利性：是否有网站、免费电话等
隐性服务	
1．服务态度：服务员人情味和亲切感	5．舒适感：灯光较好的停车场
2．气氛：酒吧的音乐	6．保密性与安全性：宾馆房间中的保险箱
3．等候：排队的时间，等候时间是否有可供阅读的材料或免费饮品	7．便利：可以预约，免费停车
4．地位：观看比赛时的包厢	8．体验：参与互动

资料来源：James A. Fitzsimmons, Mona J. Fitzsimmons. Service Management: Operations, Strategy and Information Technology(Fifth Edition) [M]. The McGraw-Hill Companies, 2006.

二、服务的特性

服务的特性到 20 世纪 70 年代被作为重点研究主题，并由此奠定了对服务营销、服务产品创新以及服务运营管理等深入研究的基础。通常来说，服务的特性是与有形产品相比而言的。如表 1-3 所示，泽丝曼尔（Valarie A. Zeithaml）和比特纳（Mary Jo Bitner）对此进行了总结，并指出服务特性对于服务管理的相应含义[①]。

---

① 瓦拉瑞尔·A. 泽丝曼尔，玛丽·乔·比特纳. 服务营销（原书第 2 版）[M]. 张金成，白长虹，译. 北京：机械工业出版社，2002.

表 1-3 服务的特性

商品	服务	相应的含义
有形	无形	服务不可储存 服务不能申请专利 服务不容易进行展示或沟通
生产与消费相分离	生产与消费同时进行	顾客参与并影响交易 顾客之间相互影响 员工影响服务的结果 分权可能是必要的 难以进行大规模生产
标准化	异质性	服务的提供与顾客的满意取决于员工的行动 服务质量取决于许多不可控因素 无法确知提供的服务是否与计划或宣传相符
可储存	易逝性	服务的供应和需求难以同步进行 服务不能退货或转售

资料来源：瓦拉瑞尔·A. 泽丝曼尔，玛丽·乔·比特纳. 服务营销（原书第 2 版）[M]. 张金成，白长虹，译. 北京：机械工业出版社，2002.

（一）无形性（Intangibility）

无形性是服务不同于有形产品的根本性特征，也是服务其他特性的根源。服务是一种行动或绩效，是一种经历或过程，其使用价值不能脱离于生产者和消费者之外，不能独立地固定在某种具体的实物形态上。因此，服务不能用像感知实体产品那样的方式被看到、感觉到、品尝到、触摸到。例如，人们在接受美容服务之前，是无法感知到具体美容效果的；顾客在前往汽车维修店接受汽车维修之前，也不可能确切预知维修效果。

服务的无形性对服务管理的含义是，首先，服务无法储存，服务不能提前储存起来应对需求高峰期的顾客需求。例如，公园无法将平时较为空闲的服务储存起来，以供节日高峰期的不时之需；同样，未售出的航班机票不能挪到航班起飞后再出售。其结果是，服务企业受到生产能力的严重制约，企业经常在淡季时产能利用不足，而在旺季时顾客则经常需要排队等待服务。其次，服务不能申请专利。虽然一些经常宣称服务流程申请了专利，但往往只是流程中的设备受专利保护，而不是流程本身，企业的服务很容易被竞争者模仿。最后，服务不容易进行展示、沟通。服务的无形性使得企业无法像有形产品那样直观地向顾客传递服务价值和利益，顾客对服务的质量和绩效评价更加困难。例如，保险服务，消费者看不见它，在购买之前也不能尝试。由此也带来了相应的服务定义问题①。

（二）不可分离性（Inseparability）

服务的生产与消费往往是同时进行的。有形产品从制造到最终被消费者购买，需要经历生产、运输、储存、销售、消费等多个环节，企业可以把有形商品作为存货，根据传递过程中所处的不同工序分离开来。与之不同的是，服务企业大多是在获取了消费需求后，立即安排人员进行生产，库存控制主要体现为服务运营中顾客的等候。因此，服务的生产与消费不可分离，在时间上是同步的。例如，餐厅的服务在没有顾客用餐前是不能提供的，而且就餐过程基本上是生产和消费同时进行。

服务生产与消费的同步性对服务管理的含义是，首先，这意味着顾客参与了服务的生产过程，在服务生产过程中，顾客会因情况不同而进行不同程度的参与。例如，在接受看牙、理发和外科手术服务时，顾客必须出现在服务现场；干洗服务，则要求顾客在服务开始和结束时到场；而远程教育服务则不必要求顾客到达现场，但要求顾客的精神参与。顾客的这些参与必然会影响到服务的产出和质量。其次，顾客的参与还将导致顾客之间的相互影响。例如，电影院中的观众可能会影响彼此对服务的体验，电影院中通常要求不要大声喧哗正是为了避免观众之间的不良影响。为此，服务企业需要对这种顾客之间的相互影响进行有效管理。再次，由于员工是直接的服务提供者，他们的素质和能力将直接影响到顾客对服务质量的感知和评价。再次，由于服务过程中随时可能出现问题，导致服务失败和顾客抱怨，服务员工如果不能及时处理将可能导致顾客与企业之间的关系恶化，因而需要给一线员工进行应有的授权。最后，规模化生产变得更加困难。由于服务提供者与服务生产直接相关，每个单独的服务提供者产量都很有限，而消费者在服务生产过程中的参与意味着，如果消费者对某特定服务感兴趣的话，他就必须在一定程度上到达服务现场。这样，服务生产与消费的同步性就使得服务无法像有形产品那样顺畅地卖给地理上分散

① 范秀成. 服务管理学[M]. 天津：南开大学出版社，2006.

的目标顾客群[①]。

（三）异质性（Heterogeneity）

由于服务是在服务员工与顾客之间的互动过程中生产、提供的，因此服务的产出质量会因服务员工不同而不同，也会因顾客不同而不同。由于服务互动的随机性，不同的服务消费需要服务员工和顾客参与到不同的服务生产、提供过程之中，因此顾客在不同时间、地点是很能复制完全一样的服务体验的，即便是在同一地点与同一服务员工互动，也可能因为顾客心情、服务员工的情绪等原因而导致不同的服务经历和体验。总之，由于服务基本上是由人表现出来的一系列行为，因此就不可能有两种完全一样的服务。

服务的异质性对服务管理的含义是，首先，服务的提供与顾客满意度取决于员工的行为。制造业中的有形产品往往是同质的，而服务是在服务员工与顾客的接触中完成，服务质量的好坏在很大程度上取决于顾客的主观评价。其次，服务质量还取决于其他许多不可控因素。由于服务因时间、组织和各人的不同而表现出异质性，同一服务过程对不同的顾客来说，他们的服务质量评价可能会表现出很大的差异，因此如何确保服务质量的一致性成为企业的一道难题。最后，由于上述复杂因素，服务企业很难确切知道服务是否按原来计划和宣传的那样提供给顾客，这给企业在服务质量控制上造成很大挑战。

（四）易逝性（Perishability）

易逝性也称不可存储性，同服务的不可分离性往往是相互联系的。有形产品生产出来后，可以储存起来以待日后销售，而生产出来的服务如果不能及时卖出就会马上消失。例如，飞机上的空座位、酒店里的空房间，或是医生一天中有1个小时没有病人，在这些情况下，都发生了机会损失。当然必要的场地、设备和劳动能够被事先准备好以创造服务，但这些仅仅代表服务生产能力，而不是服务产品本身。例如，快餐店可以在一定时间内预先加工出食品并保存起来。但是，今天没有用尽的服务能力却无法储存起来供以后使用。

服务的易逝性对服务管理的含义是：一方面，由于服务的提供一般不能提前准备，服务企业就很难将服务需求同服务供给进行有效匹配。当顾客

---

① 范秀成. 服务管理学［M］. 天津：南开大学出版社，2006.

需求超过服务生产能力时，顾客就会失望地离开，由此产生的负面印象还会对下次选择造成影响；而积累过量的服务供给则会推高企业的运营成本，造成资源的浪费。因为顾客需求不容易做出精确的预测，因此需求分析、产能利用成为服务企业面对的一项重大挑战。另一方面，服务是一个过程，经历完这个过程，服务消费就结束了。顾客在感觉服务质量不佳时，消费往往已经发生，而无法要求退货。这要求服务企业"第一次就做好"，如果出现服务失败，服务企业应及时进行相应的服务补救，以挽回企业的声誉[①]。

第三节　服务管理研究历程与框架

随着经济社会的不断发展，服务业在国民经济中的比重不断提高。同时，服务在其他行业的渗透日益加深，尤其是在制造业中也逐渐呈现出服务竞争的重要趋向。技术扩散、产品同质化和成本的降低，使得企业之间的竞争从产品本身的竞争扩展到了产品实体所能提供的附加利益之间的竞争。产品质量和价格不再是决定消费者购买动机的关键因素，作为有形产品附加要素的服务便成为企业竞争的新焦点。传统制造业的业务结构正在发生着变化，服务已经成为制造业继续发展的利润增长点。所以服务管理不仅局限于服务业，而是对整个经济社会的各行各业都显示出越来越重要的意义。

服务管理是一个逻辑严密的有机系统，有其内在的运营流程，本书即从服务管理流程的角度构建服务管理框架。在此之前，先来回顾服务管理理论发展脉络中的各个阶段。

一、服务管理研究的发展阶段

约翰斯顿（Johnston，1999）将服务管理理论发展的历程分为四个阶段：服务觉醒期、服务突破期、服务管理期和服务归根期[②]。

---

① 范秀成. 服务管理学[M]. 天津：南开大学出版社，2006.
② Johnston R. Service Operations Management: Return to Roots[J]. International Journal of Operations & Production Management, 1999, 19(2): 104-124.

（一）服务觉醒期：起步阶段（1980 年以前）

服务觉醒期是指 1980 年以前的起步研究阶段。1969 年，尤金·M. 约翰逊（Eugene M. Johnson）首次提出"商品和服务是否有区别"的命题[①]，从而引发了一场商品与服务之间关系的讨论。约翰·M. 拉斯梅尔（John M. Rathmell）1974 年的著作《服务业营销》标志着服务营销理论的开端。他认为，不能直接将市场营销的概念与模型引入服务行业，要区分无形服务和有形产品，用新的思路来研究服务营销，从而建立服务导向的理论架构[②]。1977 年，利恩·G. 肖斯塔克（Lynn G. Shostack）发表了里程碑式的论文《摆脱产品营销》，指出必须认识到服务营销与产品营销之间的本质差别，才能使服务营销学成为独立的学科[③]。在这一阶段，学者们的研究大多是描述性的，而且仍然孤立地分散在不同的传统职能领域内。最主要的研究内容是服务与有形产品之间的区别，以及是否有必要对服务进行专门研究等问题[④]。

（二）服务突破期：探索阶段（1980—1985 年）

服务突破期是指 1980—1985 年之间的探索研究阶段。在这一阶段，美国市场营销学会（AMA）和营销科学学院（MSI）组织的多次学术会议，以及《市场营销杂志》（*Journal of Marketing*）、《哈佛商业评论》（*Harvard Business Review*）刊发的论文开始对服务分类、服务接触、服务质量模型、服务营销组合、关系营销等问题进行深入探讨，极大地推动了服务管理学的发展。其中，以克里斯廷·格罗鲁斯（Christian Grönroos）为代表的北欧学派和以克里斯托弗·洛夫洛克（Christopher Lovelock）为代表的北美学派最为突出，奠定了服务管理的理论基础。从理论层次上看，这一阶段的研究已经不同于服务觉醒期的描述性研究，研究的性质以更为抽象的概念性框架为主，而且研究者已经认识到在服务管理中存在一些跨职能的研究问题[⑤]。

（三）服务管理期：飞跃阶段（1985—1995 年）

服务管理期是指 1985—1995 年之间研究的飞速发展阶段。1985 年以后，研究者倾向于从相关领域获得解决问题的方法并为服务管理学构

---

① Johnson E M. Are Goods and Services Different? An Exercise in Marketing Theory[D]. St. Louis: Washington University, 1969.

② Rathmell J M. Marketing in the Service Sector[M]. Cambridge: Winthrop Publishers, 1974.

③ Shostack G L. Breaking Free from Product Marketing[J]. Journal of Marketing, 1977, 41(4): 73-80.

④ 范秀成. 服务管理学[M]. 天津：南开大学出版社，2006.

⑤ 范秀成. 服务管理学[M]. 天津：南开大学出版社，2006.

建理论，对服务质量、关键接触和服务体验、服务设计、顾客保留和关系营销、内部营销等主题进行了更加深入的研究，发表了大量的跨学科研究成果，并在企业盈利能力、服务生产率、顾客忠诚、顾客满意、顾客感知价值、感知服务质量、内部营销之间逐渐建立起清晰的逻辑联系[①]。在这一阶段，服务管理研究的最大特征就是跨学科性，这也是称之为服务管理的原因，以便与服务营销、服务运营等职能区别开来。例如，比特纳（Mary Jo Bitner）1992 年在《服务场景》一文中引用了市场营销、运营管理、人力资源管理、心理学等相关期刊上发表的研究成果[②]。这一阶段的研究性质不同于前一阶段概念性的探索，主要是对从基础模型推演出来的观念和框架进行实证检验。服务管理学也越来越多地被赋予实用意义。

（四）服务归根期：成熟阶段（1995 年以后）

　　服务归根期是指 1995 年以来服务管理理论研究逐步成熟的阶段。在这一阶段，有大量以往的研究成果可以利用，而且可以根据这些研究成果对实践进行预测。在这方面，最著名的研究成果是哈佛大学教授詹姆斯·L. 赫斯克特（James L. Heskett）等人 1997 年出版的《服务利润链》（*Service Profit Chain*）一书。服务利润链模型在内部服务质量、员工满意度、员工生产率、顾客价值、顾客满意度、顾客忠诚度、企业利润之间建立了联系[③]。营销、运营、人力资源管理等职能学科在服务管理研究的第四阶段相互分离，将服务观念与服务管理已有的研究成果带回到各自的核心学科，并基于服务观念对各自核心学科的原有理论体系进行重建。

表 1-4　服务管理研究的发展阶段

阶段	研究性质	研究焦点	研究成果	职能间的关系*
服务觉醒期：起步阶段（1980 年以前）	描述性	商品与服务	服务不同于商品	OM　MKT　HRM

　　① 范秀成. 服务管理学[M]. 天津：南开大学出版社，2006.
　　② Bitner M J. Service scapes: The Impact of Physical Surroundings and Employee Response[J]. Journal of Marketing, 1992, 56(4): 57-71.
　　③ 詹姆斯·赫斯克特. 服务利润链[M]. 王兆刚，等译. 北京：机械工业出版社，2005.

续表

阶段	研究性质	研究焦点	研究成果	职能间的关系*
服务突破期：探索阶段（1980—1985年）	概念性	服务与服务管理的特征	概念框架	OM MKT HRM
服务管理期：飞跃阶段（1985—1995年）	实证性	概念框架的开发与验证	关于跨职能推演出的新模型，获得了大量服务素材	OM MKT HRM
服务归根期：成熟阶段（1995年至今）	应用性	指导实践	在最终成果与其驱动因素之间建立联系	OM MKT HRM

注：该栏中的 OM、MKT、HRM 分别代表了运营管理、市场营销、人力资源管理职能。

资料来源：Johnston R. Service Operations Management: Return to Roots[J]. International Journal of Operations & Production Management, 1999, 19(2): 104-124.

二、服务管理的基本框架

本书从服务流程的视角，将主要的服务管理模块联系起来，就可以得到以下服务管理的基本框架，这也是本书后述各章展开的依据和主线，见图1-1。

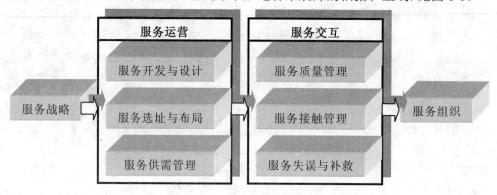

图 1-1　服务管理的基本框架

资料来源：作者自行绘制。

本书从认知服务的概念与特性开始，以"服务战略"为引领，重点解析服务管理中"服务运营"与"服务交互"这两大研究领域，最后阐述"服务组织"，具体包括：

第一章绪论，包括服务经济的演进历程、服务业在国民经济中的地位与作用、服务的概念与特性、服务管理研究的发展阶段、服务管理的基本框架等。

第二章服务战略，包括服务竞争战略制定思路和成本领先、差异化、集中化三种战略形式，以及服务成长战略中的服务多元化战略和服务多地化战略等。

第三章服务开发与设计，包括服务产品开发的来源、要素、模式和方法，以及服务流程设计的一般方法和典型方法等。

第四章服务设施选址与布局，包括服务设施选址的影响因素和方法、服务设施布局的原则和形式、服务场景的构成与作用等。

第五章服务供需管理，包括服务需求预测及其管理策略、服务规模和服务生产能力管理策略、收益管理的适用性及应用方式、排队系统及排队管理策略等。

第六章服务质量管理，包括服务质量的概念与构成、服务质量差距模型、服务质量的评价，以及服务利润链中的顾客感知价值、顾客满意、顾客忠诚等。

第七章服务接触管理，包括服务接触的概念、意义、环节与类别，服务接触的剧场模型、三元模型、系统模型、扩展模型，以及服务关键时刻的概念、要素与评估。

第八章服务失误与服务补救，包括服务失误的原因和影响，顾客对服务失误的反应，顾客抱怨的影响因素和期望，以及服务补救的含义、作用、管理体系和实施等。

第九章服务组织，包括顾客导向的服务组织结构，内部营销的意涵与作用，员工授权的原因、益处与成本以及授权的原则、过程与方法等。

案例：通用电气公司的服务转型

相信大部分人都对小时候学习过的关于大发明家爱迪生的课文记忆犹新，爱迪生的勤奋好学与对发明工作的孜孜不倦给人留下了深刻的印象。不过大多数人可能都不知道，这位科学强人也是如今世界上最伟大的企业

"通用电气公司"（General Electric Company，简称 GE）的缔造人。秉承爱迪生的创新精神，通用电气成为化石燃料时代最重要的发明者，电灯、电力机车、喷气式飞机引擎、核电站等无数划时代的技术创新都诞生于通用电气公司。

通用电气原来是世界上最大的电器和电子设备制造公司，它的产值占美国电工行业总产值的 1/4。就是这家企业，20 世纪 80 年代在全球 24 个国家共拥有 113 家制造厂，其产值中传统制造业的比重高达 85%，服务业仅占 12%。而在实施从以产品为中心到以服务为中心的服务战略后，GE 大规模向金融、专业服务等服务业进军，业绩达到了标准普尔平均业绩的近两倍，服务业务对总利润的贡献已增长到了 70%。

今天的通用电气公司已经是一家多元化的科技、媒体和金融服务公司，致力于为客户解决世界上最棘手的问题。它的产品和服务范围广阔，从飞机发动机、发电设备、水处理和安全技术，到医疗成像、商务和消费者金融和媒体内容，客户遍及全球 100 多个国家，在全球雇用了超过 32.7 万名员工。2007 年，通用电气公司的利润和收入均达到了两位数增长（收入为 1730 亿美元，利润 225 亿美元）。

就是这么一个庞然大物，这家自 1896 年设立以来道琼斯工业指数榜唯一至今仍在榜上的公司，在它 100 多年的漫长历史中，无疑也经历了许多变化和波折，也有不断的创新和变革。

一、服务转型，应势而动

20 世纪 80 年代初期，时值美国经济萧条，通货膨胀日益严重，加上石油价格上升，生产率逐步下滑，极大地削弱了美国产品的竞争力，美国的传统制造业已经开始走下坡路。而此时正是杰克·韦尔奇接手通用电气的时候，这家公司正逐渐成为一家臃肿庞大的官僚机构，对市场反应迟钝，在全球竞争中越来越不利。1981 年韦尔奇当上通用电气首席执行官（CEO）之后，立即大刀阔斧地进行改革。一方面，韦尔奇把发展目标定位为世界第一或者第二，为了让公司产品"数一数二"（即"做不到第一，也得是第二"），他不是削减生产线，就是大量裁员。另一方面，把业务领域定位为三个圆圈：核心企业、高科技企业、服务业。韦尔奇看准了公司的发展方向，在淘汰关闭旧业务的同时又不断增加新的品种。经营管理上他更是力排众议，倡导"速度、简单、自信"的通用文化，对公司的官僚体制和机构进行了全面的整顿，创立了"坚持诚信、注重业绩、渴望变革"的新风，领导了全球企业管理的潮流。而在企业发展战略上，顺应全球化、服务化、网络化的趋势，韦尔奇制定了全球化、服务化、电子商务化、实施六西格玛的四大战略，如此确保了随后的 20 年间通用电气一直保持两位数的增长，市值从 1981 年的 120 亿美元增加到 5000 多亿美元，利润也实现了翻番。

作为一家传统的制造企业，通用电气当时的产品主要是工业产品。在经济萧条的冲击下，制造业的利润日益稀薄，而当时作为产品附加的售后服务毫不起眼，却有着让人意想不到的利润率。韦尔奇看到了这一趋势，推出了服务战略，确立的服务远景是：21 世纪，通用既是一个销售高质量产品的公司，还是一个提供全球化服务的公司。

在韦尔奇的设计下，通用成立了服务委员会，并组成执行委员会专门策划服务业。通用电气将服务独立于产品之外，作为一个营利部门，变成利润中心而非成本中心，为自己和竞争对手的产品提供服务。通过如此举措，来捕捉服务业庞大的市场空间和增长机会。

二、第一步——产品服务

通用电气最初的设想是服务始终以产品和技术为基础，并不完全由制造业转向服务业。通用电气服务战略的一个典型是拓展引擎服务。通用电气是全球最大的引擎生产企业之一，此业务为通用电气带来了几十亿美元的年收入，其中引擎服务年收入约 20 亿美元，占总收入的 30%。虽然通用电气在全球都有服务网点，但都只是维修通用电气自家生产的引擎，大部分网点因成本高企，并不营利。但通用之前的关注点都在研发与生产环节，对售后服务根本不重视。

引擎业务的服务战略实施后，有一些标志性的事件。

1991 年，通用电气从英国航空公司（British Airways）收购了威尔士的一家大型维修服务商，从而获得了维修、大修劳斯莱斯引擎的能力。

1996 年 1 月，通用电气首次对飞机引擎行业组织机构进行重大改组，设立了一个新职位——引擎服务副总裁，并将引擎服务业务独立出来。

1996 年，通用电气收购了巴西一家引擎服务商塞尔玛（Celma），从此使通用电气具备了维修帕瓦特（Pratt & Whitney）引擎的能力。

从 1977 年到 2000 年，通用电气在飞机引擎服务方面收购了 17 家企业，在飞机引擎业务的总收入中，服务业务的收入比例从 1994 年的不足 40%上升到 2000 年的 60%以上；从年收入 20 亿美元左右，增长到超过 50 亿美元以上；从只能维修、维护 GE 引擎，到能服务于各种品牌的引擎。同时还开拓了零配件业务，为客户创造更多的价值。

通过上述对引擎服务业务的拓展，引擎服务从最初作为产品的一种附加服务，最后成为一项独立的服务产品。作为产品服务的延伸，通用电气的引擎服务能力得到大大提升，从单一的 GE 引擎服务拓展到多品牌引擎服务，最后引擎服务业务获利能力大幅上升，由当初的成本中心变成如今的利润中心之一，最后也带来了组织结构的变化——引擎服务部门得以独立出来成为一个事业部。

这种类型的服务转型正是国内大部分制造企业用得最多的：从单一的产品售后服务转向多产品线的产品服务，最后变成一项独立的增值服务。

三、第二步——附加服务

金融业务是通用电气服务战略里最漂亮的布局之一。当初，通用电气涉足金融业更多是为了主营业务的市场销售而进行的业务创新才开始的，似乎有偶然性的意味。在 1929—1933 年的危机时期，随着投资者和消费者支出减少和失业增多，制造业的销售额和利润大幅下降，通用电气的状况也不例外。毋庸置疑，这种情况下，采用分期付款的赊销办法可以增加耐用消费品的销售额。于是，为了解决家用电器的销售问题，通用电气开始走上这条道路，于 1932 年成立了通用电气信用公司。通用电气信用公司刚开始的主要业务是为购置通用电气大型家电产品的消费者提供分期付款业务。这是通用电气从 20 世纪 30 年代到 50 年代这 20 年左右的时间里的主要业务。

20 世纪 60 年代后期，由于银行及独立的财务公司也加入分期付款等消费者信用市场，通用电气信用公司在巨大的生存压力下不得不努力开通新的金融市场。于是，通用电气开始为机械设备提供经费，同时开始租赁设备，为贷款/租约/信用卡提供经费等。

20 世纪 80 年代，金融业务下的通用电气资本公司开始承做杠杆租赁、杠杆收购等业务，在国内排名靠前。通用电气资本公司涉足的通常不是全新的、独立的金融服务领域，而是通用电气原有产业的衍生领域。该公司与通用电气其他制造业务的关系非常密切，提供制造业财务的咨询/融资租赁服务，为通用电气旗下其他子公司的客户（如航空公司、电力公司和自动化设备公司）提供大量贷款，以帮助这些子公司，为其与客户签订大宗合同铺平道路。同时也获得了许多宝贵的产业资讯，以帮助主业拓展业务。

现在，通用电气的金融业务覆盖了从信用卡、计算机程序设计到卫星发射等，同时还是目前全球最大的设备出租公司，拥有 900 架飞机（比任何一家航空公司都要多）、188000 辆列车（数量超过任何一家铁路公司）、759000辆小汽车、12000 辆卡车和 11 颗卫星，它还拥有美国第三大保险公司。

到 1991 年，通用电气金融业务的利润已经占到集团总利润的 30%，2001 年这个比例又进一步上升到 40%。

于是，当年为了提升销售而附加的金融服务，最终成长为利润率最高、收益最丰厚的独立部门之一，通用电气的服务战略尤显成功。

四、第三步——专业服务

简伯特（GENPACT），一个前两个字母为 GE 的名字，正是一家由通用电气创立的从事业务流程外包（Business Process Outsourcing，BPO）的专业集团公司。简伯特公司 1997 年作为 GE 资本一家业务流程的后台服务公司成立于印度，通过分布在各个国家的多个营运中心构成全球交付平台，为全球多个区域的通用电气分公司/子公司管理复杂的流程，协助通用电气增加收入、降低成本，提高企业综合竞争力。

2005 年，随着泛大西洋投资集团（General Atlantic）和橡树山投资（Oak Hill）两家投资公司的入股，这家 GE 资本的后台服务公司独立出来，并更名为 GENPACT，提供广泛的服务，包括财务会计、收款和客户服务、保险、供应链和采购、分析、企业应用和 IT 基础设施服务等。而它的服务覆盖多个行业，包括银行、金融服务、保险、制造、交通和医疗。通过管理大量的业务流程，满足客户在交易、管理、报告和计划方面的需求，向客户提供跨行业和多技术平台的解决方案。在提供这些服务时，简伯特公司依靠传承于 GE 的三个核心能力——流程能力、分析能力和技术能力，同时也依靠来自运营部门的经验。

简伯特管理团队发展到今天，在印度、中国、匈牙利、墨西哥、菲律宾、荷兰、罗马尼亚、西班牙和美国等设有 30 多家分支机构，共有员工 35000余人。因为其深厚的功底，曾经连续三年获得《全球服务》杂志颁发的业务流程外包（BPO）领域的最佳表现奖。

由当初的一个后台支持部门，发展到今天一个网络遍布全球的专业从事业务流程外包（BPO）的集团公司，正阐释了老牌制造企业从原来的制造主业向服务转型的最高境界——完全脱离了原有产品及其产品服务领域的专业服务。

术语表

农业经济（Agricultural Economy）

工业经济（Industrial Economy）

服务经济（Service Economy）

体验经济（Experience Economy）

工业社会（Industrial Society）

服务包（Service Package）

无形性（Intangibility）

不可分离性（Inseparability）

异质性（Heterogeneity）

易逝性（Perishability）

第二章　服务战略

由于服务与有形产品的性质不同，与工业企业相比，服务企业的竞争战略（Competitive Strategy）与公司战略（Corporate Strategy）也必然有其特殊之处。本章首先阐述服务竞争战略制定的思路，特别是服务战略观这一企业制定服务战略的指导原则；其次介绍成本领先、差异化与集中化三种服务竞争战略形式；最后探讨服务企业公司战略中的积极类型——服务成长战略，包括服务多元化战略和服务多地化战略。

第一节　服务竞争战略

一、服务竞争战略制定思路

一般来说，服务战略的目的就是为服务企业创造有别于竞争对手的竞争优势。所谓服务竞争优势是指由于服务企业具有区别于其竞争对手的特定能力，而为服务企业建立的一种位势，而且这种位势被服务企业的目标消费者认可，并成为创造企业利润的重要源泉。为此，服务企业需要确立正确的服务竞争战略制定思路。

（一）服务竞争战略制定的总体思路

服务企业所处的宏观环境决定了服务企业的外部环境，服务行业的结构限定了服务企业的行业条件，服务企业的资源和能力决定了企业可能采取的战略主张。上述三个方面共同决定了企业的战略决策，进而决定了服务企业相对于竞争对手为顾客所创造的不同价值。正是这三个方面决定了服务企业的竞争优势，这三个方面也就构成了服务企业竞争战略制定的总体思路，见图 2-1。

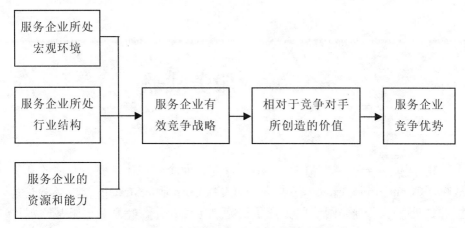

图 2-1 服务企业竞争战略制定的总体思路

资料来源：范秀成. 服务管理学[M]. 天津：南开大学出版社，2006.（有改动）

图 2-1 为服务企业竞争战略制定提供了一条简明的逻辑。服务战略的目的是创造服务企业竞争优势；服务企业竞争优势则取决于服务企业是否能够比竞争对手更好地为顾客创造价值；而服务企业是否具备这种特殊的创造价值的能力又取决于服务企业是否制定了有效的竞争战略；而服务企业的竞争战略又受到服务企业所处宏观环境、服务企业所处行业结构以及该企业的资源和能力的制约。

1. 宏观环境因素分析

PEST 为一种企业所处宏观环境分析模型，所谓 PEST 即政治（Political）、经济（Economic）、社会（Social）和技术（Technological）因素，这些是企业的外部环境，一般不受企业掌控。

（1）政治环境

政治环境是指对组织经营活动具有实际与潜在影响的政治体制、政局、政府的态度以及政府制定的法律、法规等因素。当政治制度与政策、政府对组织所经营业务的态度发生变化时，当政府发布了对企业经营具有约束力或促进性的法律、法规时，企业的经营战略必须随之做出调整。

政府政策对服务业发展起着重要作用。传统上，政府拥有大部分服务资源，并对服务业发展制定各种规定。在制定服务战略的过程中，一国（或一个区域）的政治环境和法律法规是企业应首先考虑的重要外部环境因素，他们共同限定了服务业发展的方向、程度与可采取的模式。

服务企业是在一定的政治和法律环境下运行和发展的，法制和政策环境的改变有可能会引发新的产业机会出现或旧产业的消亡，而这会对服务企业战略的制定和实施产生重要影响。例如，加入世界贸易组织（WTO）后中国逐步放宽了对外资进入金融业、保险业等的限制，这给国内各大银行的发展与竞争带来了严峻挑战，促使国内银行进行积极的战略调整与重新定位。因此，服务企业在制定战略时必须对周围的宏观政治和法律法规环境进行全方位扫描，包括对当前政治法规体系的充分认识，对其变化趋势的准确把握，识别可能出现的政策性机会和挑战。目前，国内针对服务业发展制定的一般性法规和行业性法规很多，如《反不正当竞争法》《消费者权益保护法》《证券法》《旅游法》和《物业管理论》等。

在政治法律环境中，服务企业还必须考虑行业协会和消费者权益保护组织的影响。这些组织往往是行业标准的制定者和影响者，对行业有一定的制约性，如对消费者权益的关注体现了买方对卖方势力的增强。服务战略的制定必须符合这些组织的要求。

此外，对开展国际化经营的服务企业而言，服务战略的制定要考虑不同国家和地区在法律体系和具体内容上的差异。因为对同样形式的服务内容可能会有不同的政策规定，服务企业的战略应与当地的法律、法规相一致。

（2）经济环境

经济环境指一个国家的经济制度、经济结构、产业布局、资源状况、经济发展水平以及未来的经济走势等。经济环境的关键因素有国内生产总值、利率水平、财政货币政策、通货膨胀、失业率水平、居民可支配收入、汇率、能源供给成本、市场机制、市场需求等。由于企业是处于宏观大环境中的微观个体，经济环境决定和影响其自身战略的制定，经济全球化还带来了国家之间经济上的相互依赖性，企业在各种战略的决策过程中还需要关注、搜索、监测、预测和评估本国以外其他国家的经济状况。

随着经济的增长，经济结构经历了显著的变化，从早期的农业经济，到以制造业为主的工业经济，直至当代西方发达国家普遍为服务业在经济中占有最高的份额。社会分工向着高度专业化的方向发展，整个社会系统中的信息流、资金流和物流都在高速运行。伴随着经济全球化，不仅是各国市场的融合，更是各国经济系统的连接，全球化促进了新的商业服务部门的出现，为服务业的发展提供了契机。

（3）社会环境

社会环境指组织所在社会中成员的民族特征、文化传统、价值观念、宗教信仰、教育水平以及风俗习惯等。社会环境的关键因素有人口规模、年龄结构、种族结构、收入分布、消费结构和水平、人口流动性等。其中，人口规模直接影响着一个国家或地区市场的容量，年龄结构则决定消费品的种类及推广方式。

社会环境随着时间的推移和物质条件的改善而发生巨大变化，具有动态性。社会环境对服务提供的内容和形式有重要影响，是服务战略必须考虑的因素。例如，由于经济条件的改善，我国民众追求生活质量的提高，出境旅游者大大增加，形成了与以往不同的旅游价值观，培育了一大批旅游爱好者。再如，老年人口的增多形成新的需求，如保健、康养等，会带来新的市场和发展机会。

受社会环境影响深刻的服务行业众多，典型的如零售业、餐饮业、通信业、传媒业、证券投资业、保健业、教育业等。以餐饮业为例，不同地域的饮食习惯有较大差异，如中国西南地区偏重麻辣、华东地区偏甜淡、西北地区偏酸辣。连锁餐饮企业在进入不同区域时，应对经营战略做出相应调整，是要保持自身原汁原味的特色还是根据当地饮食习惯做出调整。

（4）技术环境

技术环境指科学技术总水平和变化趋势，以及技术变迁、技术突破对企业的影响。技术环境不仅包括发明，而且还包括与企业市场有关的新技术、新工艺、新材料的出现、发展趋势及其应用，具有变化快、变化大、影响面大等特点。

技术对服务的作用包括"替代作用"（技术对服务人员的替代）、"定义作用"（新技术的出现定义了新服务的发展）、"决定作用"（技术创新对新服务的出现或现有服务功能的改变具有决定性作用）。因此，技术对服务企业的战略决策具有重要影响，它会同时带来机遇和挑战。

新的通用技术（如信息通信技术）或行业专用技术（如冷冻储藏技术等）会推动新服务行业的出现，例如电子商务、网络游戏、远程教育、现代物流等，从而为新进入者带来潜在的巨大发展机遇。新兴技术的出现和已有技术在新领域的应用，可能会使原有服务被新服务替代。例如，若今后的纺织原料都由免水洗或干洗的纳米材料制成，那么洗衣店就会因无业务可做而面临行业消亡。某些新技术或渐进技术创新在服务业中的应用，会改善原有服务的质量、提升服务效率，这可能是服务企业赶超行业领先者的重要机遇。技术同样存在生命周期，服务企业在进行战略决策时，应考虑技术所处的不同发展阶段，并预测已有技术和本行业发展的潜力以及技术范式可能的变化。

2. 行业结构因素分析

行业环境是企业从事生产经营活动最直接的环境，它由生产相同产品或相近替代产品的众多企业组成。虽然宏观环境对企业竞争具有一定的影响，但是对企业竞争带来最直接、最关键影响的是行业环境，因此一般将行业环境作为竞争环境分析的重点。美国战略管理学家迈克尔·E. 波特（Michael E. Porter）认为一个行业内部的竞争环境由 5 种竞争力量构成，如图 2-2 所示。图的中间部分表明企业受到来自行业内部其他企业（竞争对手）竞争的影响，反映同类企业之间的竞争态势。除了行业内部企业间竞争之外，企业还受到来自供应商和顾客的影响，同时潜在的进入者和替代产品等也都对产业竞争状况产生作用，从而构成了进入威胁、替代威胁、买方议价能力、供方议价能力、现有竞争对手的竞争 5 方面的竞争力量。这五种作用力共同决定行业竞争的强度及行业的利润率，决定一个企业所处的竞争地位。对不同的行业企业，决定其竞争地位的作用力不同，一般一个或若干个最强的力量起关键性作用。在此基础上，服务企业必须自我定位，通过利用相应的优势将企业与这 5 种力量隔离开来，超越竞争对手。此外，服务企业还可以通过具体的战略和策略，努力改变服务行业中的这 5 种力量，从而为企业创造可持续的竞争优势。

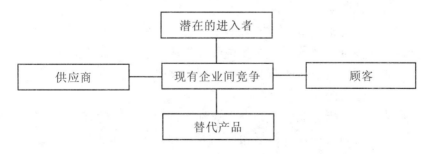

图 2-2　5 种行业竞争力量模型

资料来源：Porter M E. Competitive Strategy[M]. New York: Free Press, 1980.

3. 企业内部因素分析

服务企业的内部条件主要指企业的资源、能力与技能，它们是影响企业战略决策的重要因素。

按照资源的有形程度，可以把服务企业资源划分为"硬件"和"软件"资源。其中硬件资源是服务企业经营所必需的或能提升服务质量的物质设施，如银行为提升服务效率、减少顾客排队，除了建立更多的服务终端网点（储蓄所）外，还广泛使用自动柜员机（ATM）等电子设备。硬件资源的投入程度取决于服务企业的财力和改善现有状况的能力。服务企业的软件资源是指能提升企业竞争力的无形性条件，如企业声誉、品牌等无形资产，独特的企业文化等。通常将硬件资源称为有形资源，将软件资源称为无形资源。按照异质性程度可以将资源分为同质资源和异质资源，异质资源是服务企业的战略性资源。

根据上述有形性程度和异质性程度两个维度，可以将服务企业资源划分为 4 类：可购性资源、行业性资源、独占性资源、文化性资源。见图 2-3。

	有形性	无形性
同质性	可购性资源	行业性资源
异质性	独占性资源	文化性资源

图 2-3 服务企业资源类型划分

资料来源：蔺雷，吴贵生. 服务管理[M]. 北京：清华大学出版社，2008.

（1）可购性资源

可购性资源是指在市场上能采购到的公开性资源，它是同质性较强的有形资源。服务企业经营所需的各种硬件设施与设备均属于此类资源，如运输公司的车辆、电子商务企业的高速服务器等。

（2）行业性资源

行业性资源是指行业中的各个企业都应具备的规范性资源，它是企业在行业中经营的必要条件，包括相应的人员和知识、标准的服务流程、服务质量的保证、客户投诉系统等。行业性资源的主要特征是无形性和同质性，如建筑公司的资质和学校的学位授予权等。行业性资源可产生学习曲线效应，即企业通过经验和专有技术的积累而形成的成本优势。这些优势对于尚未进入该领域的企业会形成一定的行业进入壁垒，但对于已在此行业内经营的服务企业来说是一种同质性资源。

（3）独占性资源

独占性资源是指服务企业持有的排他性资源，主要特征是有形性和异质性。独占性资源是服务企业独特竞争优势的重要来源，它可以分为以下几类。

①自然资源：包括天然形成和人工形成的自然资源。九寨沟风景区（自然资源）、美国迪斯尼乐园（人工形成）等都属于企业的独占性资源。

②人力资源：具有丰富经验与技能的技术人员或管理人员是服务企业生存和发展的重要资源，如软件公司的高级工程师、管理咨询公司的高级咨询师等。拥有高水平的专业技术和管理人员是服务企业战略决策和展开竞争的基础。

③资本资源：指服务企业的资本实力和融资能力，它是服务企业战略决策应重点考虑的因素，尤其对资金密集的服务企业如银行、证券公司、通信公司而言，资金优势往往是其处于竞争优势地位的重要来源。

④网络资源：指服务企业的营销与经营网络，它们是服务企业提升服务便利性和可得性的基础，同行企业在短期内无法模仿。麦当劳等一些特许连锁经营的服务组织通过增加经营网点，扩大经营规模，形成了独特的竞争优势。

（4）文化性资源

文化性资源指服务企业具备的软性资源，如品牌资源、企业文化、企业理念、公共关系等，其主要特征是无形性和异质性。文化性资源是企业通过长时间积累逐步建立的、稳定的独特性资源，同行企业在短期内无法获取。企业文化能够使企业在遇到困难的情况下，群策群力，共渡难关，这是形成优质服务的根本。品牌是企业的符号，被消费者认可并信赖的品牌所产生的市场价值是任何其他资源无法比拟的。

（二）战略服务观点

赫斯克特（Heskett，1986）在其《服务经济管理》（*Managing in the Service Economy*）一书中，系统地提出了战略服务观点（Strategic Service Vision[1]），即"市场细分→定位→服务概念→价值/成本的杠杆作用→运营战略→运营战略与传递系统的整合→服务传递系统"这么一个互动的过程结构。见图2-4。

---

[1] Heskett J L. Managing in the Service Economy[M]. Boston: Harvard Business School Press, 1986.

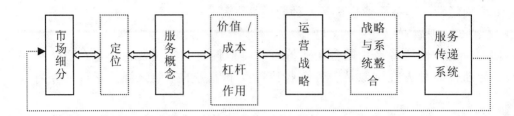

图 2-4　战略服务观点整体系统结构

资料来源：Heskett J L. Managing in the Service Economy[M]. Boston: Harvard Business Press, 1986: 30.（有改动）

　　赫斯克特将战略服务观点分为 7 个关键环节。一是服务企业的市场细分。服务企业通过科学的市场细分，选择自己合理的目标市场。二是服务定位。选定目标顾客后，服务企业要进一步明确企业及其服务在目标顾客心目中的预期形象和位置，以及与竞争对手的比较关系。三是服务概念。通过定位战略，服务企业需要明晰将为目标顾客提供什么样的服务，该服务的具体特性是什么。四是价值/成本杠杆作用。为实现企业的服务概念，满足目标顾客需求，服务企业要根据企业的优劣势，在价值战略和成本战略之间选择出最能发挥杠杆作用的基点。五是运营战略。基于价值和成本杠杆的选择，服务企业制定具体的运营战略，以保障服务概念转化为具体的服务形式和内容。六是战略与系统的整合。即在运营战略的基础上，设计配套实施的服务传递系统，以保障运营战略的有效实施。七是服务传递系统。这是服务人员与目标顾客互动的关键环节，服务传递系统影响到顾客对企业服务质量的最终评价。

　　其实，我们可以将赫斯克特的战略服务观点修正成一个封闭的系统，如图 2-4 中的虚线箭头所示。也就是说，在服务传递系统之后，也就是顾客对企业服务质量做出评价之后，服务企业应该进一步检讨目标市场选择问题，如果需要调整，那么此后的服务定位、服务概念、运营战略等都需要做出相应的调整。

　　赫斯克特将战略服务观点的整体结构分为基本要素和整合要素两个层面，其中基本要素主要包括目标市场细分、服务概念、运营战略和服务传递系统 4 个方面，即图 2-4 中的实线框环节；整合要素包括定位、价值/成本的杠杆作用、运营战略与传递系统的整合 3 个方面，即图 2-4 中的虚线框环节①。

以下我们对战略服务观点的基本要素和整合要素的具体内容进行讨论。

1. 战略服务观点的基本要素

战略服务观点的基本要素是指服务战略的核心组成部分，其 4 个基本要素包括目标市场细分、服务概念、运营战略和服务传递系统，见图 2-5。

目标市场细分	**服务概念**	**运营战略**	**服务传递系统**
重要的细分市场的共同特征是什么？ 哪些维度可用来进行市场细分？哪些可进行人口划分？哪些可进行心理划分？ 不同市场的重要性如何？ 每个细分市场的需求如何？ 这些需求满足程度如何？是如何满足的？是由谁来满足的？	从为顾客提供的结果而言，服务的重要元素是什么？ 目标市场、总体市场、员工及其他人对这些元素的感知如何？ 公司的服务概念是如何被感知的？ 如果服务属于设计性、传递性或销售性，公司应做何努力？	战略的重要元素是什么？运营、财务、营销、组织、人力资源还是控制？ 其中最需要努力的是哪一项？ 投资的方向在哪里？ 质量和成本如何控制？通过测评、诱因还是奖励？ 如何对抗竞争对手？是通过服务质量、成本核算、生产率还是通过服务人员的士气及忠诚度？	该系统有哪些重要组成部分？ 包括人员的角色、技术、设备、设施、布局、程序中的哪一些？ 提供的服务有哪些？正常条件下有哪些？高峰期有哪些？ 下列指标所达到的程度：确保质量标准？与竞争对手的差别？为竞争对手的进入设置障碍？

图 2-5 战略服务观点的基本要素

资料来源：Heskett J L. Managing in the Service Economy[M]. Boston: Harvard Business Press, 1986: 8.

（1）目标市场细分

由于服务的不可分性和异质性，服务的提供往往是与具体的顾客紧密联系在一起的。因此，市场细分对于服务企业具有更为重要的意义。市场细分的主要变量有人文统计变量和心理变量两方面的根据。常用的人文统

---

① Heskett J L. Managing in the Service Economy[M]. Boston: Harvard Business Press, 1986.

计变量有年龄、收入、受教育程度、家庭规模、地理位置等。心理变量是指消费者的思维方式和行为方式。在心理变量中，服务企业尤其要重视顾客的感知风险分析。默里和施莱特（Murray & Schlater，1990）提出，对顾客来说，购买服务比购买有形产品具有更高的不确定性[①]，顾客的感知风险更高。只有充分了解顾客对不同服务的心理感知，服务企业才能真正理解顾客的需求心理和购买行为。

在市场细分基础上，企业可以根据市场规模大小、市场需求被满足的程度总体原则，可以从外部市场与企业内部两方面考虑，一方面，目标市场应具有良好的现实营利性和未来营利性，这种营利性必须建立在顾客终身价值的分析基础上；另一方面，企业应具有相对的竞争优势，能为该目标市场顾客提供所需的服务。因此，随着市场需求和企业能力的变化，企业有可能在目标市场的选择上发生变化，这就是赫斯克特所说的目标市场的移动性（segment mobility）。

（2）服务概念

服务概念，就是指企业为顾客提供的核心服务及其服务方式。一旦顾客需求确定下来，企业就必须清晰界定自己的服务概念，并将服务概念中的关键元素传递给顾客，便于顾客评估企业所提供的服务，从而降低顾客的感知风险。然而，顾客感知是一种主观的判断，不同顾客之间的感知可能差异很大。因此，企业要努力做到对外传播的服务概念要与顾客感知一致，这样才不至于使顾客期望与实际感知之间出现过大的差距而影响到顾客对服务质量和服务结果的最终评价。

（3）运营战略

运营战略，是指实现服务概念的途径，它具体体现在运营、财务、人力资源、控制等具体决策方面。由于企业的资源、能力是有限的，不可能在每个方面都优于竞争对手，因此，服务企业应当将有限的资源和能力集中到某一方面，如运营、财务、营销、组织、人力资源，抑或控制，重点突出自己的局部优势，形成企业的差异化特色。

（4）服务传递系统

服务传递直接影响到服务质量，尤其是服务的过程质量。设计良好的

---

① Murray K B, Schlater J L. The Impact of Services Versus Goods on Consumers' Assessment of Perceived Risk[J]. Journal of the Academy of Marketing Science, 1990, 18(1): 51-65.

服务传递系统，应该具有明晰的目标和流程，并将服务人员合理配置到合适的工作岗位上，而企业的设备、设施、布局等也能适合服务工作流程，从而有效满足顾客的需求。设计良好的服务传递系统能够降低顾客的感知风险，保证服务提供的质量，进而在顾客心目中形成企业的差异化优势，构筑竞争对手的进入障碍。肖斯塔克（Shostack，1984）提出的服务蓝图（Service Blueprint）是设计服务传递系统的有效工具[①]。

2. 战略服务观点的整合要素

战略服务观点的整合要素，是指连接战略服务观点基本要素的 3 个基本环节，分别是定位、价值/成本的杠杆作用、战略与系统的整合，见图 2-6。

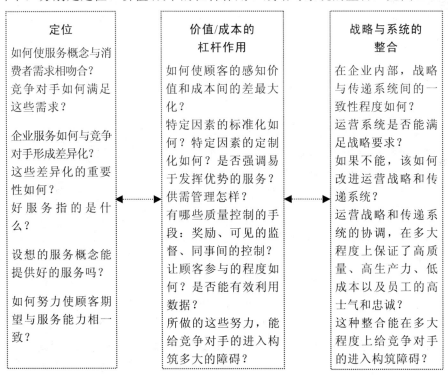

图 2-6　战略服务观点的整合要素

资料来源：Heskett, J. L., Managing in the Service Economy[J]. Boston: Harvard Business Press, 1986: 30.（有改动）

_____

① Shostack G L. Designing Service that Delivers[J]. Harvard Business Review, 1984, 62(1): 133-139.

（1）定位

定位是指服务企业期望在顾客心目中形成的形象和地位，如高价格、多特性的服务，或者低价格、少特性的服务等，它是连接目标市场细分与服务概念的整合环节。一般说来，由顾客、公司和竞争者（3C）构成的战略三角是企业定位的根据。一方面，服务企业首先要切实了解顾客的需求，而顾客经常是根据对不同服务的感知差异来进行选择的；另一方面，服务企业应该分析和了解企业及竞争者的不同优势和劣势，这样才能在定位图上描出自己的特殊位置。或许企业形成竞争优势的基点并不在于核心的服务，因为核心服务可能是行业中所有企业都能提供的。相反，非核心因素却可能成为顾客选择的决定性因素。例如，在航空业中，安全到达目的地是最为核心的服务元素，但如果竞争企业中都没有发生过安全事故的话，那么安全问题就可能不再是影响顾客选择的决定性因素；相反，订票的便利性、航班服务人员的态度、航班食物和饮料等差异，却可能成为影响顾客偏好的决定性因素。因此，服务企业必须明确对顾客而言，哪些是保健因素，哪些是激励因素。企业在服务产品及企业定位上，要在保证保健性服务基础上，突出自己的激励性服务，以赢得顾客的青睐。这样，在目标市场细分基础上，才可能对服务企业进行合理定位，进而根据服务定位形成自己清晰的服务概念。

（2）价值/成本的杠杆作用

价值/成本的杠杆作用，是指以最少的服务成本获得最大的服务效果，实现顾客感知价值与成本间的差额最大化，使企业在满足顾客需求与期望的基础上，创造出可观的利润，它是连接服务概念与运营战略的整合环节。服务企业实施价值/成本杠杆作用的方法有多种，如综合运用标准化和顾客定制，即在标准化的服务类型中，为不同的顾客推荐不同的服务品种，这样既可以通过标准化服务降低成本，又可以通过差异化服务满足不同顾客的差异需求；或者强化突出某些能发挥关键作用的服务成分，在企业的服务组合中，有些服务并不能为企业带来多少利润，但某些辅助的服务却可能具有更强的利润效应，如在汽车修理服务中，洗车服务有可能成为企业的主要利润来源；或者通过管理服务供需关系，使企业达到75%左右的产能水平，以发挥最好的服务效果，这要求企业在服务需求的高峰期和低峰期，对企业供给和市场需求进行有效的调节；或者是加强质量控制，虽然服务质量要保持长期的一致性并不容易，但若企业能够通过严格的质量控制，保持服务质量的一致性，就可以创造出高价值的服务形象；或者是鼓励顾客参与服务过程，如自助服务等形式，使顾客成为企业的临时生产资源，这将相对减少企业的员工投入，从而达到降低成本的目的。如此种种，服务企业就可能根据价值/成本杠杆效应，将服务概念转化为具体的服务产品，并设计相应的服务运营战略，予以实施。

（3）运营战略与服务传递系统的整合

服务企业在制定运营战略之后，企业的关键任务就是将服务产品传递给顾客，满足终端顾客的需求与期望，它是连接运营战略与服务传递系统的整合环节。然而，服务企业的服务传递系统是否能够保障运营战略的有效实现，则取决于二者之间的协调一致性。这一整合环节的目的就在于检查运营战略与服务传递系统之间的一致性问题。即使企业制定了优秀的运营战略，但若缺乏行之有效的服务传递系统，那么企业的运营战略也将无法实现。为此，企业在必要时应对运营战略或服务传递系统做出相应的调整，以保证企业的运营战略能得到有效实施，进而确保良好的服务质量和服务生产率。

二、服务竞争战略形式

企业若要在激烈的市场竞争中获得成功，就必须遵循一定的竞争战略。对此，迈克尔·波特（Michael E. Porter，1980）年在《竞争战略》一书中，从战略优势（竞争方式）与战略目标（竞争范围）两个方面的不同组合，提出了 3 种通用的一般竞争战略——成本领先战略、差异化战略和集中化战略[①]，如图 2-7 所示。这 3 种一般竞争战略在不同的行业领域都具有指导意义，在服务领域也是一样。

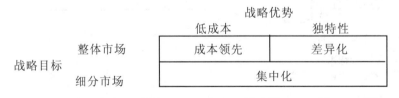

图 2-7　3 种基本竞争战略

资料来源：Porter M E. Competitive Strategy[M]. New York: Free Press, 1980.

波特认为，竞争优势是一切战略的核心，企业要获得竞争优势就要做出选择，即必须对争取哪一种竞争优势和在什么范围内争取竞争优势的问题做

---

① Porter M E. Competitive Strategy［M］. New York: Free Press, 1980.

出选择①。企业必须明确其主导战略，要么把成本控制到比竞争者更低的水平，要么形成与众不同的产品和服务特色，要么致力于某一特定的顾客群体、产品种类或地理区域。集中化战略是成本领先战略与差异化战略在细分市场上的应用，又可以分为"成本集中"和"差异集中"两种战略形式。

实施任何一种基本战略都可以建立竞争优势，但低成本与差异化战略是一个"两难"的选择，二者不可兼顾。既追求低成本又追求差异化而"夹在中间"游移不定的企业很有可能因为模糊不清的企业文化、相互冲突的组织安排、徒劳无效的激励机制而招致失败②。当然，波特也指出，不乏优秀的企业能够同时做到"低成本"和"差异化"，但就一般情况来讲还是要避免陷入"两难"境地。

赫斯克特遵循迈克尔·波特的一般竞争战略思路，从服务传递成本和服务传递质量（差异化）两方面，对服务企业进行竞争战略定位，将服务企业的战略类型分为三种③，见图2-8。

高	**高差异化低成本服务战略**	**高差异化服务战略**
顾客感知服务传递水平	"自助式"的顾客定制化 标准化控制使标准服务顾客定制化 减少服务传递过程中的个人判断 服务供需管理 发展会员基础 充分发挥稀缺技能效应 技术的选择性利用 管理服务三元组合 集中提供一种基本服务	使无形服务有形化 注重培训员工价值创造能力 控制质量 影响顾客的期望质量
平	**低成本服务战略** 寻找低成本顾客 顾客服务标准化 减少服务中的人员及接触	
低	低 服务传递成本 高	

图2-8 服务业战略类型选择

资料来源：Heskett J L. Managing in the Service Economy[M]. New York: Harvard Business Press, 1986: 47.（有改动）

① Porter M E. 竞争战略[M]. 陈小悦，译. 北京：华夏出版社，1997.
② Porter M E. 竞争战略[M]. 陈小悦，译. 北京：华夏出版社，1997.
③ Heskett J L. Managing in the Service Economy[M]. New York: Harvard Business Press, 1986.

（一）低成本服务战略

低成本服务战略是指企业通过服务成本的有效控制，提高服务效率，降低服务价格水平和顾客的服务成本，让渡给顾客更高的价值，尽量降低顾客的支出成本，使顾客满意、企业占据稳定的市场份额的战略。在低成本服务战略方面，服务企业可以采取多种战略形式来实施这一战略，具体包括寻求低成本顾客、顾客服务标准化、减少服务传递过程中的人员因素、采用非现场服务等。

1. 寻找低成本顾客

不同的顾客往往服务成本也不相同，如果某些顾客在同样的感知服务质量水平层次上，企业为他们提供服务的成本要比其他顾客低，那么这些顾客就可能成为服务企业的主要目标市场。服务企业可以根据这一战略原则来构造自己的成本与效率战略。具体来说，服务企业可以从几个不同角度来识别和寻找低成本的顾客。

（1）考察顾客的风险程度

如人寿保险企业在选择目标顾客时，经常会把年轻人作为他们的考虑对象，因为年轻人身体健康，与老年人相比，发病、死亡的概率更低；在年轻人当中，那些不常出差旅行、没有飙车嗜好的群体，他们出现意外事故的概率也较低。因此，这些顾客的低风险降低了服务企业的服务成本。

（2）考察顾客在服务中的参与程度

如果顾客参与服务程度较高，就可以减少服务人员的投入，顾客作为企业的一种暂时性资源，弥补了服务企业的成本开支。如瑞典的宜家（IKEA）家居公司鼓励自助型（DIY：Do-It-Yourself）的顾客，让他们自己组装家具、搬运家具，从而降低了服务成本，同时又使顾客从中获得了价格优惠，这种类似的自助型服务现已在许多服务行业中盛行。

（3）考察顾客服务的预订程度

如果顾客经常使用企业的服务预订系统，那么就等于顾客将自己的服务需求交由服务企业管理，这将有利于服务企业对总体服务的供需平衡进行有效管理，通过疏导顾客服务需求的时间安排，尽量避免某一时段服务过分拥挤的现象，这样既可以避免在服务高峰期发生部分顾客因为拥挤和排队而流失的后果，也可以避免服务企业为了应付某一需求高峰期可能增加服务人员和设施投入而增加的企业成本。

（4）考察顾客服务需求的特性

如果顾客没有特殊的服务需求，企业就可以为他们提供大众化的服务，这样就可以有效降低企业的服务成本。如一些大型超市，沃尔玛、家乐福、麦德龙等国际零售企业，其服务定位就是那些愿意批量购买、追求实惠、不需要特别服务的顾客，这类顾客的服务成本较低，这也是沃尔玛、家乐福、麦德龙等国际零售企业得以实现低成本服务战略的重要依据。

2．实施标准化服务

服务标准是与服务个性化相对的，其目的就在于通过服务生产和传递的工业化技术，减少服务过程中服务人员与顾客之间的互动，从而降低企业的服务成本。在 20 世纪，服务的标准化曾经成为产品营销界否认产品营销与服务营销之间差别的一大理由。不过，20 世纪 90 年代以来，人们越来越认识到服务营销与产品营销之间的共性，服务营销同样可以应用标准化生产技术，同时人们也越来越认识到服务营销与产品营销的不同之处。

随着技术的进步，不少服务企业都尝试应用服务的工业化和标准化技术。如以麦当劳、肯德基为代表的快餐业，通过标准化生产制作过程，为所有顾客提供几乎相同的食品与服务。同时，由于服务的标准化，服务企业可以在多场所提供几乎相同的食品和服务，实现了服务企业的低成本扩张，例如，以麦当劳、肯德基为代表的快餐业在全球市场中通过特许、加盟等多场所服务战略使其业务得到了迅速扩张。

3．减少服务中的人员互动

这其实是与服务标准化相对应的，服务标准化的目的之一就是减少服务人员与顾客之间的关系互动。如自动柜员机（ATM）的大量使用，使得顾客不必再到银行与银行职员进行面对面的接触，这样既便利了顾客，又降低了银行业务的交易成本。这种策略与服务标准化策略一样，服务企业需要注意目标顾客的具体需求，一般来说，这类服务形式适用于低接触性的服务需求，而对高接触需求的顾客是不合适的。同时，企业还需要考虑由于新技术的应用，顾客是否对这些新技术存在使用上的障碍，企业需要尽量降低顾客使用的技术门槛，便于顾客的使用，否则只能事与愿违，加大了顾客与企业之间的距离，造成疏远顾客的后果，进而可能降低顾客继续使用企业服务的意愿。

4．采用非现场服务

服务的一个明显特性就是服务企业与顾客消费的不可分性，也就是服务生产与顾客消费通常是同时进行的，这势必增加了服务现场中企业与顾客间的互动，从而提高了企业的服务成本。克里斯托弗·H. 洛夫洛克（Christopher H. Lovelock，1983）根据顾客与服务组织之间相互作用的性质，将服务分为顾客到服务场所、上门服务和远程服务三大类[①]。由于电信技术和交通设施的发展，企业与顾客间的联系已经变得非常方便，这使得企业有可能将一些服务的交易过程和作业过程分离开来，从而减少顾客的参与和互动。例如，修鞋店可以在很多分散的地方设置收取站，然后将收集好的鞋子集中送到某一个修鞋厂，这样就避免了顾客参与服务过程。将服务交易与服务作业分离，就使得服务企业的运作像工业那样可以在后台高效率地进行，进而降低了服务成本。

（二）差异化服务战略

服务差异化战略是指服务企业通过对顾客服务需求的差异化进行分析，为不同的顾客提供不同的服务，提高顾客的感知服务质量，进而提高顾客的利益所得，达到顾客满意，使企业占据稳定的市场份额的战略。在差异化服务战略方面，服务企业也可以采取多种战略形式来实施这一战略，具体包括努力在无形服务中引入有形特征、在标准服务中实施顾客定制化、培训顾客接触员工以提高他们创造价值的能力、影响顾客期望质量、控制质量等。

服务业的内在特性使服务定制化顺理成章，并支持将市场细分延伸到顾客个体层次。因为，服务是通过服务人员提供给顾客的，所以服务很难标准化。况且其结果和过程在不同的提供者之间、不同的顾客之间或者在不同的时间都可能是不一致的。这意味着服务难以控制，很难实现服务的一致性，但同时也说明服务的定制化是必需的、可能的。实质上，服务就是一对一的定制化和个性化的过程，只不过并不是所有的服务企业都意识到了这一点而已。诚然，将服务细分到每一个顾客层面并不容易，但定制化和个性化服务对日益挑剔的顾客却是非常有指导意义的。

随着人们收入水平的提高，顾客越来越重视服务的体验，越来越要求有个性化的服务以满足自己的个性化需求。实际上，顾客定制化意味着顾客直接参与服务的设计，定制化使顾客成为企业的合作设计者，使顾客能够利用服务企业的能力提出自己独特的解决方案，创造性地满足自己的需

---

① Lovelock H C. Classifying Services to Gain Strategic Marketing Insights[J]. Journal of Marketing, 1983, 47(3): 9-20.

求。从某种意义上说，定制化使服务企业的品牌注入了顾客的个性特征，因此使顾客在满足结果质量需求之外，更得到了一种过程质量的满足，这种过程质量的满足蕴涵了顾客的心理愉悦。然而，不可否认的是，在顾客定制化过程中，每一次交易都需要顾客与企业之间的直接互动，实质上就是一种密集的信息交流活动，这必然带来服务成本的提高，这对于顾客来说也必然成为其购买决策的一个重要权衡因素。服务企业时刻要明白，消费者需要定制化，但他们更需要真正适合他们需求和愿望的服务。成功的企业应该强调适合性、功能性和低成本，而不只是流于定制化本身。

随着信息化技术的发展，顾客更加方便与企业进行沟通，共同设计服务。同时，企业柔性生产能力得到提高，企业有能力根据顾客的个性化需要调整生产计划，为顾客提供定制化的服务。于是，B. 约瑟夫·派恩（Pine，1993）提出大规模定制（Mass Customization），即在大规模基础上，定制化产品或服务的开发、生产、营销和传递[①]。这意味着顾客能够在众多的产品中选择、订购和接受能满足他们特殊需求的产品。这要求服务企业必须具有柔性生产系统和能力，能够在顾客需求多样化和企业生产率之间取得平衡。大规模定制化将大规模化生产的效率、低成本和顾客定制化的差异化优势有机结合起来。如汉堡王推行"点后再做"的定制策略，与麦当劳的标准化服务相比就形成了明显的差异化特征。

其实，大规模定制化要求服务企业真正树立起顾客关系管理观念，倾听顾客的声音和需求，满足顾客内心的真实需求。互联网的发展便利了顾客与企业之间的直接沟通，这也是未来顾客定制化的一个重要平台。

根据派恩（1993）在《大规模定制》（*Mass Customization*）一书的分类，服务企业可以根据企业的实际情况采取相应的定制化方法。

1. 非核心定制化服务

非核心定制化服务，是指服务企业在核心服务之外，为顾客提供一些附加但对顾客有重要意义的选择性服务，顾客选择不同的附加服务，实质上就是接受了定制化服务。例如，航空公司或者宾馆，一般来说它们提供的是标准的核心服务，航空公司的核心服务是将乘客转运到目的地，而宾馆是为旅客提供相应档次的住宿服务。不过，服务企业可以通过增加某些附加服务或改变支付方式来迎合不同顾客的需求，从而实现定制化。以宾

---

① Pine J B. Mass Customization: The New Frontier in Business Competition[M]. Boston: Harvard Business School Press, 1993.

馆为例，宾馆可以提供不同类型的客房，如允许吸烟的房间和不允许吸烟的房间，或者提供尺寸大小不同的床铺等，或者为商务旅客提供笔记本电脑或传真服务等来吸引不同需求的顾客。

2．自我设计定制化服务

设计定制化服务，是指服务企业根据顾客自己的设计需求，提供相应的服务，这样顾客通过自己的参与设计，就享受了定制化服务。例如，通过互联网络提供的互动计算机服务、自动票务系统等，顾客可以根据自己的需求，在计算机系统上进行操作，输入特定的指令，计算机系统就会为顾客提供相应的个性化服务，如订票服务系统等。

3．交付地点定制化服务

交付地点定制化服务，是指服务企业根据顾客的便利，按照顾客指定的地点进行服务，顾客在自己方便的地点接受服务，就享受了定制化服务。这样，服务企业可以根据顾客的便利性要求，通过现场或到顾客所在地点提供服务，以满足顾客需求。如保健服务、律师服务等，服务人员通常就可以到顾客的住所、单位等指定地点进行。

4．模块组合定制化服务

模块组合定制化服务，是指服务企业根据自己所处行业特点，根据不同的顾客需求，开发不同的服务模块，这些独特的服务模块可以进行不同的组合，最终形成不同的服务产品，供顾客进行选择。顾客选择不同的模块组合，就等于享受了定制化服务。如旅游公司可以为游客提供不同的服务组合，如不同的饭店、航班、停留时间等，旅游者可以根据自己的实际情况选择不同的组合，设计自己的具体旅游计划。

（三）高差异化低成本战略

在综合应用不同战略组合方面，服务企业可以将服务差异化战略和服务低成本战略结合起来，并采取多种战略形式予以实现，具体包括"自助式"的顾客定制化、通过标准化改善控制、减少服务传递过程中的个人判断、管理服务供需关系、发展会员基础、充分发挥高价值技能的效应、选择应用相关技术、集中于某一种服务水平或顾客类型等。

可见，赫斯克特的服务战略类型就是基于迈克尔·波特的低成本战略和差异化战略以及二者的结合，为服务竞争战略的制定提供了更具针对性的指导。

第二节 服务成长战略

一、服务多元化战略

多元化战略是企业的一种经营方式，是企业扩大现有市场、增强行业差异性的一种经营战略。多元化是市场机会和企业实力的结合。一方面，多元化强调的是一种经营方式，是指企业的业务分布于多种产业的状态；另一方面，多元化强调的是一种发展方式，是指企业进入某个新产业的行为。多元化战略属于公司层面的战略，是企业成长到一定阶段的一个必然产物。

服务多元化战略又称服务多角化战略，是指企业同时经营两种以上基本用途不同的服务的一种发展战略。通常意义上说的服务多元化经营，主要是指服务产品的多元化经营。通过这一战略，企业尽量增加服务种类，努力拓展企业经营的范围，跨行业生产和经营各种各样的服务产品。企业尽可能充分地利用其所拥有的各种资源来提高经营效益，保证长期的生存与发展。

服务多元化战略通常包括服务集战略和多元化网络战略两种类型。

（一）服务集战略

通常那些拥有大型固定服务设施的企业，可以采用在单个场所、提供多种服务的战略，这就是服务集战略。如医疗机构、大学等教育机构，其共同特征是它们的服务市场不受所在地区的限制。例如，北医三院每天接待来自全国各地的运动损伤病人并提供咨询、保健等服务；度假村在提供传统的住宿、休闲、娱乐服务时，还提供会议服务、拓展训练服务等；大型商场在提供零售服务外，还提供餐饮服务、游戏娱乐服务、健身服务。

该种战略的风险是可能会偏离主业（核心服务）。例如，大学在发挥教育、研究功能的同时兴办企业，可能会影响教育科研主业；滑雪场在夏季通过举办商业会议来使用闲置的设施，但适用于滑雪者的住宿、餐饮设施并不完全适用于召开商务会议。为避免上述风险，企业经常采用"同心多元化"战略，将扩张活动限制在仅与核心服务有协同效应的范围内。同心多元化产生了范围经济，因为附加的服务仅带来变动成本的边际增加，而无须投资于成本高昂的固定服务设施。

（二）多元化网络战略

多元化网络战略是指在多个场所、提供多种服务的战略。这种战略主要通过并购实现，如美国联合航空公司对旅馆和汽车租赁代理的收购。多元化网络战略的缺点是管理多元化业务相当复杂。

美国运通公司（American Express）创建于 1850 年，现已成为多元化的全球旅游服务及综合性财务、金融投资及信息处理公司，向顾客提供包括签账卡、信用卡、旅行支票、旅游、财务策划、投资产品、保险及国际银行等在内的多种服务。

美国运通公司总部设于纽约市，它主要通过其三大分支机构实现营运：美国运通旅游服务公司、美国运通财务顾问公司及美国运通银行。美国运通旅游服务公司是世界上最大的旅行社之一，在全球设有 1700 多个旅游办事处。美国运通旅游服务公司向个人客户提供签账卡、信用卡以及旅行支票，同时也向公司客户提供公司卡和开销管理工具，帮助这些公司管理商务旅行、应酬以及采购方面的开支，公司同时还向世界各地的个人和公司提供旅游及相关咨询服务。美国运通财务顾问公司以财务计划和咨询为业务核心，与零售客户建立紧密的关系和长期财务战略。为了满足其零售客户的需求，美国运通财务顾问公司也同时开发和提供财务产品和服务，包括保险、养老金和多种投资产品。美国运通银行是所有以美国为基地的银行中拥有最大国际分支机构网络的银行，它通过 40 个国家的 77 家办事处，为顾客提供私人银行服务、个人理财服务、同业银行以及外汇交易服务。

美国运通公司在管理全球服务网络方面非常成功，它将不同的服务内容以同一服务品牌向顾客提供，比如具有协同效应的金融服务和旅行服务。美国运通公司在全球范围内有亚太区运作中心、欧洲区运作中心、南美区运作中心和美国本土运作中心。业务运行实行垂直的管理模式，地区性的行政管理在不同的垂直业务之间起到良好的横向协调作用，保证了多元化网络战略的顺利实施。

二、服务多地化战略

（一）服务的复制

服务组织的管理人员面临的问题与制造企业管理人员面临的问题大不相同。在制造企业中，公司的成长可以通过增加销售量和扩大工厂规模得以实现，产品出口可以通过把产品包装起来并运出国外来实现。但是在服务业，公司的成长是怎么一回事呢？服务复制是一种最常见的方式。

1. 服务复制的特性

（1）服务复制不是创造

服务是作为一整套由人来执行的社会行为被"生产"出来的。公司不仅要激励员工和客户参与服务的提供，并且还要对他们的行为进行指导。服务企业的社会创新及服务管理系统的精神内涵可以在别的地方和一定时间内复制。在新的地方复制服务，并做到服务质量的长期一致性，与"创造"一项服务是完全不同的。

（2）服务复制的是管理系统

我们从服务管理系统的角度来研究服务企业系统，这其中包括服务概念、服务流程、清晰的细分市场、公司形象以及适当的文化与管理系统。但是为了实现增长，企业必须用"复制法则"对这些因素和其他相关因素进行复制。还有什么东西能比麦当劳的汉堡包更加美国化呢？但麦当劳在发展海外连锁店时，海外的加盟机构必须适应麦当劳的服务管理系统，所以麦当劳的服务创意很容易被复制。很难找出比麦当劳餐厅更成功的服务复制案例了。麦当劳的成功复制可以看作服务企业管理史上的转折点，它的经营原则也许不是革命性的，但是它将经营原则概念化和系统化的方法却是独特的。在服务管理的历史中，这也许就是从单个服务管理系统阶段过渡到对服务进行复制的时刻。那时，服务业大规模经营的技术已经产生。

有时，核心服务很难被复制，而复制某些辅助性服务却较为容易。例如，一家在公司战略和组织发展方面有高深见解（与其所在国的文化有关）的咨询公司会发现它所拥有的核心服务最终无法复制。要把其核心服务带给潜在的国外客户或员工，需要一个很长的过程。而在当地，通过直接调研和收集具体信息，公司就可以提供重要的辅助性服务。一旦公司意识到它必须放弃复制核心服务的想法，转而建立一个专门提供相对简单而在当地却无人提供的辅助性服务的分支机构网络时，其国际化的做法就是可行的。

（3）一些服务不能被复制

服务企业增长的方式有很多种，而不仅局限于复制相同的服务管理系统。通过增加更多的服务，而非拓展服务边界的方式，公司能实现增长；通过更多的接触或提高沟通技巧来扩大活动范围及与客户的互动，公司也能实现增长。

有时，服务管理系统过于微妙和独特，以至于它根本不能被复制。包含很高专业性或艺术性的解决问题能力的服务系统非常难以复制。高度依赖于特定文化和复杂的机构网络的服务管理系统也是很难复制的。由于企业原来的服务法则往往在很大程度上取决于创造某种社会互动模式的能力，因此它就在很大程度上依托于当地的文化或当地的政府组织。总部在加利福尼亚的健康维护组织（Health Maintenance Organization，HMO）在开拓瑞典市场时遭遇了失败，原因就是文化模式的差异和政府的限制使其不能适应瑞典的市场。

还有的服务企业自己选择保持这样一种微妙和独特的形象，目的是为独特的细分市场服务。对于具有高度解决问题能力的、充满艺术色彩的服务创意而言，这样做是很有价值的。如果这样的企业获得成功，它们的声誉会进一步提高，公司成长的潜力也会增大。古驰（Gucci）公司由于过度开发自己的形象，让其他企业使用自己的牌子，而最终失去了其高档尊贵的形象，结果公司只能回到原来的定位。

2．服务复制的要点

复制的第一步就是要深入分析服务管理系统，找出其中的"主要逻辑"——少数几个对发挥系统功能至关重要的因素。当然，这可能会使系统简单化；第二步是要总结出能够充分阐释和控制"主要逻辑"，即关键性成功因素的方法；第三步是要获得具体的将复制付诸实践的工具——管理系统和支持系统。

第二步和第三步可看作"包装"服务管理系统的过程，包括管理该系统所需的知识和技能，以便顺利使用该系统。由于不同的服务管理系统具有不同的特性，因此并不存在"包装"或创造复制法则的唯一方法。但是我们能够列出一些在此过程中非常重要的因素。

（1）服务质量标准描述

描述服务、服务水平以及要达到的服务质量标准。为了实现有效的内部沟通，这种描述必须非常清晰。

（2）总部统一控制的重要项目

某些至关重要的项目及不需要分支机构做决定的项目应由总部统一控制。例如，麦当劳公司对各个麦当劳餐厅采购肉类这一环节的控制。

（3）控制机制

制定和宣传总部的政策与成功法则。在这方面可采取指示说明和控制关键点的方式，如控制招聘程序以及用人安排、形象、实体布局。标准化的技术和实体布局可用于检查分支机构是否在某些方面擅作主张。例如，麦当劳餐厅（或是其他类似的餐馆连锁组织和招待机构）在它的厨房中采用了一种非常精确的技术设备，它能确切地指导员工的行为，使员工必须用正确的方法操作。

（4）信息系统和报告系统

开发信息系统和报告系统，使之集中反映服务管理系统中的"主要逻辑"——那些关键性要素的运营状况。这样做的目的是使每一位员工的注意力都不断集中到这些关键要素上来。几乎在所有成功的多业务单位的服务组织中，高层管理人员都会得到那种他们希望在运营良好的业务单位中见到的、已被清晰界定的服务质量。这种质量水平可用作规划需求的工具，也可用作实现组织高效率的手段，还可作为评价每个业务单位的标准，即所谓的"标杆"。

（5）创造核心专业知识

创造核心专业知识以形成服务的协同优势。对咨询公司来说，这意味着公司拥有世界范围内的行业咨询专家；对餐饮连锁机构，这意味着公司拥有一套卫生控制系统；而对保安公司，这意味着公司拥有风险分析经验。

（6）网络效应

创造基础设施配套系统，以充分利用网络效应的优势。例如，宾馆或航空公司在世界范围内的预订系统。

（7）提升核心业务知识

开发旨在提升核心业务知识以及有助于形成成功的文化和氛围的工具和机构。前文提到的"公司大学"就是一例。其他的方法还有高层管理人员花大量时间去各地考察，并与当地业务部门的员工进行沟通。

（8）正式的合同及章程

特许经营协议就是一种可以控制特许加盟店行为的协议，它建立在对成功的"主要逻辑"充分理解的基础之上。

（9）典型职业模式

树立并宣传"角色榜样"和人们期望得到的典型职业模式，并为地区分支机构的员工创造职业升迁的机会。

3. 服务复制中对原有经营管理模式的调整

当公司着手制订复制计划时，一般都需要对管理结构做些调整。为了满足复制过程而创造的新管理结构有必要对原有经营管理模式做出调整。

这种新型的管理结构必须适应复制出的"新单位"的需要。

服务型企业不能简单盲目地扩张自己的工厂，而需要持续稳定地在发源地之外复制相同的单元。在增长过程中，服务型企业可以采取滚动增长模式或者特许经营权模式。

实现服务复制的过程本身会给服务企业带来一些不必要的麻烦。在整个服务复制过程中或是在此过程的某个阶段，企业可能需要重新界定或改变其服务管理系统。面对激烈的市场竞争，企业应该调整其在当地的战略定位和经营策略。

然而，在决定进行何种程度的变化时，尤其是要将一套简单的规则努力渗透到整个组织的时候，公司会处于两难的境况。整个系统应在何种程度上适应当地的情况，对公司而言也是一个难题。在相对不成熟的市场上快速发展的某个阶段，公司领导人会在较长时间内继续原封不动或稍做修改地沿用原来的思想，如麦当劳。当进入更成熟且竞争更激烈的阶段后，公司应做出更明确的市场细分，提供与竞争者有差异的服务，并与客户更密切地互动，甚至对服务系统进行再定位，从而获取更多的利润。但在此过程中，公司总会遇到障碍。公司所采取的这些措施可能会增加服务系统的成本，并导致组织内部的混乱，因为公司原来围绕独特规则建立的严密的社会系统的平衡被打破了。

（二）服务的连锁经营与特许经营

1．连锁经营

连锁经营一般是指经营同类商品或服务的若干个店铺，以一定的形式组合成一个联合体，在整体规划下进行专业化分工，并在分工的基础上实施集中化管理，以获取规模效益的商业形态。连锁经营的定义包括 3 个要点：多地点经营（开店铺）、使用同一品牌、使用同一经营模式。连锁经营分为 3 种形式：直营连锁、特许连锁、自由连锁。

（1）直营连锁

直营连锁（Regular Chain）是指连锁总公司自己投资、自己派人经营的模式。许多服务企业在创始初期都采用直营连锁的模式，如李宁体育用品公司在 20 世纪 90 年代广泛采用了直营模式；中式快餐连锁企业"真功夫"则一直采用直营店的连锁方式。

（2）特许连锁

特许连锁（Franchise Chain）又称连锁加盟、特许加盟、特许经营等。

（3）自由连锁

自由连锁（Voluntary Chain）又称自愿连锁、合作社等，是指分散在各地的众多零售商为了达到共享规模利益的目的，自愿组成一个组织，实施联购分销、统一管理。在该组织体系中，各零售商维持各自独立性，又缔结成永久性的连锁关系。

2．特许经营

（1）特许经营的定义

特许经营是指特许者将自己所拥有的商标、商号、产品、专利和专有技术、经营模式等以特许经营合同的形式授予被特许者（也称受许者）使用，被特许者按合同规定，在特许者统一的业务模式下从事经营活动，并向特许者支付相应费用的一种商业形态。由于特许企业在形式上具有连锁经营统一形象、统一管理等基本特征，因此也被称为特许连锁。

特许经营是一种被广泛使用的服务企业扩张战略，它与传统的内生扩张战略（通过企业内部产生的利润或在资本市场筹集资金进行扩张）不同。在特许经营中，特许者授予被特许者使用自己开发的业务系统和模式销售某种产品或服务的权利和执照。特许经营通过吸引投资者，使其成为由合同约束的独立所有者和经营者。通过特许，特许企业可以通过在不同地区复制服务系统而获得成长。国际上运用特许经营模式比较成功的有"可口可乐""麦当劳""肯德基"和"家乐福"等，国内有大量采用特许经营实现成长的企业，如马兰拉面、翰皇擦鞋、荣昌·伊尔萨洗染连锁公司、如家连锁酒店等。

（2）特许经营的特点

①被特许者有企业所有权，但要支付一定的特许费用，并购买设备、设施，承担所有正常经营活动的责任。

②特许者保留支配权，包括：被特许的企业必须执行严格的标准化作业流程；原材料必须从特许者或经其同意的供应商处购买；不允许经营规定的产品线之外的业务；必须参加特许者组织的培训；必须持续支付特许费。

（3）特许经营的利益

被特许者放弃了某些独立性和支配权，相应得到了作为集团成员的利益。

①接受管理培训。开办新的分店以前，特许者会提供一套培训计划。通过学习培训计划的内容，严格执行规定的程序，会为企业的经营和获利

打下良好的基础。例如，加盟麦当劳的被特许者必须花两周时间在芝加哥郊区的汉堡包大学学习制作麦当劳食物和向顾客提供服务的方法，以保证所有分店的一致性。

②使用品牌名称。被特许者利用特许者具有广告效应的知名品牌而立即获得顾客认同，并引来更多顾客，能够更快地达到盈亏平衡点。

③分享广告。被特许者必须拿出全部销售额的一部分给特许者做全国范围的广告，这样所有特许经营者都会受益，尤其对全国范围内的连锁快餐店和连锁旅馆这类服务企业而言，来自其他区域的客户的消费在其总销售额中占有很大比重。

④降低经营风险。传统上，独立的经营者经常面对较高的失败率，而被特许者提供的是一种获得公众认可的服务概念，有成熟的运作系统做支撑（如可靠的会计系统，高效的运作流程、规范等），因此有助于降低失败发生的概率。

⑤获取规模效益。特许授权网络中的成员能够因集中采购原材料和设备而降低成本，获得规模收益，这对于一个独立的经营者来说很难办到。

（4）特许经营管理

①被特许者的自主权。自主权反映在特许店的经营中被允许的自由度。自由度的高低取决于特许合同中所规定作业的程序化程度和在全国范围内由广告实现的品牌效应大小。作业的程序化、标准化程度对于保证整个连锁公司遵循统一的质量标准来说非常重要。若允许某些被特许者降低标准经营，则整个连锁公司都可能受到牵连。高程序化的经营内容包括：特许规范，如日常的经营程序、场所的选择、设施的设计、财务系统的运行、原材料的供应及来源、价格、服务菜单目录等；定期检查服务设施；对不符合要求的被特许者有权终止关系。

②特许合同。特许者拥有控制权利，被特许者的独立权和自主权受到限制，处理二者的关系是管理中的一个难题。特许合同是确立和规范双方持续关系的基础，合同不仅应明确规定被特许者的义务，还应明确特许者的责任和被特许者的权利。特许项目管理的目的是避免诉讼的发生，特许合同应能保护合同当事人并维护整个特许组织的竞争力。

③冲突的解决。由于特许者和被特许者可能存在不同的目标，经常会在如下方面发生冲突：如何确定收费标准和分配利润；被特许者的设施、设备应在何时维修与更新，如何分摊此费用；在一个已有经营点的市场中，

特许者可以授权的特许企业数应该是多少。因此，特许者的一项重要任务就是开发、制定有效的政策与程序，以保证在冲突发生之前就得到妥善处理。恰当的特许合同可以有效减少潜在冲突的发生。

3．推广连锁经营的策略

不同连锁企业采取不同的连锁经营推进策略，这与连锁公司的经营理念、发展阶段、竞争状况等密切相关。具体包括如下几种策略。

（1）标准示范店策略

这是指连锁公司通过建立标准店（也称样板店、示范店、旗舰店），以其规范的经营、良好的店铺形象、较高的收益吸引加盟者或潜在加盟者的策略。

（2）鼓励老加盟者渗透到新市场的策略

这是指连锁公司通过优惠措施鼓励老加盟者开拓新市场的策略。老加盟者通常比较成功，并积累了丰富的连锁店运营经验，吸引老加盟者渗透到新市场，不仅能降低经营风险，还能节约连锁公司开发新市场的成本。

（3）高密集度开店策略

这是指在一个特定市场区域内大量开店的策略。该策略的优势是，连锁品牌能够在短时间内成为区域品牌，并节约大量的配送、管理、监督成本。许多成功的连锁品牌都是先成为区域性品牌后才逐渐发展成为全国或全球性品牌的。如广东"真功夫"快餐先在东莞地区设立多家连锁店，随后逐步向深圳、广州、北京、上海等地进行拓展，目前已成为一家全国性的中式快餐连锁企业。

（4）"不从零开始"策略

该策略包含两种形式。第一种形式是指将经营稳定、效益良好的店铺转让给加盟者，使加盟者不从头开始经营的策略，加盟者需要向总公司支付更高的加盟费用。第二种形式是连锁公司首先租赁有个人产权的店铺，以直营店的形式培育经营，待条件成熟后，再将店铺交还给原店主，使其转变为特许连锁店。这种方式可以避免加盟店在开店、招募、培训及管理员工等方面的成本，确保加盟者尽快融入总公司标准的管理系统，而总公司能比较容易取得潜在加盟者的信任。

（5）利用区域开发、代理制、二级特许等迅速扩张策略

这是指连锁公司开发新市场区域、实现迅速扩张时所采取的策略，具体包括以下3种。

①区域开发。区域开发指特许者赋予被特许者在规定区域、规定时间开设规定数量的加盟网点的权利。其基本要点是：由被特许者（区域开发商）投资、建立、拥有和经营加盟网点；被特许者不得再转让特许权；开发商要为获得区域开发权交纳费用；开发商要遵守开发计划。这种策略有助于发挥被特许者的投资开发能力，尽快实现规模收益，并使特许者快速占领新市场。

②代理制。代理制指特许代理商作为特许者的一个服务机构，代表特许者招募加盟者，为加盟者提供指导、培训、咨询、监督和支持。其优点是扩张速度快，减少了特许者开发特许网络的费用支出，对特许权的销售有较强的控制力；缺点是特许人要对代理商行为负责，要承担被加盟商起诉等风险。

③二级特许。二级特许指特许者赋予被特许者在指定区域销售特许权的权利，在这种模式下，二级特许者扮演特许者的角色，向区域内的加盟申请者销售特许经营权。

（6）收购兼并策略

这是指通过收购、兼并小型连锁公司的形式扩大连锁规模的策略，它是连锁经营发展到一定阶段后经常采取的策略。连锁经营需要通过规模来获取收益，因此通过兼并收购就成为连锁公司发展壮大的重要方式，国际上许多大型连锁公司都是通过兼并收购的方式发展起来的。

（三）服务国际化

1. 服务国际化战略的实施路径

不同服务企业实施国际化战略的路径不同。根据"全球整合能力"和"本土化程度"两个维度，可以将企业的国际化战略划分为 4 类：全球战略、跨国战略、多国战略、非国际化战略。全球整合能力是指存在规模效益或在全球范围内利用某一资产和竞争优势的机会。本土化程度指为适应当地文化、顾客需要和东道国政府规制而提供定制化服务的必要性。

（1）全球战略

当企业具有高的全球化整合能力、低的本土化程度时，可以采用全球化战略。这种战略将全球市场看成一个市场，采用同一种方式进入。具有很强的品牌知名度的企业（如新加坡航空公司）或行业领袖（如瑞典的宜家家居公司）可以采用这种战略。

（2）多国战略

当企业具有低的全球整合能力、高的本土化程度时，可以采用多国战略。企业的海外分支机构根据所在国的需要提供相应服务，雇用当地员工，并接受当地管理。波士顿咨询公司、麦格劳-希尔出版集团等提供专业化服务的企业是采用多国战略的典型企业。

（3）跨国战略

当企业具有高的全球整合能力、高的本土化程度时，可以采用跨国战略。企业一方面通过复制在本国已获得成功的服务进入国际市场，另一方面必须根据当地需要调整服务传递的过程和内容。例如，麦当劳在各国的分店都采用标准化的快餐运作流程和服务模式，但它根据当地消费者的习俗和口味对原来的标准化西式快餐菜单进行了调整，如在意大利提供蔬菜三明治，在德国供应啤酒，在中国提供鲜嫩的烤鸡翅。肯德基则在广东的餐厅中推出具有地方特色的凉茶，在北京的餐厅中推出油条、营养粥等。

2. 服务国际化战略的实施模式

服务企业在实施国际化战略时，有 5 种基本模式可供选择：多国扩张模式、进口顾客模式、跟随顾客模式、离岸服务模式、"跨时空"模式。这 5 种模式并不相互排斥，经常被服务企业组合起来使用。

（1）多国扩张模式

多国扩张模式通常是指通过特许经营吸引投资者、在一个以上国家复制服务的成长模式，其重点是运用"完全照搬"模式实现在多地点快速克隆标准化的核心服务。麦当劳、联邦快递、沃尔玛、迪士尼乐园和假日酒店都采用这种模式。

采用多国扩张模式的服务企业需要根据不同国家的文化特点对服务产品进行调整和适应，雇用和培训当地员工执行前台服务是一种较好的解决办法。此外，采用多国扩张模式的企业还应考虑如何管理庞大的店铺网络，如麦当劳采用卫星通信和互联网的方式管理其上万家店铺。

（2）进口顾客模式

进口顾客模式适用于单一地点、多种服务的情况。单一地点、多种服务需要顾客亲临现场并逗留较长时间，当服务提供范围跨越国界时，就需要"进口顾客"。进口顾客模式是指吸引顾客到现场地点而不是在海外建立服务场所的服务提供模式，这与多场所战略中的出口服务有很大不同。例如，著名大学（斯坦福大学、牛津大学）、独特的旅游景点（四川九寨沟、云南丽江古城、八达岭长城）等无法出口服务，但可以进口顾客。在某些情况下，可以通过电子渠道提供服务来代替顾客亲自前往，如现在很多知名大学通过电视或互联网提供远程网络授课。

企业在实施进口顾客模式时，要注意两点：一方面，要提升顾客在旅行和逗留期间的服务便利性，改善交通设施与客流管理以适应来访顾客。另一方面，服务企业需要开发、培训员工的外语技能和对不同文化的敏感性。例如，美国最大的家具商爱室丽家具家居店（Ashley Furniture Home Store）就聘请了具有不同种族和文化背景的员工，他们能够与具有相似背景的顾客进行良好的交流。

（3）跟随顾客模式

跟随顾客模式是指服务企业跟随自己的顾客在海外设立办事机构，为这些顾客提供服务的模式。一些专业性的服务组织，如会计师事务所、商务旅游代理、咨询公司、市场调查机构、知名大学等，当其客户走向海外时，这些服务组织也会跟随出去，在海外设立自己的办事机构。

服务组织走向海外后，需要解决一个关键问题：仅为老客户服务还是同时为当地客户服务。这涉及对当地文化的适应、当地政府政策和法规限制、是否聘用当地专业人士等问题。通常来说，由于政策法规方面的差异，同时满足两个市场将较为困难。若老客户市场较小，而当地市场又要求对服务进行较大改动时，应考虑与当地服务组织合作。企业要选派有经验的灵活的经理，根据当地的社会系统成功地嫁接服务业务。

（4）离岸服务模式

离岸服务模式是服务外包的一种，是指将服务后台活动转移到海外、由国外的当地服务商提供服务以获取成本优势的模式。节约劳动力成本和突出核心业务是分离后台服务、实施离岸服务的直接原因。美国将呼叫中心转移到印度就是离岸服务的典型例子，它利用廉价的印度劳动力为消费者提供呼叫服务。离岸服务通常面临着潜在的服务质量问题，因此企业必须通过培训、文化灌输和提高外部企业的员工士气来顺利推进离岸服务的实施。当前的离岸服务主要集中在顾客服务、金融分析、纳税咨询、理财服务、管理和软件开发等方面。

（5）"跨时空"模式

"跨时空"模式是指根据不同国家时区的不同设置相应服务网点，从而提供"全天候"的全球化服务模式。例如，北美洲和亚洲的时差为 12 小时，许多美国企业在中国、印度等东（南）亚国家设有办事点或电话呼叫中心，这样就可以全天候地解答顾客咨询，其中 12 小时在美国接待，另外 12 小时在中国接待，顾客可以在任何时间、任何地点接通企业电话。再如，花旗银行的网站为其顾客提供 24 小时的实时交流服务也是一种跨时空战略的表现。

案例：美国西南航空公司的竞争战略

一、美国西南航空公司简介

美国西南航空公司这家成立于 1971 年、总部设在得克萨斯州达拉斯的地方性小公司，自 1973 年以来，是唯一一家年年盈利的航空公司，目前已经由 40 多年前的 1 架飞机、3 条航线、25 个职员，发展为拥有 400 余架飞机、年载客超过 8000 万人次、在美国国内通航城市最多的大型航空公司，跻身于美国四大航空公司之列。

二、美国西南航空公司"低成本"和"差异化"的战略双赢

在创立之初，美国西南航空公司就选择了独特而又恰当的市场定位，以普通商务旅行者、一般家庭和学生为目标顾客群，另辟蹊径去占领潜力巨大的低价市场，避免与美国各人航空公司的正面交锋，并始终坚持"低成本、低价格、高频率、多班次"的战略，使飞机成为真正意义上城际间快捷而舒适的"空中巴士"。它廉价且密集的航班吸引了比较注重价格、原本应该坐巴士或开车的顾客，以及比较注重快捷、原本应该搭乘提供全套服务班机的顾客。

尽管美国西南航空公司遵循"为顾客提供基本服务"的经营思想，但是它却获得了非常高的顾客满意水平，多次赢得美国民航界最佳行李搬运、最少顾客投诉和最佳正点率"三重皇冠"奖。它可以在 20 分钟内完成起降，而其他航空公司则需要一两个小时。结果，飞机的快速周转使美国西南航空公司能够把飞机利用率提高到每天 11 个小时，而行业的平均水平只是每天 8 个小时。

美国西南航空公司的低票价以低成本和高效率为基础，并且在低价格的同时还能保持优质服务，实现了"低成本"和"差异化"的双赢战略，从而在美国众多的航空公司中居于优势地位（如图 2-9）。

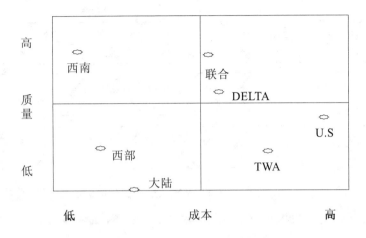

图 2-9　美国航空公司成本质量分布图

资料来源：张威，李丽红. 低成本+差异化："夹在中间"的战略困境与突破——美国西南航空公司价值链上的价值创新[J]. 经营与管理，2014（9）：111-113.

三、美国西南航空公司独特的低成本价值链

美国西南航空公司正是打破了顾客在飞机旅行的速度和尊贵与汽车旅行的简便和经济之间所必须做出的取舍，从而开创了一片蓝海。美国西南航空公司千方百计地推出顾客所期望的服务项目。持低价票乘机的顾客并不需要豪华的舱内设施和高档的餐饮供应，而是要求可靠安全的飞行、高频度和便利的航班、顺利的登机流程、适宜安静的环境、友善的服务、轻松快乐的气氛和愉悦的旅行经历。美国西南航空公司正是因为不断推出符合这些需求的优质服务，所以才赢得了越来越多的顾客的青睐。通过剔除和减少传统航空业的某些要素，提高另一些要素，并对汽车旅行这一替代行业兼收并蓄，创造了一些新因素，美国西南航空公司得以向乘客提供了前所未有的效用，同时保持了低成本结构，从而实现了价值的飞跃。

美国西南航空公司的价值链明显区别于其他的大型航空公司（如图 2-10），从而为顾客提供了非凡的价值。

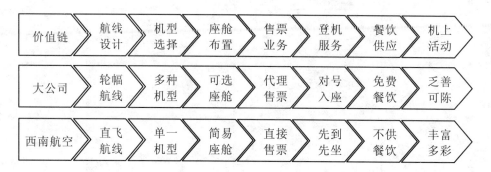

图 2-10　美国西南航空公司与其他大型航空公司价值链的区别

资料来源：张威. 价值创新与价值链的组合分析[J]. 未来与发展，2006（9）：51-54.

1. 航线设计

美国西南航空公司刚成立时主要经营得克萨斯州内的短途航线，后来逐步开通美国州际航班。不像其他大型航空公司那样采用轴心-轮辐式的航线结构，即将飞机集中飞到某个航空枢纽后再让乘客换机飞往不同的目的地，美国西南航空公司只在美国中等城市与各大城市的次级机场之间提供中短程、点对点的直飞业务，每次航班的平均飞行时间在 1 个小时左右，在起飞班次上频繁而灵活。这样做不仅提高了设备利用率，直接降低了运营成本，而且也保证了飞机快速离港的可行性，减少了航班延误和整个旅行时间。

2. 机型选择

美国西南航空公司的飞机全部为波音 737 一种机型。在同级飞机中，波音 737 的油耗和维护成本最低，而每年的飞行时间却比其他机型长得多。在安全有保障的条件下，其航程、外场维护需求、载客量等方面的设计非常适合高架次、短航程营运。美国西南航空公司选用单一机型，可以实施较大批量的采购，获得较低的飞机购价。另外，飞行员、乘务员和维修人员只需接受一种机型的培训，技术手册、工具及零部件的数量减至最低水平，培训、储存和维护的成本大大降低。同时，单一机型的做法能最大限度地提高飞机的利用率以及驾驶、服务和维修的质量，每名飞行员都可以机动地驾驶所有飞机，每位乘务员都熟悉任何一架飞机的机上设备，因此机组的出勤率、互换率以及机组配备率都始终处于最佳状态。

3．座舱布置

美国西南航空公司不仅机型单一，机舱布局和座位设置也遵循简单、紧凑的原则。它所有的飞机都不设头等舱，不搞豪华的装饰，也没有电视和耳机，而且座位密度大，靠背倾斜度小，但座位排距便于腿脚伸展。这些布置都是为了最大限度地扩大座位数，提高载客量，节约运营成本，降低票价。

4．售票业务

美国西南航空公司的机票不由半自动业务研究环境（Sabre）、伽利略卫星导航系统（Galileo）等计算机联网的机票预订系统发售，也不通过旅行服务公司的代理销售。它的旅客既可以直接在登机时购票，也可以通过电话、传真或网络用信用卡账号订票。售票过程的优化设计极大地降低了美国西南航空公司的经营成本，节省了大量的销售代理费用，并将折扣和优惠直接让渡给终端消费者。

5．登机服务

为了节省成本，美国西南航空公司采用可以反复使用的塑料登机卡，而其他航空公司的登机卡都是纸质的，对号入座。当美国西南航空公司的乘客登机时，登机卡在舱门口就被收回，然后乘客可以自由选择座位，先到先坐，这避免了乘客寻找座位时的相互拥挤，缩减了等候乘客的误点率，同时又增强了乘客的主动性和可选择性，提高了乘客的满意度。此外，为了缩短登机时间，美国西南航空公司还建立了自动验票系统，以加快检票速度，时间紧张时，驾驶员帮助地勤，乘务员帮忙检票。但是在登机时的行李托运上，相对于其他航空公司的不超重免费政策，美国西南航空公司仅提供有限的行李放置空间，且托运行李一律收费。当然，这样做的目的也是强调低成本、低票价和可选性、自助性。

6．餐饮供应

美国西南航空公司的航班不提供用餐服务，只为顾客准备了花生米和饮料。因为在一个半小时以下的航班上，多数旅客并不需要在飞行时吃喝，地面餐饮比飞机餐饮更为方便和优质。而对于美国西南航空公司而言，取消餐饮服务不仅直接降低了食物成本，而且腾出了飞机上为此项服务占用的空间、负载和人员，使每架飞机净增6个座位，减少了1400千克的重量和2名乘务员，降低了运营成本。更重要的是，不供餐饮就免去了停机时配餐装卸和机舱清洁的时间，加快了飞机周转速度。

7. 机上活动

美国西南航空公司经常在航班上举办一些别出心裁的活动，例如，组织比赛看谁哈哈大笑的时间最长、对袜子破洞最大的乘客给予奖励、赠送老主顾生日贺卡以及通过手语传递信息和击鼓传令这样的小游戏等。乘务员时常在复活节穿着小兔服装，在感恩节穿着火鸡服装，在圣诞节戴着驯鹿角，而飞行员则一边通过扬声器哼唱节日颂歌，一边轻轻摇动飞机，使飞机上那些赶路回家过节的乘客们开心不已。这些活动使机舱内洋溢着一种轻松愉悦的气氛，乘客们觉得美国西南航空公司就像自己的老朋友，具有浓浓的人情味。在展示友情的同时，美国西南航空公司的员工也有很大的自主权来响应顾客遇到的某些问题。比如，乘客上错了飞机，机组成员可以自己决定是否返回登机口，而这在采用轴心-轮辐式航线系统的公司是不可能的。

术语表

服务战略 （Service Strategy）

竞争战略 （Competitive Strategy）

政治因素 （Political Factors）

经济因素 （Economic Factors）

社会因素 （Social Factors）

技术因素 （Technological Factors）

波特五力模型 （Porter's Five Forces Model）

战略服务观点 （Strategic Service Vision）

一般竞争战略 （Generic Competitive Strategy）

成本领先战略 （Cost Leadership Strategy）

差异化战略 （Differentiation Strategy）

集中化战略 （Focus Strategy）

大规模定制 （Mass Customization）

公司战略 （Corporate Strategy）

成长战略 （Growth Strategy）

多元化战略 （Diversification Strategy）

服务集 （Service Set）

连锁经营 （Chain Operation）

特许经营（Franchise Operation）

直营连锁（Regular Chain）

特许连锁（Franchise Chain）

自由连锁（Voluntary Chain）

全球战略（Globalization Strategy）

多国战略（Multinational Strategy）

跨国战略（Transnational Strategy）

第三章　服务开发与设计

服务企业在制定服务战略之后，关键的任务就是要明确具体为顾客提供什么样的服务，也就是服务的开发与设计。本章首先阐述服务产品开发的来源、服务组合要素、服务开发模式以及服务产品设计的质量功能展开（Quality Function Deployment，QFD）的方法，然后介绍服务流程设计的一般方法：生产线方法、顾客合作生产法及高度与低度接触分离作业法，特别说明服务蓝图这一服务流程设计的典型方法。

第一节　服务产品开发与设计

一、服务产品开发的来源

服务产品的开发应该根据企业服务开发计划的研究重点和市场方向来进行。一般来说，企业在具体的市场营销活动中，可以发现顾客的偏好及其兴趣，发现顾客需求与企业现有服务之间的差距往往就成为企业服务开发的起点。源于企业市场营销活动的服务开发又可分为需求拉动型、竞争推动型和技术驱动型3大类型。

一是需求拉动型的服务开发，它以目标顾客的内在需求为依据。这种服务开发的思路来源于目标市场顾客的需求。企业相关人员通过市场调查了解消费者的需求，并将有关信息反馈给服务设计部门，服务设计部门然后根据顾客的需求特征，设计出相应的服务。确切地说，顾客的需求和欲望是服务开发最重要的来源，同时也是寻求服务开发的起点。企业可以通过针对顾客的直接调查法、投影法、焦点小组法以及顾客建议和投诉信件等来源来确定顾客的需求和欲望。需要注意的是，服务企业要从顾客身上找到服务创意，应当尽可能地向顾客询问现有服务所存在的问题，而不是直截了当地询问他们有什么好的服务创意。

二是竞争推动型的服务开发，它以竞争对手的服务为标杆。企业可以通过对竞争对手的服务进行监视来为企业发现新的服务创意。企业通过研究竞争对手所提供的服务的优势和劣势，发现其内在的问题，然后提出改进的方案，这也是服务开发的一种典型形成过程。面对激烈的市场竞争，从企业生存和发展的角度出发，以竞争对手为参照对象，是企业开发服务创意的一个重要视角。

三是技术驱动型的服务开发，它以企业内部员工的智慧为依托。企业内部员工是服务开发的一个重要来源，包括企业的高层管理者、推销人员、服务人员、市场调研人员等。服务企业可以通过建立员工建议制度来鼓励大家提出各种各样的服务创意。

此外，还有其他一些来源，如从咨询顾问公司、市场调研公司等获得有关服务开发的信息。

二、服务产品开发的要素

这其实就涉及服务产品整体概念问题，也就是基本服务组合，或称之为服务包。它也可以理解为服务出售物，它是服务概念的具体体现，由一系列有形和无形的服务要素组成，也就是能够满足目标顾客需求的一系列服务。"服务概念"是指服务的原型，即能够为顾客创造和传递效用及利益（顾客价值）的服务以及各种子服务。它包括两方面的内容：对顾客需求的描述；通过相应形式的服务内容或"服务包"的设计满足顾客需求的方式[1]。

服务概念的内容表明，在顾客需求与服务提供之间达成一致非常重要。服务概念详细说明了顾客需求（主要需求和次要需求）和服务提供（核心服务和支持性服务）的内容，其中核心服务用来实现和满足顾客的主要需求，支持性服务用来实现和满足顾客的次要需求。顾客感知的服务质量不仅建立在核心服务的基础上，还建立在一系列相关的支持性服务基础之上。此外，在开发服务概念时，需要识别顾客的某些隐含需求，并通过刺激使其成为实际需求。因此，服务企业要对顾客需求进行全面、深入的分析，

---

① 蔺雷，吴贵生. 新服务开发的内容和过程[J]. 研究与发展管理，2005（2）：14-19.

识别不同层次的顾客需求，尽量准确地表达服务概念的内涵，使服务产品开发具备坚实的基础。

除了第一章所述的詹姆斯·A. 菲茨西蒙斯和莫娜·J. 菲茨西蒙斯的"服务包"之外，克里斯托弗·H. 洛夫洛克（Lovelock，2001）也曾提出著名的"服务之花"服务组合概念[①]，见图 3-1。良好的服务产品应当是花瓣和花蕊都开得鲜艳，形状结构也很好，花瓣和花蕊相互辉映。不过，并非每一种核心服务产品都要拥有图 3-1 中所有的 8 个花瓣。不同的服务应该根据具体情况，确定应该添加哪些附加服务。选择不同的附加服务，实际上就体现了不同服务企业的营销策略定位。

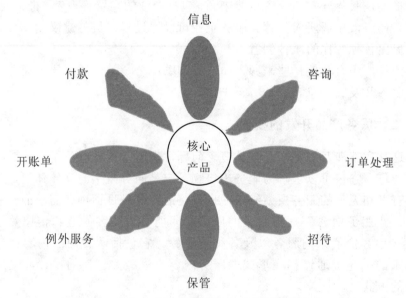

图 3-1　服务之花：被附加服务群包围的核心产品

资料来源：克里斯托弗·H. 洛夫洛克. 服务营销[M]. 陆雄文，庄莉，译. 北京：中国人民大学出版社，2001：340.

三、服务产品开发的模式

克里斯托弗·H. 洛夫洛克（Lovelock，2001）把产品创新的方式运用

---

① 克里斯托弗·H. 洛夫洛克. 服务营销[M]. 陆雄文，庄莉，译. 北京：中国人民大学出版社，2001.

到服务情境中，并提出了一个服务产品开发的框架，包括 6 种模式。

一是全面创新。这种创新是指开拓了一个全新的市场，为一个尚未界定和确定规模的市场提供新的服务产品。例如，联邦快递公司创新性提供的"次晨达"包裹快递业务、开放式远程教育等，这些服务都是过去所没有的，属于全新的服务产品。

二是创始业务。这种新服务产品是指在已经明确现有顾客需求的基础上，为他们的同一需求提供更多可选择的服务范围。例如，医院设立当天门诊病人手术中心作为过夜住院治疗的一种替代方案就属于创始业务，或称为新开展的业务。

三是为现有顾客开发的新服务。这种服务是指服务企业向顾客提供能满足他们其他需求满足的服务产品，而在过去，顾客需要从其他服务企业购买消费这些服务产品。通过为现有顾客开发新服务，服务企业可以利用顾客的交叉销售来提升总体销售业绩。例如，博物馆增设餐厅，可以为游客提供餐饮服务，汽车协会也可以为会员提供一系列与汽车维修服务相关的产品等。

四是产品线延伸。这种服务是指企业在现有服务范围的基础上，为顾客增加新的服务或服务方式。例如，航空公司开辟新的航线，可以服务新的旅客，加油站可以在员工加油服务之外设立自助加油服务等。

五是改进产品。这种服务是指企业对现有服务的特点进行改变或改善。例如，对核心服务进行改进，提供更快的服务速度；或者对附加服务进行改变，比如银行对普通存款客户的账户提供理财服务等，这些都是服务创新的常见方式。

六是改变风格。这种服务是指改变环境装饰和改变服务产品的实体要素，它是最低程度的服务创新。例如，服务人员配备新的制服、企业导入新的形象标识、企业建筑重新装潢等。

一般来说，创新程度越高，所包含的风险和费用就越高，服务开发管理工作相对越复杂。

四、服务产品设计的方法：质量功能展开

服务企业在服务产品的概念开发之后，接着就要进行具体的服务设计。服务包括了人力资源管理、运营传递过程，以及营销和信息技术之间的互动等，服务设计需要对服务产品要素进行有效的整合。在服务设计理论中，

有许多具体的设计概念和方法，如分子模型[肖斯塔克（Shostack），1977]①、服务蓝图[肖斯塔克（Shostack），1984]②、服务地图[金曼-布伦戴奇（Kingman-Brundage），1995]③、田口式模型[田口和克劳辛（Taguchi & Clausing），1990]④、避免错误方法[新乡重夫（Shigeo Shingo），1986]⑤、质量功能展开等。在上述各种方法中，质量功能展开在服务设计中得到了更多学者的关注，并在日本、美国许多服务企业中得到了有效的应用。

通过质量屋（House of Quality，HOQ）实施质量功能展开（QFD）过程是服务战略定位和服务质量传递规划过程的有效工具，帮助企业设计具体的服务产品与服务接触，提高顾客价值，改进服务质量，降低企业服务总成本。

（一）质量功能展开与质量屋概念

质量功能展开的核心思想就是产品设计应该反映顾客的期望和偏好，它包括一套非常规范的操作指南：识别顾客需求及其相对重要性、提出满足顾客需求的各项设计特征、确定各项顾客需求与各项产品设计特征之间的关系、确定设计特征之间的相关性、比较所设计的产品与竞争对手的产品在满足顾客需求上的优劣势。质量功能展开通过形象的质量屋手段，将顾客需求与服务设计特点连接起来，通过直观的图解形式将服务特征、顾客需求和企业能力相互之间的关系有机地展示出来。虽然质量功能展开起源于制造业，但作为一种有效的质量管理技巧，其思路对服务设计也是适用的。

简而言之，基于质量功能展开的质量屋是一种能提高服务设计有效性的工具，它针对特定的服务产品，用一个直观的矩阵将顾客需求与工程特点联系起来，用图示的方法将顾客需求、设计要求、目标价值和竞争者状况联系起来，从而为将顾客满意转化为可识别和可测量的服务设计提供了一个规范性的框架，由于这个矩阵框架的形状像一个屋子一样，因此称之为"质量屋"。

---

① Shostack G L. Breaking Free from Product Marketing[J]. Journal of Marketing, 1977, 41(2): 73-80.
② Shostack G L. Designing Service that Deliver[J]. Harvard Business Review, 1984, 62(1): 133-139.
③ Kingman-Brundage J. Service Mapping: Back to Basics[M]. in Glynn, W. J., and Barnes, J. G. (Eds.), Understanding Services Management, Chischester: Oak Tree Press, 1995: 119-142.
④ Taguchi G, Clausing D. Robust Quality[J]. Harvard Business Review, 1990, 68(1): 65-75.
⑤ Shigeo Shingo. Zero Quality Control: Source Inspection and the Poke-York System[M]. Stamford: Productivity Press, 1986.

总之，质量功能展开是一种整合的方法，它综合了以下几个原则[①]。第一，质量功能展开技术在企业不同职能领域之间提出了一个共同的质量关注点，鼓励在营销、人力资源管理、运营和信息技术等决策者之间的互相沟通，以便更好地理解各部门决策对于服务设计的意义；第二，质量功能展开技术是由顾客需求驱动的，顾客需求不仅决定了企业所设计的服务特性，而且决定了服务的传递过程；第三，质量功能展开技术有助于企业将服务接触和关键时刻进行分解，并开展深入的分析；第四，质量功能展开技术有助于企业认识到各所设计的服务特性之间潜在的权衡取舍关系。

（二）质量功能展开质量屋设计整体过程

图 3-2 是运用质量屋开发新服务的一个完整的质量功能展开过程。以下，我们以一家餐馆为例，对质量功能展开规划全过程及其相应的管理决策进行简要的阐述，以对质量功能展开质量屋设计方法有一个整体的了解和把握。

图 3-2　质量屋 QFD 设计整体过程

资料来源：Stuart F I, Tax S S. Planning for Service Quality: An Integrative Approach[J]. International Journal of Service Industry Management, 1996, 7(4): 65.

第一个屋是根据顾客需求界定服务包或服务概念，并将这些顾客需求与将要设计的关键服务接触连接起来，这是第一阶段。例如一个餐馆，其服务概念可以根据其目标顾客需求界定为高接触的服务，即在期望的服务接触中，顾客能备受关注地接受高品质饮食服务。因此，关键的服务接触

---

① Stuart F I, Tax S S. Planning for Service Quality: An Integrative Approach[J]. International Journal of Service Industry Management, 1996, 7(4): 58-77.

可能包括顾客步入餐厅、点菜、上菜、买单结账和离开餐厅等环节。

第二个屋是在确定某一特定服务接触后,企业为满足顾客的接触要求,确定在服务过程中应包括哪些基本的服务要素,这是第二阶段。仍以餐馆为例,如在上菜的服务接触中,服务个性与水平将可能与服务人员配备、员工培训、顾客定制化程度等有关。因此,服务企业在这个阶段,必须针对由第一个屋确定下来的每项关键服务接触开发下一个相对应的质量屋。一旦每项服务接触的质量屋都开发出来后,顾客需求的特性就变得越来越具体了。例如,在第一个质量屋中对"顾客关注性"的定义是广义的,它可以定义为在点菜时的员工响应性及其行为,而相应的服务过程可能包括标准的饭桌位置、点菜程序、食品准备等具体环节元素。

第三个屋是将服务过程要素与服务质量控制步骤连接起来,服务质量控制的目的是为了监控服务过程,以保证顾客在接触的关键时刻都能获得预期的满意,这是第三阶段。仍以餐馆为例,为达到该目的,服务企业对员工进行的质量控制培训就应该包括阶段性的进修课程计划,例如培训员工怎样以友善态度处理顾客抱怨等相关课程等。

(三)质量功能展开质量屋的具体构建步骤[①]

以下我们将以一家宾馆的服务设计为例,对质量功能展开质量屋的构建步骤进行详细的说明。假设某城市中档宾馆业中有 A、B 两家宾馆,其目标市场以商务旅客为主体,这两家宾馆彼此为竞争对手,试分析目标宾馆 C 如何在这一竞争市场中定位?

在以下的讨论中,我们将分别就图 3-2 中的三个质量屋进行更详细的论述,但主要集中讨论第二个质量屋的内容。实际上,该阶段还包括为每项服务接触设计相应的质量屋,在此基础上才能完成整体质量屋的构建,不过在以下的论述中我们只选取一种服务接触为例加以说明。

1. 质量屋 1:确定顾客需求期望与相应的服务接触

这是指图 3-2 中的第一阶段,即第一个质量屋。这一阶段的主要任务是根据顾客的具体需求设计相应的服务接触,并把所有的服务接触整合起来,也就是企业将要为顾客提供的服务包,见图 3-3。

① Stuart F I, Tax S S. Planning for Service Quality: An Integrative Approach[J]. International Journal of Service Industry Management, 1996, 7(4): 58-77.

相关性		服务接触					
■　强正相关关系 □　弱正相关关系 ◑　强负相关关系 ◔　弱负相关关系 顾客需求属性		前台	餐厅	房间整理	休闲室与酒吧	礼仪	门童
快捷服务	快速服务	■	■	□	■	□	□
	等候较短	■	■		□	□	
	响应性	□		□	□	□	■
精确性	价格与时间	■	□				
	信息	■	□				
礼貌行为	态度友好	■	□	□	□		■
	移情性	■	■	□			■

图 3-3　质量屋中的服务包

资料来源：Stuart F I, Tax S S. Planning for Service Quality: An Integrative Approach[J]. International Journal of Service Industry Management, 1996, 7(4): 67.

（1）界定关键顾客需求属性，也就是确定顾客期望

在图 3-3 中质量屋的左边，列出了目标顾客细分市场感知的服务关键因素，即"顾客需求"。企业必须从顾客的角度，用顾客的语言来对这些顾客需求加以描述，如快捷的服务、友善的态度等。这些顾客需求属性代表了目标顾客所期望的关键服务属性，这可以运用多种营销调研的方法来加以识别。在本例中，假设各宾馆的地理位置已经确定，我们列举出顾客认为很重要的三个关键需求属性：快捷服务、精确性和礼貌的服务人员。如果有必要，我们还可以对这些关键需求属性做进一步的细分，从而更为完整、具体地界定目标顾客的需求。例如，对精确性这一关键需求属性，我们可以将其细分为房间价格、房间类型（双人房/单人

房）、入住时间、结算、设施信息、点菜等方面的精确性。这样，一般化的精确性需求属性就具有了特定的含义和内容，从而为特定的服务接触提出了更明确的要求。

（2）根据界定清晰的顾客服务需求属性，描述企业相应的服务接触环节与要素

在图3-3中质量屋的左边，我们界定了相应的顾客需求属性，也就是服务的关键时刻，它们可能对顾客总体服务质量感知评价产生积极或消极影响。我们假设在宾馆前台、宾馆餐厅、休闲设施、房间整理等服务接触中存在关键时刻。我们将这些相应的服务接触列在图3-3中质量屋右边的顶部区域。

（3）将顾客的需求属性与服务接触连接起来，标识出二者间的相关关系

图3-3中的右下角将顾客需求属性与服务接触联系了起来。顾客需求属性与服务接触间的关系性质和关系强度可以通过宾馆员工调查、焦点小组法、顾客调查、历史数据统计分析等方法获得。在图3-3中，■表示强正相关关系，□表示弱正相关关系，●表示强负相关关系，◔表示弱负相关关系，这种关系也可以用不同的分值来表示，如10分制或5分制。例如，精确性可以通过顾客在前台接触（强关系）和宾馆的餐厅（弱相关）等来进行评估。这样，我们在第一个质量屋中，就对顾客需求属性与服务接触的正、负相关关系进行了分析和评估。通过顾客期望与服务接触间的相关性质和相关强度比较，我们可以进一步得出服务质量设计的战略重点方向和领域。

2．质量屋2：确定各项服务接触与其相应的服务特性要求

这是指图3-2中的第二阶段，即第二个质量屋。这一阶段的主要任务是根据确定的各项服务接触，设计相应的服务过程元素，从而把所有的服务接触与相应的服务特性连接起来，见图3-4。

在服务过程中，顾客可能面临着许多服务接触的机会，这些接触将影响到他们对企业服务质量的总体评价。因此，企业必须根据每项服务接触，制定相应的服务标准和要求。为叙述方便，在此我们只以宾馆的前台服务接触中的关键时刻为例。

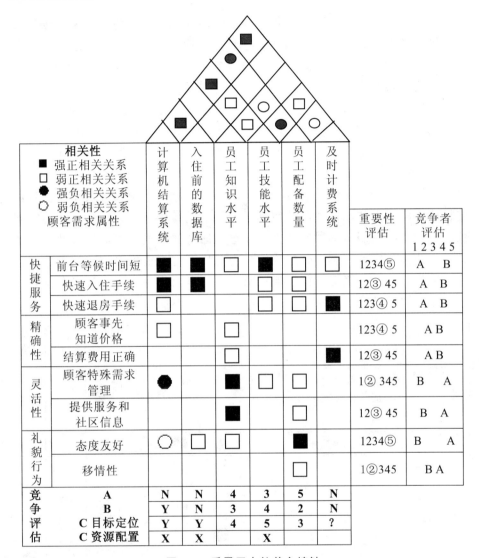

图 3-4　质量屋中的前台接触

资料来源：Stuart F I, Tax S S. Planning for Service Quality: An Integrative Approach[J]. International Journal of Service Industry Management, 1996, 7(4): 68.

（1）界定关键顾客需求属性，再次确认顾客需求期望

服务企业通过更深入的市场研究，可以分析出前台接待的 4 个关键顾客属性，如快捷服务、结算精确性、灵活性和礼貌行为（见图 3-5）。这些前台服务的顾客需求属性与图 3-4 中所描述的服务包属性是一致的。在

本例中，企业通过分析识别出灵活性这一潜在属性，这将能使服务设计得到关键性改进。在讨论总体服务质量时，企业可能并没有发现这一顾客需求属性，但通过调查及与顾客讨论前台接待的期望服务时，这项顾客需求属性就可能显露出来。因此，企业应该将灵活性整合到服务包中来，见图3-5。这样，服务企业就通过分析接触层面的顾客需求属性，揭示出事先没有考虑到的质量维度。值得提醒的是，灵活性这一属性也许在其他服务接触中具有很重要的意义，如房间的清洁时间、门童对顾客就餐的建议等，企业需要就这些问题做进一步的调查和分析。

在图3-5中，左边的第二栏进一步将这些顾客需求属性表述为更具体的构成内涵。例如，快捷服务包括了入住前的等候时间、接待过程的时间长度、退房接待服务的时间3方面。这些服务接触的服务质量属性可以通过运用焦点小组或顾客调查来决定，也可以通过企业内部调查加以分析。但必须指出的是，绝对不能只通过员工和管理者来决定，因为只有顾客才真正了解自己的真实需求。

相关性 ■ 强正相关关系 □ 弱正相关关系 ◆ 强负相关关系 ○ 弱负相关关系 顾客需求属性		前台	餐厅	房间整理	休闲室与酒吧	礼仪	门童
快捷服务	快速服务	■	■	□	■	□	□
	等候较短	■	■				
	响应性	□		□	□		■
精确性	价格与时间	■	■	□	■		□
	信息	■	■	□			
灵活性	顾客特殊需求管理	□		□	□	□	■
	提供服务和社区信息		■				
礼貌行为	态度友好	□					
	移情性	■		■	□	□	

图 3-5　修正的服务包质量屋

资料来源：Stuar F I, Tax S S. Planning for Service Quality: An Integrative Approach[J].　International Journal of Service Industry Management, 1996, 7(4): 69.

（2）对顾客各项需求属性的重要性进行评估，赋予顾客各项期望权重

图 3-5 中质量屋右下角的符号是用来说明顾客不同需求属性的相对重要性程度的，这可以通过市场调研来获得，其结果见图 3-4 中右边的"重要性评估"一栏。例如，前台接待的排队长度和前台服务人员的友善态度可能很重要，相比而言，商务旅客可能对其特殊需求的满足和前台服务人员的移情性要求更高。在图 3-4 中，右边的重要性评估一栏中，按 5 分制进行评分，评估得分为 1 分的，表示该顾客需求属性最不重要；评估得分为 5 分的，表示该顾客需求属性最重要。

（3）对竞争性服务企业的服务质量定位进行评价

该步骤的目的是为企业寻找和发现可能创造竞争优势的服务质量维度，见图 3-4 中右边的"竞争者评估"一栏，评估采用 5 分制标准。评估得分为 5 分的，表明该企业在该顾客属性方面最为重视，属于该企业的优势项目；评估得分为 1 分的，表明该企业在该顾客属性方面最不重视，属于该企业的劣势项目。从图 3-4 中的具体评估结果来看，可以看出竞争者 A 企业则更关注服务的灵活性和员工的礼貌行为，而竞争者 B 企业主要关注快速服务。在评估竞争企业的定位过程中，那些顾客评价很高的属性对服务企业来说可能都蕴涵着极大的开发潜力，服务企业应引起足够的注意和重视。

（4）确定需要开发的服务特性

在图 3-4 中，我们列举了前台接待过程的 6 个相应特性，即计算机结算系统、入住前的顾客数据库、员工知识水平、员工技能水平、员工配备数量、及时住房计费系统。至于需要列出哪些服务特性，这得分析它们对于满足目标顾客的需求、达成顾客满意的重要性程度如何。

（5）将顾客需求属性与相应的服务特性连接起来

在确定顾客需求属性和相应的服务特性后，服务企业就要将顾客需求属性与相应的服务特性连接起来。图 3-4 中间的主体部分就说明了顾客需求属性与特定的服务特性之间的内在关系。例如，"提供服务和社区信息"的顾客需求属性与员工的知识水平强相关，而与员工配备人数弱相关；而快捷服务与计算机结算系统之间存在着很强的正相关关系。不过，计算机结算系统在中档商务宾馆这种服务环境中可能会对顾客关系产生负面影响，因为计算机结算系统大大降低了服务员工与商务旅客之间的接触水平。因此，计算机结算系统与处理特殊需求的灵活性技术、能力之间存在着很强的负相关关系，而与员工的友善态度之间则是相对较弱的负相关关系。至此，我们可以

清楚看到，使用计算机结算系统对总体服务质量存在着潜在的负面影响，因为从质量功能展开规划过程可以看出，员工的友善态度对顾客来说是一项重要的顾客需求属性。因此，通过质量功能展开质量屋设计技术的应用，我们就很容易发现这一问题。是否需要采用计算机结算系统，服务企业必须慎重考虑，充分考虑目标顾客的评价意见。如果在质量屋中的这一部分所有的行都是空白的，都没有标上重要关系的符号，那么就意味着服务企业还没有识别出那些能有效满足目标顾客需求的服务过程要素。这就要求服务企业要对顾客需求属性进行重新评估，或者要对服务传递过程设计进行重新考量。

（6）对服务特性之间的相互关系进行评估

在本例中，服务特性之间的相互关系评估结果见图 3-4 中质量屋的屋顶部分。在评估和确定服务特性之间的相互关系时，必须将相应企业的资源和成本考虑进来。例如，员工配备人数与员工技能水平之间存在着很强的负相关关系。因此，在一定的企业成本开支约束条件下，是选择较多的低技能员工，还是选择较少的训练有素的员工，服务企业必须在这二者之间进行权衡，并做出决策。

（7）进行竞争评估，识别创建竞争优势的方向和战略资源配置的领域

这一步骤的主要任务是将顾客的需求属性期望与竞争对手提供的服务特性进行比较分析，见图 3-4 中质量屋的右边部分。那些顾客对竞争对手评价较低，但顾客认为很重要的服务特性，往往就是创建企业战略竞争优势的潜在领域，服务企业应该将战略性资源配置到这些领域，以创建竞争优势地位。在图 3-4 中质量屋中底部的"竞争评价"部分，我们可以看到服务设计的目标水平，以及企业资源配置的领域。例如，为了保持较高的灵活性，竞争者 A 企业已经选择不投资计算机结算系统，在质量屋底部，我们将 A 企业标记为"N"。但是，根据顾客重要性评价，我们的目标顾客并没有将处理特殊账单和支付程序的灵活性看成非常重要的问题。根据这一分析，我们就可以决定采用标准化的计算机结算系统。又如，竞争者 A 企业和 B 企业都已经选择不重视前台员工的技能水平，在质量屋底部，我们根据调查结果将 A 企业记为 3 分，将 B 企业记为 5 分。其中，竞争者 A 企业是通过增加员工配备人数（在质量屋底部，A 企业的员工配备数量记为 5 分）来加强员工与顾客间的人员接触，这种额外的人员配备是以牺牲人员的技能和经验为代价的。另一方面，竞争者 B 企业是

选择用技术解决方案(在质量屋底部,B企业的计算机结算系统标记为"Y")来进行服务传递,以减少人员接触。从竞争者 A 企业和 B 企业的竞争定位可以发现, 如果我们选择技能更好的员工,并采用计算机结算系统,将是一个具有战略意义的服务设计。因为, 这正是竞争者 A 和 B 所忽略的竞争空间, 而顾客却认为快捷的服务和高技能的员工对他们来说是十分重要的。

因此, 在图 3-4 中的质量屋底部, 我们可以看到, 我们的目标选择是:采用计算机结算系统, 这方面竞争者 A 没有采用, 竞争者 B 已经采用;同时收集记录旅客入住前的数据库, 这方面竞争者 A 和 B 都没有采用;此外, 根据竞争者 A 和 B 对员工技能水平、员工知识水平和员工配备数量的评价结果,我们突出员工技能水平, 这是竞争者 A 和 B 所忽视的(二者评价分别为 3 分和 4 分), 而在员工知识水平和配备数量两方面保持中等水平(分别为 4 分和 3 分)。而及时的住房计费系统则是一个存有疑问的方面, 虽然竞争者 A、B 都没有选择, 但该方面对顾客的重要性并不十分明确。与此相适应, 我们资源配置的战略方向就是计算机结算系统、旅客入住前的数据库和员工技能水平三个方面, 见图 3-4 中质量屋的最底部标记"X"符号的方框。

至此, 质量屋服务设计过程就已基本结束, 但作为一个完整的服务设计过程, 还必须考虑到服务的控制问题, 尤其是服务的无形性和异质性,使得服务控制变得更加重要, 这就是第三个质量屋。

3. 质量屋 3:服务质量控制屋

这是指图 3-2 中的第三阶段, 即第三个质量屋。这一阶段的主要任务是将第二个质量屋的相应服务特性直接与服务过程和质量控制措施连接起来, 从而保证有效传递那些顾客认为很重要的需求属性, 这一阶段是一般质量屋设计过程的延伸。

例如, 建立和使用顾客数据库可以看作向目标顾客传递快速服务的一个重要因素。企业通过获得顾客个人信息、信用卡信息、顾客离店具体日期与时间、顾客预定的房间价格等, 可以提高员工接待和结算的速度。这样, 服务质量控制措施的一个关键内容就集中在数据库的维护以及数据库的精确性方面。服务企业还必须监控错误发生的频率, 以及错误的根源,并提供有效的质量控制。例如, 在服务过程中出现服务失败和顾客抱怨的案例, 企业就应该将这些案例加以整理并向企业员工进行有效的培训, 以提高他们应急处理的能力。

　　从以上的质量功能展开过程和具体质量屋的构建过程中不难看出，它是将顾客需求转化为企业提供物的一种有效手段。同时，质量屋的构建过程也是一种确保员工参与设计过程的有效方法，它有利于提高员工的共识和员工士气，降低企业的总体质量成本，有助于企业创建持续性竞争优势。

第二节　服务流程设计

一、服务流程设计的一般方法

　　服务流程设计的一般方法可以分为 3 类：生产线方法、顾客合作生产法及高度与低度接触分离作业法。在生产线方法中，顾客参与服务生产的程度最低；在顾客合作生产方式下，顾客的参与程度最高；而第三种方法则是对前两种方法的综合运用，即把一项服务分为高度接触的作业和低度接触的作业两个部分分别执行。

（一）生产线方法

　　生产线方法使服务企业能够像制造业企业　样，以流水线的作业方式成规模地提供标准化的服务产品。此时，为了保证稳定的质量和高效的运转，例行工作均在一种受控的环境中完成。通常，采用这种生产线方式的服务企业可以获得成本领先的竞争优势。

　　美国快餐业的巨头麦当劳公司是将生产线方式应用到服务企业的典范。麦当劳的原料在别处经过测量和预包装处理，因而员工不必为原料的多少、质量和品质的一致性操心。他们有专门的储存设施来处理半成品，在服务过程中不需要对饮料和食品提供额外的存放空间。薯条经过预制、半加工和冷冻，然后被加工成合适的尺寸，以便一烹而就。一包薯条的数量要适当，太多会使存放的薯条潮湿，太少则要不断地制作新的配料。薯条要放在靠近柜台的一个大且平的浅盘里，这种设计是为了防止装得过多的薯条掉到地上造成浪费。他们使用一个特制的漏勺来保证售货的数量是恒定的。这种细心的设计可使员工既不弄脏手又保证了薯条的卫生和地面的清洁，并且每份数量都大致一样。这套系统的整体设计从开始到结束，即从汉堡包的预包装到能使顾客方便清理废料盒，每一个细节都进行了仔细的策划与设计。

服务流程设计的生产线方法试图将成功的制造业观念引入到服务业当中。它表现出以下 4 个特点。

一是员工的权限有限。产品的标准化和稳定的质量是生产线方式的优势所在。对于标准化的常规服务而言，顾客更关注服务行为和过程的一致性。例如，除虫公司的每一个特许经营店都将提供质量和水平相同的除虫服务，达到一个相近的除虫率。这同制造业生产无差异产品的情况是一样的。

二是劳动分工。生产线方式要求将全部工作分为若干项简单的工作。这种劳动分工使得员工可以发展专门化的劳动技能，提高生产率。此外，在劳动分工的同时实行按劳取酬。

三是用技术替代人力。不断地开发新技术并用新设备来替代人力，促进了制造业的发展。现在这种方法也已经应用于服务业。例如，银行利用自动取款机替代办理存储业务的人员，减少了人工和劳动成本。

四是服务标准化。限制服务项目的数量有利于控制服务过程。服务变成了事先已规划好的常规工作，这便于顾客有序流动。标准化有利于稳定服务质量，而特许服务方式正是充分利用了标准化的好处，建立全国性的组织，克服了服务半径有限带来的需求受限的问题。

（二）顾客合作生产法

这种服务流程的设计方法鼓励顾客积极参与，允许顾客在服务过程中扮演积极的角色，一些本来由服务组织承担的工作转交给顾客来完成。这样，一方面由于顾客变成了合作生产者而使服务企业的生产力得到提高；另一方面，顾客的参与也提高了服务定制的程度，进而提高了顾客的满意度。由此，顾客合作生产给服务企业和顾客都带来了利益。例如，瑞典的宜家家具连锁公司为顾客提供的是家具的半成品，顾客需要把家具的零部件搬回家中安装，他们扮演了组装工人的角色，但在这一劳动过程中顾客却获得了成就感和快乐，同时也获得了较低的产品价格。

从服务组织的角度来看，顾客合作生产的方式有如下优点。

一是降低劳动力成本。员工的工资在上升，劳动力成本在增加，促使服务组织用顾客参与来代替个性化的服务。目前西方国家大多数沙拉吧台允许顾客根据个人爱好来选择沙拉的品种和数量；航空公司则鼓励旅客使用便携式行李来自己搬运。

二是合作生产形成了一定程度的定制。一家比萨饼店允许顾客自己选择沙拉和按块选择比萨饼。厨师们则接连不断地烹制卖得好的比萨饼，而不需要按照每位顾客的要求烤制。可见，如果一家服务企业把目标集中在那些愿意进行自我服务的顾客群，那么，让顾客参与到服务过程中来可以以某种程度的定制来支持成本领先竞争战略。

三是缓解暂时性的员工短缺。当服务组织面对需求高峰而出现人手相对短缺的现象时，可以由那些愿意积极参与服务过程的顾客提供额外的服务，从而使暂时性的供求矛盾得以缓解。

四是理顺服务需求。通常服务需求随着时间而变化，存在高峰期和低谷期，这会使服务组织在某些时候因服务能力不足而失去获利的机会，在其他时间里又会因服务能力的相对过剩而浪费资源。要想理顺服务需求，则必须有顾客的参与，使组织能够调整他们的需求时间，并使其与可获的服务相匹配。此时，顾客进行合作生产的典型方式是提前预约。服务组织则通过价格优惠等措施鼓励顾客进行预约，或提供打折来把顾客引导到需求低谷期进行消费。当这些理顺需求的策略失效时，也仍然需要顾客的合作，使他们愿意进行等待，从而达到较高的服务能力利用率。

（三）高度与低度接触分离作业法

顾客接触是指顾客亲自出现在服务流程之中。而顾客接触程度可以用顾客出现在服务系统中的时间与服务总时间的百分比表示。在高度接触的服务中，顾客通过直接接触服务过程而决定了需求的时机和服务的性质。顾客对服务过程的感知是决定服务质量的一个重要因素。而在低接触的服务中，顾客因不出现在服务系统中而不会对服务的提供过程产生直接的影响。

对于服务业的运营设计，理查德·蔡斯（Richard B. Chase）主张将一个服务流程分为顾客高接触的作业和顾客低接触的作业两部分，然后在每一个领域内单独设计服务过程。表 3-1 列明了高接触作业与低接触作业的不同设计思想。低接触作业像制造业的工厂一样运营，所有的生产经营观念和自动化设施均可使用。而高接触作业则要求员工具有较高的人际技能，又因为顾客在一定程度上也决定着服务本身，所以服务的水平和任务是不确定的。

将服务流程按顾客接触程度分为两个部分，既可以让顾客感受到个性化的服务，又可通过批量生产实现规模经济。这种方法的成功与否，取决于服务生产过程中顾客接触的程度以及在低接触作业中分离核心技术的能力。

表 3-1 高度与低度接触作业的设计思想

设计思想	高度接触作业	低度接触作业
设施地址	接近顾客	接近供货、运输、港口
设施布局	考虑顾客的生理和心理需求及期望	提高生产能力
产品设计	环境和实体产品决定了服务的性质	顾客在服务环境之外
过程设计	生产环节对顾客有直接影响	顾客不参与大多数处理环节
进度表	顾客包括在生产进度表中且必须满足其需要	顾客主要关心完成时间
生产计划	订单不能被搁置否则会丧失许多生意的机会	出现障碍或顺利生产都是可能的
员工技能	直接人工构成了服务产品的大部分，因此必须要能够很好地同公众接触	员工只需要一种技能
质量控制	质量标准取决于评价者，是可变的	质量标准是可测量的、固定的
时间标准	由顾客需求决定，时间标准不严格	时间标准严格
工资支付	易变的产出要求计时付酬	固定的产出要求计件付酬
能力规划	为避免销售损失，生产能力按满足最大需求为准设计	储存一定的产品以使生产能力保持在平均需求水平上
预测	短期的，时间导向的	长期的，产出导向的

资料来源：Chase, Richard B. Where Does the Customer Fit in a Service Operation[J]. Harvard Business Review, 1978, 56(6): 139.

二、服务流程设计的典型方法：服务蓝图

（一）服务蓝图的概念

服务蓝图（Service Blueprint）是一种有效描述服务提供过程的可视技术，从服务实施的过程、服务的接触点、顾客和员工的角色以及服务中的可见要素几个方面展示了服务的提供过程。服务蓝图通常包括顾客行为、前台员工行为、后台员工行为和支持过程等 4 个构成要素。图 3-6 描绘了顾客在某旅店住宿一夜所经历服务的整个过程。

顾客行为包括顾客在购买、消费和评价服务的过程中所表现出的行动、互动和选择等活动，如住宿登记、接受行李、接受食物及结账离开。与顾客行为平行的是服务人员的行为。那些顾客能够看得见的员工的活动是前

台员工行为，如门童的问候并接行李、接待员进行住宿登记和服务员送来食物。那些发生在幕后的支持前台员工工作的雇员的行李称为后台员工行为，如接待人员将顾客的行为运送到顾客的房间。而旅店登记系统的运行和厨房准备顾客的订餐，则属于服务的支持过程。

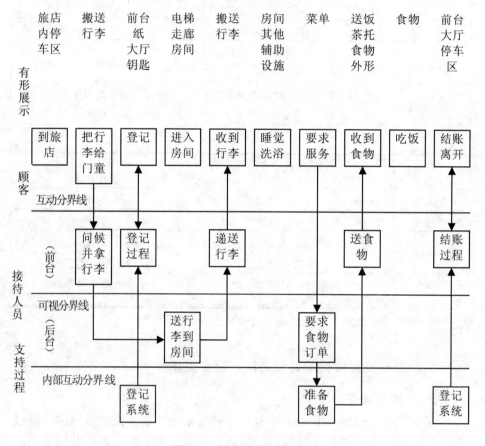

图 3-6　酒店的服务蓝图

资料来源：Bitner M J. Managing the Evidence of Service[M]. in The Service Quarterly Handbook, Eberhard E. Scheuing and William F. Christopher (Eds.), New York: AMACOM, 1993: 363.

以上 4 个主要的行为部分由 3 条分界线隔开。最上端的是互动分界线，它表示顾客与服务组织之间直接的互动接触。每一条垂直穿过这条互动分界线的直线，都表明顾客与服务组织发生了一次服务接触。中间的分界线是可视分界线，它把前台员工和后台员工的工作区分开来，前台员工的行为是顾客能够看得见的，而后台员工的行为是顾客所观察不到的。最下端的是内部互动分界线，用以区分服务人员的工作和其他从事支持服务人员的工作。有垂直线穿过内部互动分界线，代表该处存在着内部服务接触。在服务蓝图的最上方，每一个接触点的上面都列出了服务的有形展示。例如在"登记"这一服务接触的上方列出了前台、纸、大厅和钥匙等物品和设施。

（二）服务蓝图的特点

服务蓝图涵盖了服务流程的全部处理过程，包括信息处理、顾客接触和强调重要的步骤关键点。而服务蓝图与其他流程图最为显著的区别则是它包括了顾客，强调了顾客看待服务的视角。因此在设计服务蓝图时，很有借鉴意义的做法是从顾客看待服务过程的视角出发，逆向思维，导入服务流程，这种视角设计的服务蓝图必将是以顾客为导向的。对于一份已经设计完毕的服务蓝图，我们可以很容易了解到顾客对服务过程的态度，跟踪顾客的行为，有助于服务提供商去思考这样一些问题：顾客是怎样使服务产生的？顾客有什么选择？顾客是高度介入服务过程，还是只表现出有限的行为？从顾客的角度看，什么是服务的有形展示？这与组织的战略和定位始终一致吗？

当然，服务蓝图也可以使我们了解服务人员的角色，这表现在可视线上下的员工行为。服务组织要思考的问题是：过程合理吗？谁来接待顾客？何时接待？如何接待？频率怎样？

古梅森和金曼·布伦戴奇（Gummesson & Kingman-Brundage，1991）对于服务蓝图的优点进行了详细的阐述[①]。他指出，服务蓝图提供了一个全局的观点，让员工把服务视为不可分割的整体，并与"我要做什么"关联起来，从而在员工中强化了以顾客为导向的理念；从服务蓝图上可以识别出失误点，它们是服务过程中的薄弱环节，可以帮助确定改善服务质量的目标；外部员工与客户之间的互动线表明了顾客的作用，指明顾客将在何处感知到服务的质量；可视线能够帮助服务组织有意识地安排好该让顾客看到什么，委派何人与顾客接触；内部互动线显示出有关部门之间的互动依赖关系，这将有利于各个服务部门之间的协调合作，以团队工作的形式促进服务质量的提高。

---

① Gummesson E, Kingman-Brundage J. Service Design and Quality: Applying Service Blueprinting and Service Mapping to Railroad Service[J]. Quality Management in Service, 1991.

（三）开发服务蓝图的步骤

服务蓝图的作用并不仅仅表现在当它绘制完毕后对于服务过程的指导意义上，更重要的是在开发服务蓝图的过程中会帮助服务提供商识别各种问题，实现许多中间目标。它有助于澄清概念、开发共享的服务规划、识别在设计之初所无法认识到的复杂性以及确定角色和责任等。值得注意的是，服务蓝图的开发不是一个人或一个部门所能单独完成的，它需要诸多职能部门的通力合作。图 3-7 展示了开发服务蓝图的基本步骤。

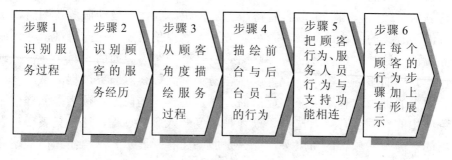

图 3-7　建立服务蓝图

资料来源：泽丝曼尔，比特纳. 服务营销[M]. 张金成，等译. 北京：机械工业出版社，2002：202.

识别服务过程，首先要对开发服务蓝图的意图做出分析。蓝图可以有不同的开发层次，蓝图的复杂程度和深入程度也会迥然不同。图 3-6 描绘的是顾客在旅店住宿一夜时的服务蓝图，结构和步骤都相对较为简单。但如果是描绘为期一周的旅店度假或历时几天的商务会议，整个过程则会复杂得多，互动行为会成倍地增加，此时蓝图的复杂程度可想而知了。事实上，如果需要的话，针对蓝图中的任何步骤都可以进一步细化为更为深入的蓝图，即子过程蓝图。

识别顾客的服务经历。在理论上我们可以将不同的顾客纳入同一幅蓝图之中，但是如果服务过程因为细分市场而有所不同时，就应该为某类特定的细分顾客群单独开发蓝图，此时一定要避免设计的含糊不清，并使蓝图效能最大化。

从顾客的角度描绘服务过程包括描绘顾客在购物、消费和评价服务中经历的选择和行为。从顾客的角度识别服务可以避免把注意力集中在对顾客没有影响的过程和步骤上。这要求必须明确顾客到底是谁，确定顾客如何感知服务过程。如果细分顾客群以不同的方式感知服务，则要为每个不同的细分顾客群绘制单独的蓝图。然而，服务提供商对顾客所感知的服务起点认识，可能与顾客的实际感知不同。例如，在去医院就诊的服务中，患者可能把开车去医院、停车和寻找挂号处及诊室也看作服务过程，而医生却并不把这些环节视为服务已经开始，结果是这种对某些服务环节的忽视必然会影响顾客对服务质量的感知。由此可以看出，从顾客角度描绘服务过程是多么重要。

对前台和后台员工行为的描绘，要从画出互动线和可视线开始，然后从顾客和员工的视角出发绘制服务过程，分别出前台服务和后台服务。此时可以向一线员工具体询问他们的服务行为，分辨出哪些是顾客可见的，哪些行为又是在幕后进行的。

把顾客行为、员工行为与支持功能相连。在蓝图的下端画出内部互动线，它可以反映出员工行为和支持部门的联系。若干垂直的直线穿过3条分界线，把具有相关关系的顾客行为、员工行为和支持过程联系在一起。

最后，要在每个顾客行为步骤的上方添加相关的有形展示，这些有形展示列示出了顾客可以看到的事物，以及顾客在服务过程的每一个步骤中所得到的有形物品。这些有形展示必须有助于服务过程的提供，并且能够与服务组织的整体战略及服务定位相一致。

案例：新加坡航空公司的服务创新

新加坡航空公司被公认为顾客满意度最高的亚洲航空公司，在《财富》杂志评选的"全球最受赞赏的公司"中，它也是为数极少的几家亚洲公司之一。新加坡航空公司（以下简称"新航"）非常强调创造出一种独特的顾客体验。比如，乘务员的制服——新加坡民族特色的纱笼装就受到了很多外国人的喜欢，新航乘务员的形象几乎就是其品牌形象；乘务员在聆听乘客要求或提供服务时，是跪在地上服务的；为了让乘客感觉更加亲切，新航甚至会要求乘务员记住头等舱乘客的名字。优秀的机舱服务奠定了新航在业内顾客服务方面的良好声誉。

但是在 1965 年，当新加坡脱离马来西亚成为一个独立的国家时，新加坡航空公司也从当时的马来西亚-新加坡航空公司分离出来，如同这个国家一样，看不到任何希望，马来西亚航空公司嘲笑他们说："把机场建到海里去吧"。作为一个城市国家，新加坡没有国内航线，因此一开始就要开拓国际航班，到澳大利亚、北美和亚洲其他地方，和强大的竞争对手争抢市场份额。创新几乎是唯一的选择。新加坡航空公司行业领先的创新举措包括：20 世纪 70 年代在经济舱内首次提供免费的耳机、用餐和饮料；20 世纪 90 年代首次提供基于人造卫星的客舱内电话；2001 年首先向所有乘客开通全球舱内电子邮件系统；2006 年底，展现了业内最宽的头等舱和商务舱座位（具有十分平坦的床位）、增强的机上娱乐系统（具有 1000 多种娱乐选择和全面的办公应用套件）。

新航不是第一家采用波音双向宽带网络接入服务的航空公司，当时的汉莎航空公司、北欧航空公司都已经开始试用。但新航力争在应用方式、内容和功能上做到"与众不同"，这很大程度上决定着新创意的产生。 新航有独立的产品创新部门，这是一个较小的团队，他们的主要任务是构思新创意，再挑选开发部门的精英人才来进行商业运作。他们有一套明确的指导性创新框架和程序。首先，产生创意及理念评估。这需要通过多种渠道确定创新时机，当然还要交由高层审批；其次，设计开发新项目。内部层次由管理层完善，通过外部顾问协助建模以及控制成本和预算等一系列过程后，这些项目会交付试运行；最后，把握时机推广。

在新加坡航空公司，每次开发新服务都不容易，都要经过认真、反复的试验，尽管产品创新部的主要工作是进行重大创新，但是它同样具有软性的创新机制。所有员工都有机会被选中参与一项称为"未来工程"的活动，每年大约有 50 名不同部门的经理集中到一起，进行自由讨论，向投资委员会陈述自己的想法，得到认可的创意将获得发展资金的支持。

秉承一贯的杰出服务与创新精神，新加坡航空公司将不断进步，一如既往地为乘客提供最优秀的服务以及全球航线的最佳选择。

术语表

服务产品开发（Service Product Development）

服务之花（Service Flower）

服务产品设计（Service Product Design）

质量功能展开（Quality Function Deployment）

质量屋（House of Quality）

顾客需求属性（Customer Demand Attributes）

服务接触（Service Encounter）

服务质量控制（Service Quality Control）

服务流程设计（Service Process Design）

生产线方法（Product Line Method）

服务蓝图（Service Blueprint）

第四章　服务设施选址与布局

服务设施是指服务包中提供服务支持的实体要素，它是服务企业展示服务活动和顾客消费的物质基础。服务设施主要包含 4 个要素：设施位置、设施布局、设施装饰和支持设备。其中，设施位置是指服务设施的选址，包括宏观的区位选择和微观的地点选择；设施布局是指对服务设施的各种功能要素进行合理的空间安排，以此协调各种服务功能的运作秩序；设施装饰是指通过对服务设施的内外部装饰设计来满足服务功能和企业目标要求，创造良好的服务环境；支持设备具有很强的专业性，不同的服务行业有很大差异。它一般不纳入服务管理的讨论范围。本章首先讨论服务设施选址的影响因素和方法，然后阐明服务设施布局的原则和方式，最后探析服务场景的概念、构成、类型与作用。

第一节　服务设施选址

一、服务设施选址的影响因素

服务设施选址是一项复杂的系统工程，所需考虑的因素很多。其中起决定性作用的因素不仅左右着区位和地点选择的进程，而且也严格限制了区位和地点选择的可行性。

（一）与消费者的接触程度

与消费者的接触程度是指接受服务的消费者是否出现在服务系统中及在系统中停留时间占服务时间的比例。接触程度较高的服务机构，如百货商店、超级市场、餐厅，其选址应靠近消费群集中的地区。而服务接触程度较低的机构，如银行、邮局等则应选择交通便利的地区。服务生产和消费的不可分割性是服务的基本特性之一，因而服务设施选址首先考虑的是靠近消费者。

当消费者必须亲临服务设施时，对生产者而言，没有任何的直接成本，但对消费者而言，距离便是一个限制潜在消费需求和产生收益的障碍。所以靠近消费者是能否吸引消费者的重要因素。例如，超市首选人口居住稠密区或机关单位集中的地区，因为这类地段人口密度大，与广大消费者的距离较近，购物省时、省力，比较方便。大型综合商场或有鲜明个性的专业商店的选址大多靠近影剧院、商业街、公园名胜、娱乐场所、旅游地区等人群聚集的场所，尽管这种地段是经商的黄金之地，寸土寸金，地价高、费用大，竞争性也强，但由于这些地方可以使消费者享受到购物、休闲、娱乐、旅游等多种服务的便利，具有较强的吸引力，是商场开业的最佳地点选择。交通便利的车站交汇点，以及符合客流规律和流向的人群集散地段，都因其便于缩短与消费者的距离而成为商场、超市选址的理想之地。对于需要服务企业派人员到顾客住址提供服务这种情况也是如此，正因为这个原因，各式各样的服务店铺都喜欢选择设在繁华大街、居民小区、写字楼旁边等。

随着计算机及网络技术的发展，许多专业性服务（如咨询、会计师、律师等服务）对服务设施的位置要求越来越低，因为它们与顾客之间的信息传递可以通过计算机网络来实现。

（二）区域内消费者的购买力水平

区域内消费者的购买力水平是影响服务设施选址的重要因素。一般而言，区域的消费者收入水平高、人口数量多且消费欲望强烈，则这个区域的购买力就强，相应的对服务消费的需求就大，服务企业在这样的地区选址会有更多的商业机会。反之，若购买力水平低，对服务需求就小，相应的商业机会也较少。因此，在确定服务设施定位时，应充分考虑购买力水平，以使服务设施的规模与区域的需求相适应。

（三）服务企业的功能定位

服务企业的功能定位要解决的问题是，回答企业能够为消费者提供什么样的服务，或者是自己的目标顾客是谁，这要从一个区域的总体出发，考虑服务设施在该区域的功能定位，一般可以划分为主体性功能、辅助性功能和互补性功能。比如在旅游景区，旅游设施是该区域的主体设施和功能，而一个餐馆或是一个小的百货店则处在辅助功能的地位。辅助功能的定位应该服从主体功能的需要，包括服务设施的规模、容量等尽可能与主体功能相一致。再比如，同是医院，处在不同的区域其功能是不同的，社区医院主要是为居民的健康保健服务的，其目标顾客是社区的居民；而高级别的大医院则主要是面向全社会治疗疑难病症，其目标顾客可能来自更广大的区域，如北京协和医院就是面向全国提供高水平医疗服务的机构。

（四）服务企业的集中化程度

服务企业的集中化程度高是形成市场和商业中心的重要条件，几乎每座城市都有一个或若干个商业中心。如北京的王府井大街、西单商业街，南京的新街口，上海的南京路、淮海路等。一方面，服务企业的集中化会产生聚集效应，既可以给服务企业带来商业机会，获得更多的收益，又能给消费者带来方便，降低消费者的消费成本。如北京的王府井大街，既有购物中心，又有新华书店，还有小吃街等，可以满足消费者的多种服务需求。另一方面，服务设施的集中化，也使企业间的竞争更加激烈，特别是同种类型服务企业之间的竞争达到了白热化的程度。所以服务设施选址要综合考虑集中化带来的影响，使各种服务设施结构合理，以形成系统化的商业中心。

（五）劳动力资源的可获性和成本

有些服务企业在选址时很看重所选地区的人力资源条件，如是否有充足的劳动力资源。今天的企业生产全球化的主要原因之一，就是企业试图在全球范围内寻找劳动力成本最低的地区，而服务行业又是劳动力需求最大的。过去使用粗工的企业，工人易于训练，可以随时招用，劳动力的可获性不成为选址的条件。但是，随着现代科学技术的发展，只有受过良好教育的职工才能胜任越来越复杂的工作任务，单凭体力干活的劳动力越来越不受欢迎。对于大量需要具有专门技术员工的企业，人工成本所占的比例很大，而且员工的技术水平和业务能力又直接影响产品的质量和产量，劳动力资源的可获性和成本就成为选址的重要条件。

（六）网络管理和品牌塑造

连锁公司在一个地区（一个城市或一个城区）尽可能多地开设营业店铺有很多好处，比如便于配送原料或商品，便于集中管理控制，便于集中营销形成区域性品牌等。例如，北京老家肉饼快餐公司在北京市石景山区密集开店，很快使老家肉饼成为石景山区的快餐名牌。

（七）配套支持系统

完善的配套支持系统也是服务选址不可忽视的因素。例如，迪士尼乐园这样的服务组织选址时，特别注意交通的方便性、供电系统的保证性；金融服务企业选址时，特别关注电子通信系统的发达程度；快递、邮购等服务企业选址时，主要考虑交通运输网络的完善性。基础设施主要是指企业生产运作所需的水、电、气等的保证。此外，还应考虑到"三废"的处理。

（八）与竞争者的位置关系

对于服务企业而言，竞争者的位置是选址决策的重要参数。许多服务企业的选址需要靠近其竞争者的位置，如服装城、家具城、酒吧街等。这种同行业竞争者聚集经营的模式，方便了消费者购买过程中的比较选择；对于经营者而言，一方面可以密切关注竞争者的一举一动，另一方面也可以分享当地的有利资源，保持对消费者的吸引力。

然而，有些企业会设法避免或有效防御激烈的竞争。例如，零售公司在自己的大型商场附近开设侧翼品牌的小超市，这样可以有效阻止竞争对手的进入。再如，电器公司领先进入一个只能容纳一家大型电器商城的小城市，就可以有效阻止其他经营大型电器商城的电器公司进入。

（九）经营环境因素

环境是服务企业运营过程中所触及的各种因素的综合，包括自然因素、地理因素、经济因素、政治因素、法律因素、文化因素等。例如，社会文化因素包括居民的生活习惯、文化教育水平、宗教信仰和生活水平等。不同国家和地区、不同民族的生活习惯不同。企业的产品一定要适合当地的需要。在文化教育水平高的地区投资建设，不仅有利于招收到具有良好教育和训练有素的员工，而且文化教育水平高的地区的氛围也有利于吸引更多的优秀人才，这对企业的发展至关重要。到经济不发达地区投资建设，还要注意当地居民的开化程度和宗教信仰。如果企业的性质与当地宗教信仰相矛盾，则不仅原料来源和产品销路有问题，招收职工有困难，而且会遭到无端的干涉和破坏。

不同类型的服务企业所考虑的环境因素也不相同。对于海滨度假村、滑水度假村、室外温泉疗养院等服务场所而言，地理环境对选址具有决定性作用。对于保险公司、私立学校等服务企业而言，其区位选址不受太多因素的影响。这时主要考虑当地经营环境的好坏。

虽然服务企业对环境具有一定的影响力,但是这种影响力是很微弱的,更多的情况下要求服务企业去努力适应环境。只有增强了对环境的适应能力,服务企业才能获得发展。因此,服务企业应当把服务设施选择在环境因素较好而又持欢迎态度的城市或市区。

二、服务设施选址的方法

(一)地理需求评估

服务设施选址分析的质量依赖于对地理需求的精确评估。所谓地理需求评估就是指分析市场需求在地理单元上的分布状况。地理需求评估分为如下几个步骤。

1. 确定目标人群

如果是开设幼儿园,那么目标人群就是幼儿;如果是开设时装店,那么目标人群主要是白领阶层的青年人。

2. 划分地理单元

为了准确把握市场需求在地理位置上的分布状况,我们需要按照一定的规则划分地理位置,形成便于统计需求的地理单元。划分办法可以是按照楼群、街区进行划分,也可以是直接在地图上按照网格来划分。

3. 统计并计算地理需求

统计每个地理单元的需求量,然后加总,涉及的人口数据可以通过派出所获得,涉及企事业单位的数据可以通过工商局、税务局或其他管理机构获得。

4. 绘制地理需求分布图

把步骤 3 的统计结果采用数字或柱形图标志在地图上,以更直观地展示统计结果。标志方法可以是手工描绘,也可以使用专业工具。

(二)因素分析法

因素分析法也称为因子评价法或综合评估法,既可以用于宏观的区位选择,也可以用于微观的地点选择,特别适用于需求刺激型服务公司。所谓需求刺激型服务公司是指需要顾客走近公司而不是公司员工走近顾客的服务组织,如银行、餐馆、零售商店等,其选址的目标在于通过有吸引力的地址来招徕顾客。

因素分析法的基本步骤是:首先,确定选址所要考虑的相关因素,并根据每一因素的重要程度赋予其权重;其次,确定每个因素的值域范围,并针对预期中的选址目标对每一个因素打分；最后，计算每个地址的加权平均得分，选出得分最高的位置。

【例 4-1】某公司准备开设一个中等价格的餐馆，现有 A、B、C、D 4 个可供选择的地址。首先，确定了影响选址决策的 5 个重要因素：附近消费者的收入水平、与商业中心的距离、可视性、交通便利性、租金。这 5 个因素的权重见表 4-1。

表 4-1 影响选址的因素及其权重分布

因素	消费者收入水平	与商业中心的距离	可视性	交通便利性	租金
权重	0.40	0.25	0.15	0.10	0.10

假如每个因素的值域范围均为 0～10 分，用打分的方法对 4 个备选地址进行评价（见表 4-2）。

表 4-2 每个选址因素的得分

地址	消费者收入水平	与商业中心的距离	可视性	交通便利性	租金
A	4	2	1	6	3
B	8	7	9	9	8
C	6	4	4	6	5
D	10	10	8	7	8

最后计算每个因素的加权平均得分（见表 4-3）。

表 4-3 计算加权平均得分

因素	权重	A	B	C	D
消费者收入水平	0.40	1.60	3.20	2.40	4.00
与商业中心的距离	0.25	0.50	1.75	1.00	2.50
可视性	0.15	0.15	1.35	0.60	1.20
交通便利性	0.10	0.60	0.90	0.60	0.70
租金	0.10	0.30	0.80	0.50	0.80
加权平均得分	1.00	3.15	8.00	5.10	9.20

其中，地址 D 的加权平均得分是：

10×0.40+10×0.25+8×0.15+7×0.10+8×0.10 ＝ 4.00+2.50+1.20+0.70+0.80 = 9.20

计算结果显示，在 4 个备选地址中，D 的加权平均得分最高。

因素评分法的优点是透明度高，易于理解，易于使用；缺点是因素权重值的确定是主观的。

（三）回归分析法

与因素分析法类似，回归分析法也需要考虑影响选址的诸多因素。比如 20 世纪 90 年代中期美国第一银行选址模型中，影响选址的因素是：人口年龄、家庭年收入、街道布置、步行和设施开放年数（见表 4-4）。其中，人口年龄又分成了三个年龄段，家庭年收入同样也被分为三个层次，因为不同年龄段、不同收入阶层对银行运营的影响程度是不一样的。

表 4-4   美国第一银行选址的影响因素

人口年龄	25～34 岁占百分比
	35～54 岁占百分比
	55 岁以上占百分比
家庭年收入	20000～34000 美元
	35000～49000 美元
	50000 美元以上
街道布置	1～10 级
步行	步数/5 分钟
设施开放年数	XX 年

对于每个因素权重的确定，回归分析法考虑的是每一因素与客观结果的实际关系，而不像因素评分法那样由管理者或专家的主观意志决定。

在因素分析法中，目标值即加权平均得分，是对一个地址给予一个整体的分数值，没有任何其他的内在价值。而在回归分析法中，影响因素是自变量，目标值即因变量值，是有实质含义的，在选址决策中常用利润作为因变量。

回归分析法同样适用于需求刺激型服务公司的选址，但它对历史统计数据有一定的要求，所以这一方法只适用于有一段历史的服务公司。

（四）中值法

中值法是一种用于单个设施微观选址的方法，选址决策的依据是成本最小化或利润最大化。在平面中进行设施选址的地点选择时，可在测定地理距离的基础上运用中值法。地理距离是指在地理平面上，从一个位置移动到另一位置的实际路径的距离。

平面上的位置可以概括在一个具有无限扩展性的空间里，设施可以位于平面上的任意地方，并且可以通过一个二维的笛卡尔坐标来确定。不同位置之间的距离可以根据移动方式的不同，分别采用向量距离测量法或直角距离测量法来测定。

1. 向量距离测量法

向量距离测量法又称欧几里得距离，是指二维坐标中两点之间的直线距离（如图 4-1）。

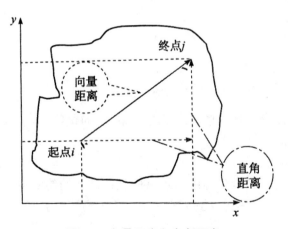

图 4-1　向量距离和直角距离

如图 4-1 所示，起点 i 到终点 j 的直线距离即为向量距离。其计算方法是对坐标系中两点纵横坐标之差的平方和进行平方。计算公式为：

$$d_{ij} = \left[\left(x_i - x_j \right)^2 + \left(y_i - y_j \right)^2 \right]^{\frac{1}{2}} \tag{4-1}$$

式中，d_{ij} 为起点 i 到终点 j 的距离；(x_i, y_i) 是起点 i 的坐标，(x_j, y_j) 是终点 j 的坐标。

此时，目标函数为：

$$\min Z = \sum_{i=1}^{n} w_i \left[\left(x_i - x_j \right)^2 + \left(y_i - y_j \right)^2 \right]^{\frac{1}{2}} \tag{4-2}$$

式中，w_i 为第 i 点的权重；(x_i, y_i) 是第 i 个需求点的坐标，(x_m, y_m) 是服务定位点的坐标；n 为需求点的数量。

对 x_m、y_m 求解，得到：

$$x_m = \frac{\sum\limits_{i=1}^{n} \dfrac{w_i x_i}{d_{im}}}{\sum\limits_{i=1}^{n} \dfrac{w_i}{d_{im}}} \tag{4-3}$$

$$y_m = \frac{\sum\limits_{i=1}^{n} \dfrac{w_i y_i}{d_{im}}}{\sum\limits_{i=1}^{n} \dfrac{w_i}{d_{im}}} \tag{4-4}$$

式中，$d_{im} = \left[\left(x_i - x_m \right)^2 + \left(y_i - y_m \right)^2 \right]^{\frac{1}{2}}$

这些公式没有直接的解，只能用 x_m 和 y_m 的试解法，直到 x_m 和 y_m 之间的区别可以忽略不计。

2. 直角距离测量法

直角距离是指二维坐标中两点纵横坐标之差的绝对值之和。

如图 4-1 所示，起点 i 到终点 j 的直角距离计算公式为：

$$d_{ij} = \left| x_i - x_j \right| + \left| y_i - y_j \right| \tag{4-5}$$

此时，目标函数为：

$$\min Z = \sum_{i=1}^{n} w_i \left\{ \left| x_i - x_m \right| + \left| y_i - y_m \right| \right\} \tag{4-6}$$

整理后，目标函数为：

$$\min Z = \sum_{i=1}^{n} w_i \left| x_i - x_m \right| + \sum_{i=1}^{n} w_i \left| y_i - y_m \right| \tag{4-7}$$

式中，w_i 为第 i 点的权重；(x_i, y_i) 是第 i 个需求点的坐标，(x_m, y_m) 是服务定位点的坐标；n 为需求点的数量。

最佳位置必须符合以下条件：在 x 轴方向，x_m 位于 w_i 数值的中间；在 y 轴方向，y_m 位于 w_i 数值的中间。因为 x_m、y_m 或者两者可能是唯一的，也可能在一个范围内变动，最佳位置可能在一点上、一条线上或者一个区域内。

（五）哈夫模型

哈夫模型是戴维·L. 哈夫（David L. Huff）在盈利模型基础上开发的竞争性商业设施选址的模型，适用于大型超市、家电连锁经营等零售商业企业。

在现实的商业环境中，竞争是难以避免的，因此除了需求之外，竞争也是零售商选址必须考虑的因素。一般来说，零售商店选址的目标是利润最大化，其选址决策的主要依据是营业额和市场份额。哈夫模型的作用就是用来测算被选定位点未来的营业额和市场份额，其中营业额的大小将决定定位点未来的赢利水平，市场份额的大小将决定在同一商圈内定位点未来的竞争能力。

运用哈夫模型选址时，首先要评估服务设施定位点对消费者的吸引力。根据"引力模型"，两个物体之间的万有引力与它们的质量大小成正比，而与它们之间的距离成反比。那么某一服务设施对消费需求的吸引力可表示为：

$$A_{ij} = \frac{S_j}{T_{ij}^{\lambda}} \tag{4-8}$$

式中，A_{ij} 表示设施 j 对消费者 i 的吸引力；又表示设施 y 的大小；T_{ij} 表示消费者 i 到设施 y 的时间；λ 是一个凭经验估计的参数，表示消费者购物行走时间的效应，比如到一个大型购物中心购物对所需时间的影响值 λ 为 2，而到一个便利店购物对所需时间的影响值 λ 为 10，λ 越大，表明途中所耗时间越短。

其次，运用"引力模型"预测一位消费者从具有特定规模和位置的商场所能获得的利益，进而测算服务设施定位点某类商品的销售额。

$$P_{ij} = \frac{A_{ij}}{\sum_{i=1}^{n} A_{ij}} \tag{4-9}$$

式中，P_{ij} 表示 i 地区的消费者到达定位点 j 购物的可能性或概率；n 代表商店的数目。

$$E_{jk} = \sum_{i=1}^{m} \left(P_{ij} C_i B_{ik} \right) \qquad (4\text{-}10)$$

式中，E_{jk} 表示在某一商店 j 所有消费者每年在产品等级 k 的商品上所有的消费支出总和；P_{ij} 表示顾客从一特定的地区 i 到设施地 j 的可能性，可通过方程计算；C_i 代表 i 地区的消费者数量；B_{ik} 表示 i 地区的消费者消费等级为 k 的产品的平均总预算值；m 代表统计地区数量。

最后，估算定位点 A 类商品的销售额。

$$M_{jk} = \frac{E_{jk}}{\sum_{i=1}^{m} C_i B_{ik}} \qquad (4\text{-}11)$$

式中，M_{jk} 表示定位点 j 销售 k 类商品的销售额；$\sum_{i=1}^{m} C_i B_{ik}$ 表示所有定位点销售 k 类商品的销售额之和。

利用上述公式重复计算，可以得出在某一位置上所有潜在的不同规模商场的每年预期利润，其中，税前净经营利润用根据商场规模调整的销售额的百分比来计算。最后得出一系列某一规模商场具有最大利润的潜在定位点。

哈夫模型不仅可以用于单一设施选址的评估，在多设施定位中同样适用。

第二节　服务设施布局

一、服务设施布局的原则

服务设施布局是在时间、成本、技术允许的条件下，根据服务产品的特性和要求，安排好服务系统各功能要素的空间位置及其相互关系。服务企业往往比制造企业类型更多、更复杂，对诸如百货商店、超市、医院这样的服务企业来说，设施布局必须考虑消费者在场时可能发生的各种情况，通过精心设计来吸引消费者，并保证服务效率。服务设施布局的好坏会直接影响服务效率、服务成本和服务质量，所以服务设施布局要遵循一定的原则。

1．避免迂回路线

尽量避免互相交叉和迂回路线，使人员、设备、材料之间的移动距离最短，最大限度地减少人力、物力和时间的耗费，降低成本，提高服务效率。对于许多批发行业而言，成本最主要的部分就是对货物的管理和搬移。

2．充分利用空间，留有发展余地

首先，要充分利用空间，提高设施的空间使用率，在较小的空间里提供尽可能多的服务，节约服务成本，节省资金，同时要考虑满足日后扩张发展的需要。因此，有部分空间可能考虑到今后发展之需，而暂时利用率较低，而且在建筑物的建设中也要留有今后可能增加楼宇、扩大面积的余地。

3．灵活应对调整与发展

设施布局要充分考虑服务环境的不确定性，提前制定灵活的解决措施。产品和服务的变化、需求规模的变化、服务设施的改进都要求设施配置能随时做出调整。

4．为消费者提供方便

设施布局要充分考虑消费者对服务设施的感受，因为服务产品是否能获得较高的顾客满意度，主要取决于整个服务过程是否能给消费者一个美好的感受。所以设施布局应尽可能地为消费者提供方便，使其享受舒适快捷的服务。

5．为员工提供良好的工作环境

服务设施布局不仅要重视消费者的感受，同样也不能忽视对内部员工的影响。从照明、温度、色彩、噪声等因素营造的氛围，到餐厅、卫生间、安全通道的设计，都要考虑到对员工情绪及其工作效率的影响，为管理人员和服务人员提供良好的物质条件和室内场所，营造安全、舒适的工作环境。

二、服务设施布局的形式

服务设施的布局有两种基本形式：一是产品布局，二是过程布局。产品布局适合标准化服务，要求各组成部分之间的平衡。过程布局主要针对个性化服务，各组成部分之间相对位置非常重要，以确保顾客在各部分之间的移动距离最小。

（一）产品布局（Product Layout）

所谓产品布局是指用来向大批消费者主要提供专门性服务的场所设施配置方式[①]。以产品为导向的服务布局类似于生产制造业的生产装配线。对于自助餐厅这种类型的标准化服务，可以分为一系列的、所有消费者必须经历的、非柔性的操作步骤。这类服务只提供标准相同的服务产品，不提供个性化的服务。所以说，产品布局就是以固定步骤向成批消费者提供统一服务的设施布局方式。其优点是节约时间，方便消费者流畅快捷地感受服务消费过程。其局限在于必须找到一个理想的平衡点，使各工序之间保持相同或相近的时间节拍。否则，为每个顾客花费时间最多的工作就成为瓶颈，从而限制了服务线的能力。

如果出现了瓶颈即服务线失去了平衡，可通过下列两种方法进行调整：为这项工作增加工人以减少作业时间；重组任务以形成新的作业分配平衡服务线。一条良好、平衡的服务线应该使所有工作的持续时间接近相等，以避免在工作转移过程中出现不必要的空闲或等待。

【例4-2】假设你来到餐厅，拿取餐盘，然后点上你所要吃的东西。有时，这个过程并不一定能很流畅地进行，因为有些服务有特定分工，不能由其他人来担任（例如要经过专门训练才能上岗的收银员）。所谓理想的即平衡的工作流程是指其中每道服务的工作所花费的时间都应该是均等的。表4-5所示是餐厅所设的6个供餐点。图4-2（a）向我们展示了目前安排在各点上的5位员工的工作表现情况。图中第4工作台的服务员提供甜食（15秒）和饮料（10秒）。问题在于整条供餐线的流程相当不平衡。在第5工作台，收银员给1位顾客结账时间平均需要花费60秒钟。这意味着，在1个小时内这名收银员只能服务60名顾客。这样，其他的员工在1分钟的工作时间（也可以看成是一个顾客的服务周期）中竟然有30~40秒的闲暇时间。

图4-2（b）中，管理层为了降低成本，减少了2个工作台（2名员工），将供应蔬菜和供应主菜服务合并成一个步骤（50秒），汤、甜食、饮料服务作为第二个步骤（45秒），最后一步是结账（依然是60秒）。虽然经过这次调整之后成本降低了，但是服务速度还是太慢，平均1个小时只能服务60名顾客，即1分钟1名。

---

　　① Cengiz Haksever, Barry Render. 服务经营管理学（第2版）[M]. 顾宝炎，时启亮，等译. 北京：中国人民大学出版社，2005.

表 4-5 餐厅服务的时间测算表

步骤	服务类型	平均的服务时间
1	供应蔬菜	20 秒
2	供应主菜	30 秒
3	供应汤	20 秒
4	供应甜食	15 秒
5	供应饮料	10 秒
6	结账	60 秒

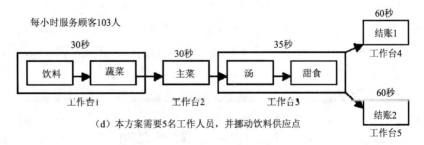

图 4-2 餐厅服务布局的平衡

　　如果想从真正意义上去提高吞吐量，那么就得使用第 2 套和第 3 套方案，如图 4-2（c）和（d）所示。图 4-2（c）中，前面的服务配置不变，只是在最后一步中安排了 2 名收银员。这样做的结果是消除了瓶颈，使得 1 小时之内有 120 名顾客可以得到服务。不过由于新增了一名员工，劳动力成本自然就要提高一点了。

　　最后一种调整方案是将饮料服务部分放在了整个服务的开始，由原本负责供应蔬菜的员工负责，汤和甜食的服务并入第三步，剩余的那名员工经过培训之后作为第二名收银员。虽然说由于服务结构的调整会有部分成本的支出，但是劳动力成本不会增加。采用这套服务流程，每小时可以为 103 名顾客提供服务。但是，与此同时新问题也出现了。在第三个工作台，由于每位顾客在这里要花费 35 秒的时间，所以导致整个服务时间在此产生"瓶颈"。有许多的服务业，虽然它们不像上述例子中那样拥有完备的流水线操作程序，但是也可以被认为是与生产配置有关。还需要指出的是，服务设施的布局受到行动最慢的工作的制约。

（二）过程布局（Process Layout）

　　概括来讲，过程布局是针对差异性需求而合理安排功能相近的服务过程的布局方法。具体来说，它将功能相似的服务过程安排在一起，形成不同的功能区域，并对各功能区的相对位置进行优化，以使各功能区域之间的总流量达到最小。

　　根据设施的类型布局，联系密切的设施相距较近，即同类的或联系密切的尽量放在一起。这样，执行相似任务或承担相同责任的员工应该相距较近，顾客在各部分之间的移动距离最短，可以减少员工或顾客的行进距离，节省时间。大多数服务企业采用的都是这种方法，这样做可以在同一时间内对各种服务内容进行处理，所以对于那些诸如法律事务所、保险公司和旅行社等服务部门特别有效，因为它们面对的顾客是需求各异的。除此之外，医院或诊所也是应用这个方法的很好场所，对于源源不断的病人，每个人的需求都不一样，但是他们却又都要经过一套固定的程式，比如挂号、登记、化验、就诊、重病护理、取药和打针等。

　　过程布局方法的最大优点是设备使用的灵活性以及安排员工工作的灵活性。比如，在一家医院可能会安排几位产科医生值班，以各自处理早产儿。然而，如果在紧急情况下暂时无法找到专门的医生，只要有这方面技术的医生就应该担当起这份责任。在整个服务过程中，如果个性化程度越高，对服务的要求也就越高。

过程布局的优点是以个性化服务为核心，具有灵活性。由于执行相似任务或承担相同责任的服务人员被分成一组，并允许消费者提出定制要求，过程布局能更好地适应消费者的个性化需求，为之提供定制服务，但定制程度越高，越需要服务提供者具有更高的服务技能和对个性化需求的辨别能力。此外，消费者在不同部门之间的移动是间歇性的，即消费者在某一服务部门接受了服务，转移到下一个服务环节时，常常要在等待区排队。

在过程布局方案中，最常用的一种方法就是将服务部门或服务中心放在最便于提供服务的地方。这就要求将涉及跨部门操作的人员或是文案工作的各部门依次排列。按这种方式操作，可能发生的成本主要有：①一段时间内各个部门间人员或文件的流量；②各个部门之间的距离。

【例4-3】公园景点布局①

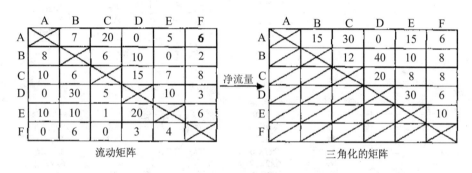

图4-3　景点之间的游客日流量（单位：百人）

图4-3的数据显示了一天中在公园的A、B、C、D、E、F 6个景点里游客的流动情况，这些数据将用在布局规划上。我们将用操作序列分析的探试方法为这个相对位置问题确定一个好的布局。这种方法用各部门间流量的矩阵作为输入，而网格代表部门转换的地理中心位置。在图4-3中，由初始流量矩阵生成了一个三角形的表格用以合并其他方向上的流量。探试法由图4-4（a）网格上显示的初始布局开始。这个初始布局是任意的，但是可以以判断和过去的经验作为基础。图4-3建议那些日游客流量高的景点应彼此相邻。对于不相毗邻的景点，它们之间的流量要乘以隔开景点的网格的数量（注意：假定斜线的长度大致等于一个网格边的长度）。对

---

① 刘建国，申宏丽. 服务营销与运营［M］. 北京：清华大学出版社，北京交通大学出版社，2005.

于这个初始布局来说，这些乘积的和达到了 124 的总流动距离。考虑到景点 A 和 C 之间的距离对总和做出了较大的贡献，我们决定将 C 移动至毗邻 A 的位置，形成如图 4-4（b）所示的修正布局，其总流动距离为 96。图 4-4（c）所示的修正布局是对换景点 A 和 C 的位置的结果。这个交换使景点 A 的位置毗邻景点 D、E 和 F，所以总的流动距离减小到 70。图 4-4（d）所示的最终布局是通过交换景点 B 和 E 以及移动景点 F 形成的矩形；交换景点 B 和 E 使我们能够在移动 B 以形成一个更紧密布局的过程中保持了景点 E 和 F 相毗邻。如图 4-4（e）所示，通过使高流速的景点相毗邻，我们已经使最终的场地计划不相邻流动距离的总和降低到了 48。

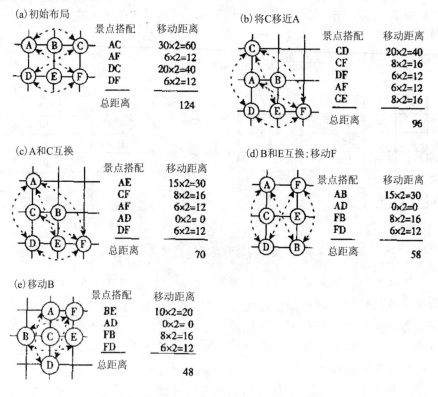

图 4-4　运用操作序列分析制定的公园现场规划

第三节　服务场景营造

服务场景（Service Scape）或服务背景（Service Setting）在形成顾客期望、影响顾客经历和实现服务组织的差异化等方面发挥着重要的作用。从吸引顾客，到保留顾客，再到提升顾客关系，在服务组织实现这一系列顾客关系目标的过程中，服务场景都有着深刻的影响。

一、服务场景的概念与构成

随着研究的不断深入，服务场景概念的内涵也在不断演进。早在 20世纪 70 年代，科特勒（Kotler）就意识到了服务环境的重要性，他用"氛围"（Atmospherics）一词来界定经过精心设计，能使置身其中的消费者获得特殊的情绪感受，从而增强消费意愿的消费环境。科特勒（Kotler，1973）最先提出了有形环境（Physical Environment）的概念，指出有形环境是对顾客的有形刺激，是包含了视觉、听觉、嗅觉、触觉意识的一种氛围。与视觉有关的有形刺激包含色彩、照明、尺寸、形态等；与听觉有关的包含声音高低、声音速度、声音次数等；与嗅觉有关的包含味道、新鲜度等；与触觉有关的包含软硬度、柔顺度和温度等。

戴维斯（Davis，1984）将有形环境划分为有形构造、有形刺激和象征物三大类。比特纳（Bitner，1992）在对服务环境的研究中，用"服务场景"来指代服务场所经过精心设计和控制的各种有形或无形的物理环境要素[1]，并在此基础上开创性地构建了"服务场景模型"，以揭示服务场景对顾客和员工行为的作用机制，"服务场景"一词也逐渐成为服务环境研究的通用术语。比特纳（Bitner，1992）把服务场景归结为三个维度：①氛围要素，如音乐、温度、照明、气味等，这些要素会影响顾客对环境的感知；②空间布局与功能，如设备、家具等的布局情况和它们之间的相对空间关系，空间布局会影响顾客对服务场所的情境感知；③标识、象征物和工艺品，如引导标识、装饰物等，这些对顾客的第一印象十分重要。

---

① Bitner M J. Servicescape: The Impact of Physical Surroundings on Customers and Employees[J]. Journal of Marketing, 1992, 56(2): 57-71.

贝克等（Baker et al., 1994）则认为，在界定服务场景要素时，除了考虑有形或无形的物理要素外，还应该考虑人际和社会要素。因此，他们将服务场景划分成氛围要素、设计要素和社会要素三个维度。社会要素是指环境中有关人的要素，主要包括服务人员和其他顾客两个方面，每个方面又可划分成很多不同的因素。对服务人员的研究主要集中在语言沟通、举止体态（眼神交流、点头、握手）、辅助语言（音量、语调、停顿）和身体外形(外貌、着装)4 个方面[圣德拉姆和辛西娅（Sundaram & Cynthia），2000]。研究表明，服务接触中服务人员的沟通行为显著影响顾客的服务体验和满意度。很多服务业态需要多名顾客共享服务时间和空间，顾客之间相互影响、发生互动是普遍现象。对服务场景中其他顾客的研究主要集中在物理要素（外貌、着装、语音、语调、音量等）、社会要素（行为、情绪、举止等）和背景要素（身份、地位、形象、隶属社会团体等）三个方面[图姆斯和麦科尔·肯尼迪（Tombs & McColl-Kennedy），2004]。研究表明，服务接触中顾客的情绪、服务质量感知、满意度等与服务场景中的其他顾客密切相关。随着服务场景中其他顾客因素逐渐受到重视，很多学者开始研究服务场所顾客之间的匹配程度，即顾客兼容性。研究表明，服务场所较高的顾客兼容性能够满足顾客的自尊、自我认同、归属感、社会交往、社会认同、社会支持等社会和心理需求。

服务场景曾被定义为服务所处的建构环境（Built Environment），这种定义及由此而形成的服务场景框架只是建立于"有形环境"这一个维度上。但是，由于处于建构环境中的人也同样塑造和影响着有形环境，所以社交环境（Social Environment）也应该包括在扩展的服务场景概念之中。比特纳（Bitner，2000）把服务场景定义为服务经历、交易或事件所处的直接有形环境和社交环境[①]。表 4-6 列出了与特定的服务情境相关的建构环境和社交环境因素。服务场景帮助形成顾客的经历，影响他们对服务的满意度。在某些情况下，服务场景甚至成为顾客能否重复购买该企业服务的决定因素。

图姆斯和麦科尔·肯尼迪（Tombs & McColl-Kennedy，2003）认为，社会环境和消费情境决定服务场所的社会密度，继而影响顾客的情绪反应、认知反应以及购买意愿。他们针对服务场景中社会要素研究的不足，构建了"社会性服务场景"模型，该模型包含购买情境、社会密度、他人情绪、

---

① Bitner M J. The Servicescape, Handbook of Services Marketing and Management[M]. California: Sage Publications, Inc., 2000: 38.

顾客情绪反应和顾客认知反应 5 个要素。该模型将顾客的情绪和认知纳入了服务场景范畴。

表 4-6　服务场景的建构环境和社交环境因素

	建构环境	社交环境
医院	建筑外观 停车场 标志 候诊区 住院处 护理室 医疗设备 监护室	护士 医生 志愿人员 其他患者 患者家属
航班	登机口 飞机外观 飞机座椅、装潢、空气质量 行李处	飞行员 售票代理 空勤人员 行李搬运员 其他旅客
体育赛事	停车场 体育馆外观 售票处 入口 座位 休息室 商品售卖区 运动场地	售票员 引座员 商品售货员 运动员 其他观众
儿童看护中心	建筑外观 停车场 标志和布局 走廊和房间 设备 装潢、空气质量	教师 工作人员 父母 其他儿童

资料来源：Bitner M J. The Servicescape[M]. in Handbook of Services Marketing and Management, Teresa A. Swartz and Dawn Iacobucci (Eds.), California: Sage Publications, Inc., 2000: 39.

罗森鲍姆和马塞亚（Rosenbaum & Massiah，2011）进一步拓展了服务场景模型，提出了服务场景的物理维度（Physical Dimension）、社会维度（Social Dimension）、社会象征维度（Socially-symbolic Dimension）和自然维度（Natural

Dimension）4 个维度。其中物理维度与比特纳提出的"服务场景"内涵一致，指的是那些可控、可观察和可测量的实体要素。社会维度主要指服务人员、其他顾客、他人情绪和社会密度。社会象征维度指服务环境中对于某些群体具有特殊象征意义，能够唤起他们回忆的标识、象征物和工艺品，其象征意义因个体在群体中身份、地位的不同而对个体产生不同的影响。当前对社会象征维度的研究大多集中在服务场所对某些特殊消费群体（如某一民族、亚文化群体和边缘化社会阶层）具有特殊象征意义的要素上。自然维度研究则是将服务场景模型应用到公共卫生领域，探讨服务场景如何帮助顾客恢复健康，揭示了服务场景中的自然刺激要素对于公共健康的重要作用，比如服务场景中的某些自然要素有助于顾客减轻疲劳相关症状，如厌倦、抑郁等。

随着对服务场景研究的不断深入，学者们将环境心理学、认知心理学、组织行为学、健康学等多门学科的相关知识引入服务场景探索，跨学科和多角度的研究使得服务场景概念的内涵越来越丰富。服务场景已经不再是只关乎市场营销的概念，而是发展为一个关注人和场地关系的跨学科命题。

二、服务场景的类型

由于服务生产和服务消费的性质不同，有形环境对顾客或员工的重要性也有差异。有些服务组织对某些具体的要素有着特殊的要求，有形环境对于其实现组织目标有着重要的意义，而对另一些组织来说，有形环境的意义可能不大。比特纳根据两个因素——服务场景的使用和复杂性，对服务组织的类别进行了划分①，见表 4-7。这两个要素可以识别出服务组织在场景管理方面的主要区别。

表 4-7　以服务场景的不同形式和使用为基础的服务组织类型

服务场景的使用	服务场景的复杂性	
	复杂的	精简的
自我服务 （只有顾客）	高尔夫球场 冲浪	ATM 机 自动售票 邮局报摊 电影院

---

① Bitner M J. Servicescape: The Impact of Physical Surroundings on Customers and Employees[J]. Journal of Marketing, 1992, 56(2): 57-71.

续表

服务场景的使用	服务场景的复杂性	
	复杂的	精简的
交往性服务 （顾客和员工）	旅馆 餐馆 保健所 医院 银行 航班 学校	干洗店 热狗摊 美发厅
远程服务 （只有员工）	电话公司 保险公司 公用事业公司 众多的专业服务	电话邮购服务台 以自动语音记录为基础的服务

资料来源：Bitner M J. Servicescape: The Impact of Physical Surroundings on Customers and Employees[J]. Journal of Marketing, 1992, 56(2): 59.

　　服务场景的使用是指对于顾客和员工这两个群体而言，谁在实际使用服务设施并受到服务场景设计的影响。服务组织因为对人员的影响不同而有区别。在自我服务的场景中，顾客自己完成大部分工作，员工很少或根本就不需要进行服务。例如，顾客独自在 ATM 机上取款，在电影院看电影，或在高尔夫球场打球等。正因为顾客是出现在服务场景中的唯一或主要的人员，所以在设计服务场景和服务设施时要重点考虑如何吸引适当的细分市场，让设施更便于顾客使用，给顾客带来愉悦。因此，创造性地使用有形设计，可以有效地支持组织的市场定位和市场细分战略。

　　在远程服务的场景中，没有顾客或很少有顾客介入。像通信、财务咨询和邮购等服务，顾客即使看不到服务设施，也不影响服务的传递过程和结果。在这种情况下，服务设施的设计就应该充分考虑员工的需要和偏好，所建立的场所应该能够激励员工，有利于提高生产率，加强团队合作，提高工作效率。在实现组织目标时，不必考虑顾客，因为他们无须看到服务场景。

　　交往性服务介于自我服务和远程服务之间，顾客和员工都要同时出现在服务场景之中。例如，旅馆、饭店、医院和学校等，服务场景的设计应能同时吸引顾客和员工，满足和方便双方的活动需要。服务设施设计需要特别关注服务场景是如何影响顾客和员工之间，以及顾客之间、员工之间社会交往的状态和质量的。

　　划分服务场景类型的另一个维度是服务场景的复杂性。有些服务场景非常简单，涉及的因素、空间和设备都很有限，这种环境就是所谓的精简环境。精简的服务场景是以一个简单的结构来提供服务的，因此它的设计可以更直接一些，尤其对于自我服务和远程服务更是如此。涉及许多因素和许多形式的服务场景被称为复杂的服务场景。此时，若要全面实现组织目标，则需要对服务场景进行周密的管理。像医院这样一个既复杂又涉及顾客与员工的交互行为的服务行业，服务场景决策将是相当复杂的。

三、服务场景的作用

　　有形展示作为促使服务组织提供的无形服务实现有形化和差异化的有效手段，在服务营销组合中占有重要的地位。其作用大致表现在 4 个方面，即包装作用、辅助作用、社交作用和区别作用。

（一）包装作用

　　同有形产品的包装一样，服务场景也是对服务的包装。产品包装是要为该产品塑造一个独特的形象，进而引发消费者在感觉和情感上的反应。服务场景则能够通过多种复杂刺激物之间的相互作用来达到这一目的。服务场景是服务组织的外在形象，它可以形成顾客对组织的第一印象，进而影响顾客对组织所提供服务的期望。因此，当一个服务组织在试图影响新顾客的期望或一个新组织打算塑造独特的形象的时候，服务场景的这种包装作用就显得尤为重要了。

（二）辅助作用

　　服务场景的设计能够促进或阻碍服务提供活动的有效进行，使得顾客和员工更容易或更难于实现各自的目标。设计良好的功能设施可以使顾客将接受服务视为愉快的经历，而员工在提供服务的过程中也会充满乐趣。与此相反，不理想的设计会使顾客和员工双方都感到失望。

（三）社交作用

　　服务场景可以向顾客和员工传递有关组织所期望的角色、行为和关系等方面的信息，从这个意义上来讲，服务场景将有利于员工和顾客之间的社会化。服务组织的一名新员工，可以通过观察办公设备的质量、他所处的与其他员工的相对位置等来明确自己在组织科层中的地位。而对于顾客而言，服务场景还可以告诉他们其同员工相对应的角色是什么；场景中的哪些部分是可以为其所利用的，又有哪些只能由员工使用；顾客在服务环境中的行为应该怎样；服务组织所倡导的服务类型是什么样的，等等。

（四）区别作用

服务场景的独特设计可以帮助服务组织实现差异化战略，显示其所服务的是什么样的细分市场。由于具有这种区别作用，企业可以通过改变服务场景来对市场进行重新定位。在购物中心，装饰和陈列中使用的标志、颜色以及在店堂内回荡的音乐等都标示着它所定位的细分市场。不同的服务组织会有不同的服务场景，在同一组织内部不同的部分之间，其有形环境也会存在差异。例如在大酒店内会有不同档次的就餐环境。另外，通过有形环境的变化，可以实现价格的差异化。更大的空间和更多的便利设施往往意味着更高的价格。

案例：麦当劳餐厅的选址

麦当劳是全球大型跨国连锁餐厅，1940 年创立于美国，在世界上大约拥有 3 万多间门店，主要售卖汉堡包、薯条、炸鸡、饮品、冰品、沙拉、水果等快餐食品。麦当劳的创始人雷克洛克曾说：你们都以为我是卖汉堡的？其实，我是做房地产的。麦当劳的店铺选址堪称精准，据说其不动产的拥有量比教皇还要多。这也使得在遇到金融危机的时候，麦当劳能靠价值坚挺的不动产获利。

在选址问题上，麦当劳有一本专门的规范手册作为指导，一切都已经非常程序化。麦当劳借助店址决策系统对方圆五至七里（1 里＝500 米）范围内的消费群和竞争态势进行透彻分析。

一、麦当劳的选址原则

1. 以目标消费群为中心

麦当劳的目标消费群是年轻人、儿童和家庭成员。所以在布点上，一是选择人潮涌动的地方，二是在年轻人和儿童经常出现的地方布点，比如在百货商厦和大卖场开店中店，方便顾客就餐。

2. 寻找商业活动高频区

麦当劳把餐厅设在商业活动极为频繁的闹市区，营业额必然高。这样的店址就是所谓的"黄金口岸"。相反，如果在一些非闹市区的冷僻的街道上开餐厅，营业额就很难提高。而对于那些以独特的气氛、特色或特殊环境见长的主题餐厅来说，位置稍偏问题不大，因为顾客总能找到它们。

3．兼顾现实和未来

麦当劳餐厅的策略是长期经营，其布点的一大原则就是"20 年不变"。所以麦当劳公司会对每个准备建店的地点进行 3～6 个月的考察后，再做出决策评估。考察的重点是城市发展规划，包括看布点处是否会出现市政拆迁和周围人口搬迁，是否会进入城市规划中的红线范围等。考察后，麦当劳将有发展前途的商街和商圈、新辟的学院区、住宅区列入其布点重点考虑的范围，而对于进入红线的或老化的商圈，坚决不设点，纯住宅区也基本不设点，因为纯住宅区居民消费的次数有限。

4．讲究醒目

麦当劳布点都选择在一楼的店堂，透过落地玻璃橱窗，让路人感知麦当劳的餐饮文化氛围，体现其经营宗旨：方便、安全、物有所值。出于布点醒目，便于顾客寻找，也吸引人。

5．不急于求成

麦当劳的选址一向十分谨慎和挑剔，它的原则就是"不打急进牌"。无论是商业繁华地段还是郊区，麦当劳的选址都经过了精确计算和测量。黄金地段和黄金市口，业主往往要价很高。当要价超过投资的心理价位时，麦当劳不急于求成，而是先发展其他地方的布点。通过别的网点的成功，让高价路段的房产业主感到引进麦当劳有助于提高自己的身价，于是再谈价格，重新布点。

6．优势互补

麦当劳开店中店选择的东家，不少是声誉较高的，如家乐福、百盛购物中心、万达广场等。知名百货店为麦当劳带来客源，麦当劳又吸引年轻人逛商店，起到优势互补的作用。

二、麦当劳选址的三种常用方法

1．塞拉模型法

塞拉模型是由美国俄克拉荷马大学的弗朗西斯·塞拉（Francis Cella）教授为餐厅设计的。塞拉教授与俄克拉荷马餐厅协会签订为餐厅的经营设计模型的合同，借助计算机来模拟餐厅经营，判断餐厅可能达到的销售额。塞拉认为，他的模型能以 5%左右的误差预测餐厅的销售额。他的模型最初是为下列 5 种餐厅设计的：一般餐厅、自助餐厅、路旁餐厅、特种餐厅以及汉堡包餐厅。设计模型所需的信息资料是从俄克拉荷马州居民的各种有关经验中提取的。

模型设计的理论基础是，如果决定一家餐厅销售额的各种因素的重要性可以根据它们对销售的影响而确定，那么只需几分钟就可以用计算机预测到那家餐厅所应达到的销售额。

影响销售额较为明显的几个因素：

（1）预备建造或已在经营的餐厅附近的居民情况以及他们的收入；

（2）该地区竞争对手的数量；

（3）该地区的交通流量；

（4）餐厅经理的能力；

（5）已进行的广告宣传；

（6）餐厅建筑物的外观及其类型。

2. CKE 餐厅选址法

CKE 模型是由卡尔·卡彻·恩廷（Carl Karch Ent）设计的。这一模型是通过掌握充分的市场资料，运用多元回归分析法来预测和评估某一餐厅的位置优劣。

（1）需要的有关数据

对于某一餐厅的位置来说，如果要进行评估，必须获得如下有关本区域内的数据：

①附近街道上每天的车辆数；

②本区域内所有餐厅的座位数；

③本区域内蓝领工人所占比例；

④10 分钟内即可到达餐厅的公司职员人数；

⑤周围 10 分钟内就可到达的人数；

⑥本区域内人口的平均年龄；

⑦营业区域内连锁餐厅数；

⑧10 分钟内可以到达的所有人数。

（2）需要达到的指标

①本区域内所有餐厅座位数不少于 1200 个；

②75%的人口属于蓝领阶层；

③平均年龄在 26～32 岁之间；

④10 分钟内有 10000 名职员可以到达这家餐厅。

（3）计算公式

在获得以上数据的基础上，运用下列回归方程计算：

$Y = a - XA + XB + XC + XD$

其中：Y：这家餐厅的预计销售额；

A：本区域内所有餐厅座位数；

B：本区域内蓝领工人所占比例；

C：本区域内人口的平均年龄；

D：10 分钟内能够到达本餐厅的职员人数；

a：经验系数；

X：用来衡量 A、B、C、D 四个因素的系数。

3．商圈分析法

商圈是店铺对顾客的吸引力所能达到的范围，即来店顾客所居住的地理范围。商圈分析法是通过分析商圈范围内的顾客情况、餐厅情况以及可能影响餐厅经营的其他情况，以得到正确的店址。

（1）商圈的确定

确定商圈先要确定商圈的轴心点。餐厅所在的位置就是商圈的轴心点，应该了解轴心点所在街区的情况、交通状况和具体位置。仅有圆心而无半径，圆是无法画出的。为了由地点定位繁衍出区域定位，必须通过半径标志，准确地画出各层商圈，即以店铺位置为轴心，以习惯性的一定距离为半径，画出商圈。

国际上习惯性商圈的半径标准如表 4-8 所示。

表 4-8　商圈划分标准表

	交通工具特征	距离半径（米）	时间（分）	时速（千米）
核心商圈	徒步圈	600	10	4
次级商圈	自行车圈	1300	10	8
边缘商圈	汽车圈	6000	10	40

对处在不同地区的餐厅来说，商圈的半径距离各有不同，要受当地人口密度、附近竞争餐厅、餐厅供应的菜肴差别、交通方式、餐厅声誉等因素的影响。在大城市的市中心，餐厅的商圈半径通常只有两三条街道的距离；而在市郊，则可能是 10 多千米的距离。另外，对于不同地区的餐厅，不同商圈顾客市场的份额不同。一般来说，一家餐厅顾客群中核心商圈的顾客占

55%～70%，次级商圈的顾客占 15%～25%，边缘商圈的顾客则较少。

影响餐厅商圈半径距离的主要因素包括：①当地人口密度；②附近竞争餐厅；③单店供应菜品的吸引力；④顾客交通方式；⑤单店声誉；⑥地区经济发展水平；⑦消费者饮食消费习惯；⑧消费娱乐的群聚效应；⑨单店的地理位置；⑩单店服务与产品的创新力度等。

（2）商圈的分析

商圈分析对于餐厅的选址定位具有十分重要的意义。通过对店址的综合评价及详细分析消费、竞争环境，可确定合理的目标市场。商圈分析应考虑的消费者因素有：商圈内的人口规模、家庭户数、收入分配、教育水平、年龄分布及人口流动情况、消费习惯等。这些可以从政府的人口普查、年度统计及商业统计公告等资料中获得。

三、商圈分析法在麦当劳选址过程中的实际应用

麦当劳选址从不片面追求网点数量的扩张，其选址的基本原则是尽可能方便顾客的光临。在选址之前，麦当劳会对店址进行长期严密的市场调查与评估。

在美国，麦当劳公司除了在传统的区域和郊区建立餐厅之外，还在食品商场、医院、大学、大型购物中心附近建立分店；在其他国家，麦当劳首先选择在中心城市建立麦当劳餐厅，再在中心城市之外辐射出网点。选择一个成熟的商圈进行成熟的商铺营销，是麦当劳成功的基本法则。

1. 确定商圈范围

麦当劳把在制定经营策略时就确定商圈的方法称作绘制商圈地图。商圈地图的画法首先是确定商圈范围。一般情况下，麦当劳的商圈范围是以这个餐厅为中心，1～2 千米为半径所画的圆形区域。如果这个餐厅设有汽车走廊，则可以把半径延伸到 4 千米，把整个商圈分割为主商圈和副商圈。商圈的范围一般不要越过公路、铁路、立交桥、地下道、大水沟，因为顾客大多不愿绕过这些不方便的阻隔去消费。

商圈确定以后，麦当劳的市场分析专家便通过分析的商圈特征来制定公司的地区分布战略，即详细统计并分析商圈内的人口特征、住宅特点、集会场所、交通及人流状况、消费倾向、同类商店的分布等，进而评估商圈的优缺点，预计设店后的收入和支出，对可能获得的净利润进行分析。

在商圈地图上，一般要标注下列数据：

①餐厅所在社区的总人口、家庭数；

②餐厅所在社区的学校数、事业单位数；

③构成交通流量的场所（包括百货商店、大型集会场所、娱乐场所、公共汽车站和其他交通工具的集中点等）；

④开餐厅前的人流量（应区分平日和假日），人潮走向；

⑤有无大型公寓或新村；

⑥商圈内竞争店和互补店的店面数、座位数及营业时间等；

⑦商圈内各街道的名称。

2. 顾客人流数量的抽样统计

麦当劳在分析商圈特征时，还会在商圈内设置几个抽样点，进行抽样统计，目的是取得基准数据，以确定顾客数量的准确数字。

一般来说，麦当劳的抽样统计将一周分为三段：周一至周五为一段，周六为一段，周日则和节日归为一段。从每天早晨 7 时至午夜 12 点，以每两个小时为单位，计算通过的人流数以及汽车和自行车数。人流数还应进一步分为青少年、上下班的人群等，并换算为每 15 分钟一组的数据。

3. 实地调查购物行动圈

实地调查分为两种，一种以车站为中心，另一种以商业区为中心。以车站为中心的调查方法是指麦当劳的工作人员到车站前记录车牌号码、乘公共汽车来了解交通路线，或者从车站购票处取得购买月票者的地址作为参考。以商业区为中心的调查是指麦当劳的工作人员需调查当地商会的活动计划和活动状况，调查抛弃在路边的购物纸袋和商业印刷品以及观察人们常去哪些商店或超级市场，从中准确地掌握当地的购物行动圈。

工作人员通过访问购物者、发放问卷来调查他们的地址。然后把调查得来的所有资料载入最初画了圈的地图。这些调查得来的数据用不同颜色标明，这样就可以根据这些数据在地图上确定选址的商圈。

应该说，正因为麦当劳的选址坚持通过对市场全面信息的掌握和对位置评估标准的执行，才能够保证开设的餐厅健康、稳定地成长和发展。

术语表

服务设施（Service Facility）

定位（Location）

选址（Site Selection）

地理需求评估（Geographic Needs Assessment）

因素分析法（Factor Analysis Method）

回归分析法（Regression Analysis Method）

中值法（Median Method）

哈夫模型（Huff's Model）

重心法（Centroid Method）

产品布局（Product Layout）

过程布局（Process Layout）

服务场景（Service Scape）

服务背景（Service Setting）

有形环境（Physical Environment）

建构环境（Built Environment）

社交环境（Social Environment）

第五章　服务供需管理

服务的生产和消费是同时进行的。如果服务需求相对于服务能力不足，结果将导致服务人员和设备闲置。这种服务需求水平的自然波动造成了在某些时间服务处于闲置期，而在其他时间顾客不得不为接受服务而等待。因此，我们有必要对服务进行有效的供求管理，以便能够更好地协调服务的供给与需求，提高企业的服务能力使用率。本章首先介绍服务需求预测方法和服务需求管理策略，然后表述服务规模和服务生产能力管理策略，最后进行收益管理和排队管理分析。

第一节　服务需求管理

一、服务需求预测

（一）服务需求预测的必要性

预测是商业计划整体中的一个组成部分，是对未来可能发生的情况的预计与推测。由于未来情况有很大的不确定性和变化，预测不可能绝对准确，即使是十分周密的预测，也可能与未来事实不完全相符，甚至相差很远。事实上，与未来事实完全一致的预测是相当少见的。然而，"凡事预则立，不预则废"，尽管预测不可能百分之百准确，但它仍具有不可忽视的作用。预测不仅是长期的战略性决策的基础，也是短期的日常经营活动的重要依据。任何组织都应当通过预测来指导自己的生产活动，特别是在服务行业，因为服务一般是不能存储的，所以必须尽可能准确地估计未来的需求，以配置适当的服务能力。

需求预测是企业所有规划的起点。对于一个企业来说，如果某项产品或服务是全新的，那么就必须估计它是否应该生产这种产品。企业不能先行设计此项产品然后再进行需求的分析。一开始企业只要判断新产品是否有潜在的需求，或者预测在现存的产品市场中企业能占有的合理份额。因此，在预测中只需要考虑产品的理念即可。一旦产品或服务的详细设计完成，需求预测可能根据所设计产品的优点，或者与竞争对手所提供的产品的差异来进行修正。

另外，需求预测也能帮助企业估计出将售服务的单位数量。当然，在估计出售服务单位数量时需考虑企业对该种服务需求的生产能力，以及该服务的单位价格。因此，所预测的需求决定了企业的总收益。收益预测是相当重要的，因为它可以帮助决策该项服务是否要上马，还可以帮助企业进行财务预算和统计分析。

（二）服务需求预测的对象与形式

在实际的服务管理中，我们该怎么去预测我们企业的服务呢？例如，医院也许会统计对意外事故患者的急救手术的数量，但是这些急救手术的性质可能大不一样，手术需要的时间也有很大的差异。咨询公司希望预测服务的需求，但是各个项目在时间和复杂性上是有很大差异的。虽然管理者对客户数量或许能够预测得很准，但是服务的内容和性质却大相径庭。由此看来，服务预测的单位可以归纳为：顾客的数量、提供服务所需要的时间、所提供服务的种类以及每种服务的数量、所提供产品的数量。

（三）服务需求预测模型

通常，许多服务业的产出会因时间不同（一天中的某一时，一周中的某一天，一月中的某一周，一年中的某一月等）而大幅波动，而且服务需求受多种因素的影响也会出现巨大的变动。因此，服务需求预测既要进行综合预测，又要以小时、天来预测。而在生产企业里，较多的是周预测、月预测和综合预测，这就意味着在服务行业必须频繁地进行短期预测。

一般来说，所有的预测方法与技术可以归为以下 4 种：主观模型、时间序列模型、因果模型和模拟模型预测技术。这里我们主要介绍主观模型和时间序列模型。

1. 主观模型

大多数预测方法，如时间序列模型和因果模型，都是建立在相对稳定的数据基础之上的，因此，我们可以做出合理有用的预测。然而，在有些情况下，我们只有很少甚至根本没有数据可以用来参考，或者那些数据只在短期内存在关联，它们对于长期预测是毫无用处的。当缺少足够的或合适的数据时，我们只好借助于主观的定性的预测方法，包括基层预测、市场调研、小组共识、德尔菲法、交互影响分析法和历史类推法。这里我们主要介绍小组共识和德尔菲法。

（1）小组共识

在小组共识这一方法中，"三个臭皮匠胜过一个诸葛亮"的思想被推而广之。即相较于背景范围比较狭窄的成员组成的小组而言，由来自不同职位的、背景更为广泛的成员组成的小组所做的预测更加可靠。小组预测是通过开放式会议进行的，会议中，来自不同级别的管理者和职员自由地交换想法。但与这种公开讨论方式相违背的一个问题是：级别较低的职员可能会被高层管理者的意见所左右。例如，某种产品的销售人员可能对该产品未来的需求情况估计得更准确，但他在会议上却可能不会对市场副总裁截然不同的观点提出反对意见。德尔菲法正是为改正自由讨论的上述弊端而发展起来的。

（2）德尔菲法

职位较高的人的意见或看法往往比职位较低的人的意见更受重视。更糟的是，职位较低的人经常因害怕而不敢表达自己的真实观点。为避免出现这种情况，德尔菲法（Delphi Method）隐去了参与预测研究的各成员的身份，每个人的重要性都相同。其操作过程是：由主持人设计调查问卷并发给每个参与者，各个成员的意见经汇总后以匿名方式和新一轮问卷一起再反馈给全组的每个成员。

德尔菲法由兰德公司于 20 世纪 50 年代首创，其具体步骤如下：

①选择参与的专家，专家组成员应包括来自不同领域的学识渊博人士；

②通过问卷调查（或电子邮件），从各个参与者处获得预测信息（包括对预测所假设的前提和限制）；

③汇总调查结果，添加适当的新问题，重新发给所有专家；

④再次汇总，提炼预测结果和条件，再次提出新的问题；

⑤如有必要，重复步骤 4。将最终结果发给所有专家。

经过上述三轮预测，德尔菲法通常能得到满意的结果。该方法所需的时间取决于专家组成员数目、进行预测所需的工作量以及各个专家的反馈速度。

德尔菲法强调过程的反复多次，目的就是为了使专家的意见逐渐趋于一致以用于未来计划的制订。这是典型的智力密集型方法，需要大胆的具有专业知识的专家。显而易见，德尔菲法是一种代价高昂且非常耗时的方法。在实践中，一般仅用于长期预测。

2．时间序列模型

时间序列是指一组均匀分布的数据点（按小时、天、周、月等排列）。例如，每月 IBM 公司所出售的个人计算机的数量，还有每天在华盛顿特区搭乘地铁的乘客数等。根据时间序列来预测，就是说将来的值都是从过去发生的值预测得出的，其他变量都已经融入时间序列过去的数值中了。时间序列法（Time Series Method）是一种计量模型，这种预测方法是基于这样一种假设，即将来的数据集合是过去数集的一个函数。换言之，这些模型是观察过去一段时间所发生的情况，然后用过去的一系列数据来进行预测。这种方法的一个缺点就是将来新的因素会推翻原先的结论。

对时间序列进行分析，就是把过去的数据分解成几个因素，然后设想它们以后的变化。一般来说，时间序列由 4 个因素组成：长期趋势、季节变动、循环变动和不规则变动。长期趋势（Trend）就是指从长期来看数据向上或向下的整体变动；季节变动（Seasonality）是指需求高于或低于年度走势而波动的模式；循环变动（Cycles）是指在数据中每隔几年就会发生的形式，它总是和经济周期联系在一起；不规则变动（Random Variations）是指在数据中偶然发生的或在不寻常条件下发生的"散点"，它们一般无规则可循。在大多数模型中，预测人员都假设不规则变动从长期来看是平均的，所以他们集中考虑季节变动和由长期趋势及周期性因素构成的综合变动。

二、服务需求管理策略

服务需求的波动程度很大，但服务系统可以使用主动和被动的方法来调节需求。通过调节需求，可以降低服务需求周期性的变化。虽然顾客到来的时间总是随机的，但平均到达率在长期中将会是稳定的。我们可以预先采取一些措施对需求进行一定程度的有效疏通和引导。下面我们讨论几种用来调节需求的策略。

（一）划分需求

管理需求必须首先划分需求。顾客的年龄、性别、收入、职业以及生活方式等特征都会从不同方面、以不同的方式影响顾客对不同服务的需求。

同时，不同的顾客也可能受不同因素的影响产生和改变购买动机。对此，服务组织虽然从经济成本考虑，不太可能建立一个完整的数据库，但有关顾客管理的理论和方法已经使得进行一定程度的顾客信息收集和处理成为可能，并且已经发挥了积极的作用。对顾客的服务需求属于何种类型、需求水平是否存在可预测的周期性变化、是随机波动还是有一定的计划性等问题需要通过市场调查和预测予以明确。在一些服务组织中，顾客的来源对同类服务需求的影响较大，客源不同，引发的服务需求变动不同。如航空公司既有工作日飞行的商务乘客，也有周末旅游外出的乘客；银行既在多半固定的时间接待商务客户，也要随时恭候随机到来的个人客户。

（二）提供价格诱因

定价可能是影响服务需求的最直接方式。基本思路是利用价格杠杆，让更多的顾客尽量避开需求高峰期而选择需求低谷期进行服务消费。受优惠价格的吸引，有条件在非高峰时段消费的顾客会选择错开高峰期消费。电影院白天票价低于夜晚，旅游景点在非旅游旺季打折等都是这种策略的应用。当然，顾客对价格的敏感程度、适当的折价水平是影响价格差异策略实施效果的主要因素。用差别定价的方法可以更好地使用组织的资源和调节服务需求。

（三）开发互补性服务

对受季节性等因素影响较大的服务项目，在条件许可的情况下，改变不同时段的服务供给，开发互补性服务，可以充分利用设施，吸引更多需求，缓解等待时的焦躁心情，增加收益。如冬季的滑雪胜地可在夏季改造为避暑游览景点，城市酒店可以利用周末或固定的节假日推出针对家庭消费的服务项目。若再配合积极的营销宣传、价格优惠、热情服务等方面的努力，改变供给以引导需求就能收到更好的效果。

（四）使用预订系统

使用服务预订系统，在相对准确地预知和预测未来服务需求量的基础上，服务企业可以制订更有针对性的服务计划，平衡服务能力负荷。一般认为，预约或预订服务方式可以被看作服务的"库存"或"延迟发货"。虽然预约只是某一时段消费量的部分反映，但在一定程度上起到了使服务组织能够预先进行比较充分的准备，并能根据企业的能力状况适当引导消费，提高服务效率的作用。这种方式适用于服务资源相对紧缺的服务项目，如交通、餐饮、娱乐、旅游、医疗、咨询等，其价值对于顾客来说是显而易见的。从顾客的角度来看，这种方式的最大益处在于可以保证在预订时间获得服务，同时减少了顾客排队等待的时间，还消除了顾客对能否得到和何时得到服务的焦虑。需要指出的是，顾客爽约会影响服务能力的利用和发挥。所以诸如航空公司经常采用超额预订的方法来减少出现空位的现象。采用这种方法必须考虑一旦服务需求超出能力，如何采取服务补救措施，来满足这部分超额需求而不至于得罪顾客。

（五）预先告知

预先告知方式是一种简单的影响服务需求的方法，包括采用告示、广告或减（加）价的消息等。有时给顾客一个简短的消息就可以降低需求的高峰和填平需求的低谷。诸如告知顾客在非高峰期接受公共交通、旅游景点服务可得到低价、不拥挤以及更舒适的乘坐和观赏等更多的好处，通常能够让许多顾客改变他们的需求计划。

第二节　服务生产能力管理

一、服务规模

（一）服务规模的定义

所谓服务规模，是指一个服务机构按设计标准所能提供的服务的多少。因此，对供给的管理也就是对服务规模的管理。在讨论供给的管理方法之前，必须首先为规模做一个界定，并且了解对规模进行计量所面临的困难。然后，再来观察构成规模的要素。把这一切都搞清楚了，就有了讨论不同的需求管理方式和总计划制订方式的基础了。

规模常常被定义为最大产出量。然而，这个简单的定义用概念掩饰了一个潜在的难题，这就是对服务规模的度量。服务具有无形性和异质性，而且服务的形式又变化多端。况且，服务机构往往不是提供单一的、一成不变的服务。例如，医院怎样度量其产出？难道可以用床位的占用数目、患者的人数、外科手术的次数，或者是护理时间的多少来度量产出吗？这些方法都不能为医院提供满意的度量水平来反映其服务的多少。例如，如果以占用床位的数目来计量，它并不能判断处置一名癌症患者和一名腿骨骨折患者所用的资源有何不同。即使比较两个癌症患者，病情的轻重、治疗所需要的资源以及花费都会有很大的差异。

另一个有趣的事实，也是服务经营者所面临的挑战就是，即使在服务机构中人员相同、设施相同，每天的产出也是不同的。这是因为顾客的需求各不相同，员工提供服务的能力各不相同。例如，银行的两名顾客从出纳那里所要求的服务量有极大的区别。其中一名顾客也许只是将工资支票存入银行，所用时间是 30 秒。而另一名顾客则可能为一个小企业存入 15 张支票款，还要在公司的账户之间转账，这可能占用几分钟的时间。当银行在特定的一天，如说是星期五，第二类顾客又特别多的时候，银行的服务量就会下降。显然如果有可能的话，服务机构就应该仔细选择产出的度量标准，避免这些问题的出现。

（二）形成服务规模的要素

1. 人力资源

人力资源与总产出有直接的关系。雇员的人数、技能以及相互之间技能的整合就是几个主要的因素。将技术水平高的人组合成一个自觉协作的团队，再配以最好的设施，对产出会有极大的影响。此外，如果管理有效，环境有利，管理者的领导艺术和员工的激励机制这两个相伴相随的因素就会提高生产力。人力资源又是一个影响产出多变的不确定因素。员工的雇佣和解雇比设备的买进和卖出来得容易。职工可以是专职的、兼职的，也可以要求员工加班加点。企业还可以多方面培训员工，使其适应不同的工作。

2. 设施

所谓设施指方便员工工作、安置设备的场所。有些服务是通过电话、计算机网络、信件或者诸如电视、广播之类的传媒来传递和实现的。因此，他们在设施设计中不必太考虑个别顾客的情况。但是也有一些服务机构要通过顾客自身的设施来提供服务，比如管理咨询服务。

3. 设备和工具

虽然在服务供给系统的设计和资金的宏观预算阶段已经决定了大部分的设备购置计划，但是一些简单的、花费不多的设备添置和调整还是有可能帮助提高生产力，进而增加企业的服务规模。例如，西尔斯公司给编制商品目录部门的订单处理人员配备计算机终端，以此来替代手工工作，方便表格归档。同时公司还添置了顾客用的触摸式计算机，顾客可以键入家中的电话号码，显示屏上就会显示他们订购货物的存放位置。顾客自己走到货架去取货物，然后在收款处结账。而在以前，西尔斯公司的员工必须从前台表格检索货物存放位置。在这个例子中，工作简化了，有些工作转移给了顾客，而顾客等候的时间却大大减少了。

4．时间

时间成为要素表现在两个方面。第一，改变两段时间的配置，或者是改变服务的时间，就可能改变服务的供给量。在需求的高峰期尤其如此。第二，从广义上说，延长服务时间，会在一个特定的时段增加总的供给量。

5．顾客参与

在某些服务中，顾客的参与会成为服务规模的一个重要因素。有许多服务的提供需要顾客参与。例如，顾客用自动提款机从自己的账户中提款的全部工作都是自己完成的。在其他服务中，需要顾客参与部分工作。

6．替代资源

影响服务规模的替代资源可以是内生的，也可以是外生的。内在的资源既可以是备用的机器设备，又可以是工作时间的延长，或者是增加工作班次。外在的资源既可以分包合同，又可以并购一家公司，或者提高自动化程度。当然还可以租用服务资源，以此来扩大服务规模。

二、服务生产能力管理策略

（一）提高顾客的参与程度

在一些服务的供给中，顾客是一种十分有价值的资源，有些服务机构已经十分巧妙地利用了这一资源。例如，在一些餐厅中，顾客在操作台前自己拌色拉。一般来说，提高顾客的参与程度可以减少企业的服务投入，加快服务的速度，提高服务产出水平。然而，提高顾客的参与也存在一定的风险。如果顾客自己动手完成一些工作的时候笨手笨脚，会减慢服务的速度，从而降低产出水平。

（二）改变员工数量

预测到需求增加或者减少的趋势，管理者可以逐渐增加或者减少雇员的数目。同样，服务机构若是可以预测到季节性的高峰和低谷，就可以按季节的长短来雇用工人。但这是一个只能在中期应用的措施。就是说，在3～12 个月的计划期内可以使用。该措施的最大缺点就是雇用、培训、解雇的成本都很大，而且很难培养雇员对企业的忠诚。

（三）交叉培训员工

许多服务机构提供多种服务项目，而对每一项服务的需求量又不是恒定不变的。跨岗位培训员工，允许他们在需求的高峰期帮忙，会增加服务的供给量。这样做的另一个好处就是帮助雇员掌握多门技术，提高了他们的能力。同时，因为不是长年累月做同一种工作，也就少了一些厌倦。例如，在超市中可以清楚地看到员工交叉培训的好处。当收款机旁的队伍越来越长时，经理会召集理货员来收款，直到高峰结束。同样，在交款的顾客很少时，一些收银员也会帮忙整理货架。这种方法有助于建立团队精神，而且可将员工从单调乏味的工作中解脱出来。受过交叉培训的员工可以创造出灵活的能力，因为在清闲的时候可将任务重新分配给少数几个员工（暂时将工作扩大化），而在繁忙时则更加专业化（劳动分工）。

（四）雇用临时员工

现在很多服务机构相当一部分工作是依靠兼职员工来完成的。据估计，美国职工中有 1/4 是临时工、兼职员工或者是短期合同工。当日常服务的劳动需求出现清楚明确的模式时，雇用兼职员工最为适宜。快餐店和速递公司就是两个很典型的例子。如果可行的话，雇用兼职员工可以显著提高服务规模的伸缩性，管理者可以更好地控制服务的供给。

（五）创造可调整的能力

一部分服务能力可设计成可变化的能力。航空公司为了适应乘客组合的变化，会常规性地调整一等舱和二等舱的配比。日本的一家创新型的饭店，它在底楼设置了一些就餐区，每个就餐区放两张桌子，每桌可坐 8 位就餐者。厨师们被安排到每个就餐区，就在桌边准备菜肴。他们用的刀闪闪放光，动作灵活而有生气。这样，这家饭店就可以通过安排需要的当班厨师的人数来有效地调节它的服务能力。

通过有效使用空闲时间可以提高高峰期的服务能力。闲时完成一些辅助性的工作，可以使员工在高峰期专注于必要的工作。这种策略要求对员工进行一些交叉培训，以便他们能够在非高峰期完成一些不接触顾客的工作。比如，酒店的服务员在客流量小的时候可以用餐巾包一下银制餐具或打扫一下房间，这样他们就不用在高峰期再做这些工作了。

（六）租用设备

在很多服务中，设备是服务供给的重要因素。因此，仅仅增加员工的数量不足以增加产出水平。设备的增加，通常是因为员工的增加。如果增加员工只是暂时的现象，从经济角度考虑，就不应该添置设备。当遇到这种情况时，服务机构可以租用必要的设备，这是航空业经常采用的措施。在夏季面临需求增加的情况时，航空公司会从其他航空公司或者货运公司租借飞机。

（七）自动化

由人工操作的机器变成自动化操作，这在制造业中已经运用多年。自动化的主要优点是成本低、产量高、产量核定，还能提高质量。服务中没有像期望的那样有随处可见的自动化，因为自动化就意味着非人性化的服务。但是自动化的高速、低耗，再加上其所固有的一些优越性，使得人们愿意在某些服务项目中尝试自动化。例如，在凯悦酒店（Hyatt Hotel）、汉普顿酒店（Hampton Inn）以及希尔顿欣庭套房酒店（Homewood Suites by Hilton）等这样的连锁酒店中，安装了自动结账亭，方便旅客快速登记和退房。

（八）延长服务时间

在特殊的环境下，或者在某一个需求增加的时期，一些服务机构通过延长经营时间来增加它们的产出量。例如，在圣诞购物的高峰期，零售商通常是通宵售货；一些邮局在4月15日工作到深夜，接受信件，帮助纳税人如期寄送纳税申报表；在夏天和周末，游乐场所也会延长工作时间。

（九）共享供应能力

服务企业常要在设施和设备上投入大量的资金，抑制了企业对其他方面的投资，制约了服务企业的发展，而共享能力正是针对这一问题提出的，它强调服务企业之间要加强合作，共享资源，从根本上降低企业的部分成本，提高资源的利用率。例如，在小型机场，航空公司共享相同的入口、跑道、行李处理设备以及地面服务人员。在淡季，有些航空公司常常将飞机租给其他航空公司，租借协议包括可以漆上适当的标志和重新装饰机舱。

第三节 收益管理

一、收益管理的适用性

收益管理（Yield Management）的一般定义是指运用信息系统和定价

策略，从而"以合适的价格销售合适生产能力所生产出的产品给合适的顾客"［史密斯、莱姆库勒和达罗（Smith, Leimkuhler & Darrow），1992]①。该定义暗含了时间限制的概念，以及更进一步根据预订时间、使用时间和使用的顾客来细分生产能力的理念。收益管理是一种以计算机决策支持系统（DSS）为平台，综合运用微观经济、市场情报、企业管理、数理统计、数学优化等知识，以持续增长企业经济收益为目标，在准确预测未来顾客需求和产品供给趋势的基础上，动态地制订最佳产品价格以满足顾客需求的现代科学综合管理方法。简单来说，收益管理是一种指导企业如何在合适的时间、以合适的价格、把合适的产品、卖给合适的顾客的科学管理方法。收益管理也可以泛指能为公司带来收益最大化的一切策略和措施。

范韦斯特林（Van Westering，1994）和基姆斯（Kimes，1998）等学者对航空、酒店、餐饮等行业应用收益管理理论进行了基姆斯长期研究，认为适用该理论的行业具有 7 个重要特征。

1．企业具备相对固定产能

以航空、酒店等行业为例，它们存在前期投资规模大（如购买新的飞机、修建新的酒店、开设新的营业网点等），最大生产或服务能力在相当长一段时间内固定不变，短期内不可能改变其服务生产能力来适应需求变化等特征。

2．需求可预测性

航空、酒店、银行等服务企业的资源可分为有形资源（如飞机座位、酒店客房、银行服务窗口）和无形资源（如酒店入住时间、银行窗口排队时间等），其顾客可分为预约顾客和随机顾客，其销售可分为旺季和淡季。通过对计算机或人工预定系统收集的顾客信息进行分析和预测，管理者能够了解不同顾客需求变化的规律，据此制订出合理的资源存量和价格控制机制，在合适的时间和地点以合适的价格向合适的顾客提供合适的产品或服务，实现企业收益最大化。

3．产品或服务具有易逝性

航空、酒店、银行等企业的产品或服务都具有易逝性。易逝性也称为时效性，即其产品或服务的价值随着时间递减，不能通过存储来满足顾客未来的需要，如果在一定时间内销售不出去，企业将永久性地损失这些资

---

① Smith B C, Leimkuhler J F and Darrow R M. Yield Management at American Airlines[J]. Interfaces, 1992, 22(1): 8-31.

源潜在的收益。

4．市场具有可细分性

航空、酒店、银行等行业面临以顾客为中心、竞争激烈和需求多元化的市场。不同顾客对企业产品或服务的感知和敏感度各不相同，采用单一价格策略将会造成顾客流失或潜在收入流失。如航空市场上存在两类顾客，一类是对价格不敏感，但对时间和服务敏感的商务顾客，另一类是对价格敏感，而对时间和服务不敏感的休闲顾客。如果采用高价策略，休闲顾客可能选择低成本的航空公司或其他交通工具，造成航空公司座位资源闲置。反之，如果采用低价策略，商务顾客会因对服务质量不满而流失，造成航空公司潜在收益下降。对市场进行有效细分，为不同需求层次的顾客制定不同价格和分配不同资源，是解决企业资源闲置或潜在收益流失的重要途径。

5．有随机波动的需求

如果顾客的需求确定且无波动，企业可通过调整生产和服务能力来满足顾客需求。然而，航空、酒店、餐饮等行业面临顾客需求不确定，呈季节性或时段性波动。企业采用收益管理，在需求旺季时提高价格，增加企业的获利能力；在需求淡季时通过折扣等策略来提高资源利用率，减少资源闲置。

6．具有高固定成本和低边际成本的特点

航空、酒店、银行等行业的经营属于前期投资较大的行业，短期内改变生产或服务能力比较困难，但增售一个单位资源的成本非常低。以波音737-300 机型的航班为例，根据某航空公司 1999 年的机型成本数据，平均每个航班的成本如下：总成本大约为 6 万元，其中固定成本大约为 5.5 万元，而边际成本仅为 0.033 万元。固定成本是边际成本的 1833 倍，因而多载旅客能在不明显增加成本的基础上获取更大的利润，提高企业的总收益。

7．产品或服务具有可预售性

企业面对需求多元化的顾客采取收益管理，一方面，通过提前预订，以一定折扣价格将资源预售给对价格敏感的顾客，降低资源闲置率；另一方面，设置限制条件防止对时间或服务敏感的顾客以低价购买资源，造成高价顾客的潜在收益流失。同时，对预订数据进行分析和预测，根据不同需求层次的顾客购买资源的概率分布情况，在确保资源不闲置的基础上，尽量将资源留给愿意出高价的顾客。

二、收益管理的应用方式

拉马里奥·德莱贾和史蒂文·M. 舒根（Ramarao Desiraju & Steven M. Shugan，1999）根据消费者对价格的敏感程度将服务业分为 3 类[①]，见表 5-1。

表 5-1　根据价格敏感性的服务分类

服务种类	提前购买				推后购买				举例
	价格	敏感度	承诺成本	举例	价格	敏感度	承诺成本	举例	
A	低	高	高	自费旅游者	高	低	低	商务乘客	航空、宾馆
B	高	低	高	时尚者	低	高	低	务实者	电信、服装店
C	不变	低	没有		不变	低	没有		咨询、维修

资料来源：Dsiraju R and Shugan S M. Strategic Service Pricing and Yield Management[J]. Journal of Marketing, 1999, 63(1): 44-55.（作者整理）

对于 A 类服务业，提前购买服务产品的顾客对价格相当敏感，在获得较低价格的同时也要担负比较高的承诺成本，因为到时自己很有可能因为种种原因不能消费这种服务产品。而推迟购买服务产品的顾客一般情况下对价格不甚敏感，但他们要为低承诺成本而支付较高的价格，比如航空公司中的商务乘客。对于这类服务业，公司可以在准确市场预测前提下超量订购，如果有些顾客到期没有消费，就可以为公司带来更多收益，但要求公司必须对顾客的缺失率准确预测，一旦预测不准很有可能为公司带来不必要的麻烦，也有可能遭到消费者的投诉或赔偿消费者的损失。在收益管理中，预测准确性十分重要。研究显示，预测失误率减少 10%，收益会增加 0.5%[①]。公司还要在超量订购和限制消费需求之间进行权衡，在某些时段对提前订购产品的顾客数量加以限制，以确保将产品销售给乐意支付较高价格的顾客。通过对历史数据分析，加上经验积累，可以使公司得到准确的市场情报。一般情况下，在消费淡季可以采用超量订购、对早期购买

① Dsiraju R, Shugan S M. Strategic Service Pricing and Yield Management[J]. Journal of Marketing, 1999, 63(1): 44-55.
① Zaki H. Forecasting for Airline Revenue Management[J]. Journal of Business Forecasting, 2000, 19(1): 2-6.

者给予大量折扣的方式，而对于消费旺季则应当尽量减少折扣，采用统一定价策略，比如在中国的五一、十一、春节长假期间制定较高的价格可以为交通运输、宾馆带来丰厚的利润，因为此时消费者的价格敏感程度都比较低。价格根据市场需求具有高度动态性，这也体现了收益管理的艺术性。收益管理文献更多集中于对这一类服务业的研究。A 类服务业一般具有很高的固定成本和较低的变动成本，公司的经营规模比较大。

对于 B 类服务业，提前购买服务产品的顾客对价格不太敏感，乐意为新鲜产品支付较高价格，同时也乐意为提前得到这种消费支付较高的承诺成本，比如一种流行时装刚上市会有许多追逐潮流的时尚者争相购买，一种新的电信服务产品刚面世会有许多人去体验这种服务。推迟购买者对价格比较敏感，在支付较低价格的同时使自己的承诺成本最低，他们一般比较务实，希望得到最实惠的产品，比如有些顾客专门购买出炉一段时间折价销售但又没有变质的面包。在这类服务业中，要求公司准确预测追求时尚者和务实者的数量，根据市场变化、各类消费者的需求量制定合理价格。如果情报不准确则易造成公司大量库存或高昂的服务成本，为公司带来损失。由于 B 类服务业的收益管理模式和 A 类服务业的管理模式正好相反，也有学者将 B 类服务业的收益管理模式称之为"逆收益管理"。

对于 C 类服务业，无论顾客提前购买还是推迟购买，价格都不变。顾客的需求是随机的，没有准确的预测情报，比如保健服务、咨询、维修等。顾客没有太多的承诺成本，对价格也不敏感，要求公司注意服务质量和消费者对价格的心理感知。在这类服务业中，收益管理不能类同于 A 类或 B 类服务业，价格不应随着时间的改变过于频繁变动，价格可以依据成本、需求、竞争、服务质量、公司品牌等相关因素在某段时间做相应调整。这类服务业同样需要准确的市场情报，一般公司的经营规模都不大。

在国外对于 A 类服务业的收益管理的理论研究已经相当成熟，理论界从财务、营销、信息管理、流程再造等多种角度进行了分析，现在有些学者已经开始对 B 类和 C 类服务业的收益管理展开研究。收益管理有一套完整的经营理念——销售到微观市场而不是大市场，采用市场定价而不是成本定价，将产品或服务销售给最有价值的顾客，管理决策基于知识而不是凭空推测，开发每件产品的价值周期，持续评价取得收益机会。没有两位顾客对同一种产品或服务的价值认知是相同的，同一位顾客对产品或服务的价值认知也会随时间的不同而不同。这种消费者价值感知上的差异是进行市场细分的基础，也是收益管理进行差别化定价的根本。

第四节　排队管理

一、排队系统

等候消费服务的顾客在入口排队等待的现象在服务中是普遍存在的。对于服务经营管理人员来说，排队管理（Queuing Management）是一个很有价值的工具。对排队的长度、平均等待时间以及其他因素的分析，能帮助我们了解服务企业的生产效率、负荷和竞争能力。服务管理人员非常了解提供优质服务的成本和顾客等待所付出的成本相对平衡的重要性。我们总是设法缩短等候的队伍，减少顾客等待的时间，以免顾客感到不悦，不购买任何东西就离开，或是买些东西但却发誓再也不来了。但同时我们也在尽力减少服务设施的闲置，提高其利用率，即如果顾客等待的同时会带来生产成本的显著节约，那么经营者们就会容忍排队现象的出现。

图 5-1 显示了排队系统的基本要素，包括需求群体、到达过程、排队结构、排队规则、服务过程。

（一）需求群体

寻求服务的顾客构成需求群体，包括 3 项内容：顾客群类型、顾客源总量、顾客群规模。

1. 顾客群类型

需求群体并非完全同质，它可以细分为若干具有不同需求类型的亚群体。例如，前往某一诊所就诊的患者可以分为预约患者、急诊患者、无预约的一般患者等，每类患者的需求和预期等待时间有显著差异。顾客亚群体会影响排队规则和排队结构。

2. 顾客源总量

顾客来源可能有限也可能无限，顾客源总量分为有限总量和无限总量。有限总量是指到服务系统接受服务的顾客数量有限，每一位顾客的到来和离去都会显著影响队列长度和后面顾客到达排队系统的概率。无限总量是指到服务系统接受服务的顾客数量是无限，每一位顾客的到来和离去都不会显著影响队列长度。排队系统对有限总量和无限总量顾客源的解决方法不同。

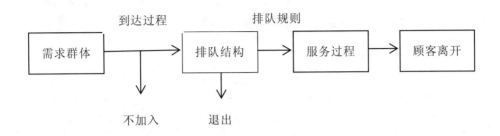

图 5-1　排队系统

3．顾客群规模

顾客群规模指一起消费的同一组顾客的数量。顾客群有时较为零散，如医院的急诊患者；有时则成群结队出现，如前往某一景点的一车游客、下课后同时前往食堂就餐的大量学生等。对不同顾客群规模的预测，会影响服务系统生产能力的配置。例如，若餐馆能预测出不同大小顾客群的规模（如 3～4 人一起吃饭或 1 个人吃饭），就能合理配置不同大小的餐桌。

（二）到达过程

顾客到达服务系统的过程包括按固定到达率到达和按随机到达率到达两种方式。排队分析必须了解顾客随机到达服务系统的间隔时间是否呈现一定的概率分布，以及符合哪种概率分布规律。服务企业可以通过记录顾客的实际到达次数来获取数据，计算出到达的间隔时间。

顾客到达（即服务需求）的数据通常是自动收集的，如通过高速公路上的路网收集，也可以通过人工计数获取。用一段时间内的到达数除以该时间间隔，就得到单位时间的平均到达率。在单位时间不变的前提下，服务需求率应该固定不变。顾客到达的动态变化会直接影响组织的服务生产能力。在可能的情况下，企业应当调整服务生产能力以使其与服务需求波动相匹配。

（三）排队结构

排队结构是指排队的位置、空间布局和数量等。排队结构按照队列（单队列或多队列）、服务步骤（单步骤或多步骤）、服务台（单服务台或多服务台）进行分类。其中，单队列系统指只排一队，多队列系统指顾客排成多列；单步骤系统指顾客仅在一处接受服务后离开服务，多步骤系统指顾客必须在多处接受服务后才能离开；单服务台指只有一个服务台提供服务，多服务台指有多个服务台提供服务，如图5-2所示。

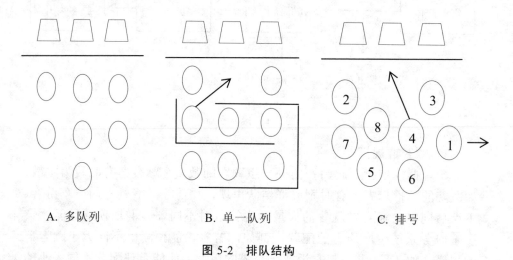

A. 多队列　　　　　　　　B. 单一队列　　　　　　　C. 排号

图5-2　排队结构

（四）排队规则

排队规则是由服务组织管理者制定的、从排队的顾客中挑选接受服务的下一位顾客的规则。排队规则分为两大类：静态规则和动态规则。其中，静态规则是以固定规则选择接受服务的下一位顾客，它不考虑排队的状况或顾客属性，就像人们常说的"先来后到"。动态规则是指根据顾客特性或等待队伍的状况选择接受服务的下一位顾客的规则。一般做法是：先根据顾客的某一属性对到达的顾客进行优先级的分类，再在每个优先级别中使用"先到者先服务"的法则。例如，浦发银行将存款超过30万元人民币的储蓄卡定为白金卡，持白金卡的顾客不需要在普通队列中排队，直接有个单独的窗口接受服务，但同为白金卡的持有者要根据先来后到的顺序接受服务。

（五）服务过程

1. 服务的时间分布

服务时间的分布多种多样，例如洗车服务的时间是一个常数，而快餐店的服务、收取过路费和超市出口结账因其标准性和便捷性而服从指数分布。不同的服务时间分布反映出顾客需求和服务行为的差异。

2. 服务台的位置

服务台的位置安排有多种形式。平行的服务台可以根据服务需求的差异性做出灵活的调整，通过打开或关闭服务台来有效改变服务生产能力。员工的交叉培训也可以增加这种灵活性。平行服务台还可以提供备用服务台以防设备出现故障。

3. 服务提供者的行为方式

服务提供者对待顾客的行为方式对服务组织至关重要。一个很长的队伍会给员工带来压力，促使其加快服务。虽然这会提高服务效率，但服务者态度会从彬彬有礼变为急躁和应付了事，因此服务速度的提升常常是以牺牲质量为代价的。服务组织中只要有一名服务者有这样的表现，他的行为就会给服务系统中的其他服务者带来不利影响。

二、排队管理策略

（一）使排队等待变得有趣或至少可以忍耐

排队等待在我们的生活中是必然和平常的事情，那么它又为什么使我们为之大伤脑筋呢？要使等待的时间成为一段有趣的经历，实现"不可思议的事情"，即让等待变得令人愉快，至少是可以容忍的，首先必须认识顾客的等待心理。

1. 空闲的时间比忙碌的时间感觉更长

自然界憎恶真空，人们不喜欢"无聊的时间"。空闲或者无所事事让人感觉很难受。我们无法进行其他富有成效的活动，而且通常排队的姿势也令人感觉不舒服。以积极的方式填充等待的时间，这对于企业来说显然是一个挑战。要满足这一要求，可能只需要一些舒适的座位，或者将墙壁涂成令人心情舒畅的色彩等。最常见的例子就是在电梯旁安装几面镜子。例如，如果酒店的电梯安装了镜子，那么关于等电梯时间太长的抱怨就会减少很多。等电梯的时候，人们可以对着镜子整理自己的服饰是否得体，还可以从镜子里偷偷观察其他正在等电梯的人们。企业除了使等待时间令人愉快之外，还可以有效地利用等待时间。例如，在候诊的时间里，可以通过给患者看健康知识杂志或录像，来教育患者养成良好的健康习惯。或者提供如读物、电视监控器、生活娱乐设施、工艺品、供小孩玩耍的玩具以及背景音乐等。这些转移注意力的方法是由管理者的想象力决定的，是无止境的。

2. 进程前的等待比进程中的等待感觉更长

正如前文所述，一些转移注意力的方法只是为了填充时间，以便使等待显得不那么漫长，而一些方法还能为企业带来某些额外收益。与不满意的顾客相比，满意的顾客更可能是有利可图的顾客。例如把病历表和纸杯递给正在等待的患者、候诊的患者会被要求填写一份病史记录，从而节省了医生的时间（服务能力）。这种方法本身传达的信息是：服务已经开始（"一只脚踏进门槛"）。一旦开始接受服务，顾客的焦急程度就会大大减退。事实上，如果人们感到服务已经开始，那么与服务还没有开始的情况相比，他们通常会更能容忍较长时间的等待。总之，要认真对待等待的顾客，小的疏忽就可能引起他们的不满。

3. 焦虑使等待感觉更长

在服务开始之前，人们会很焦虑：我是不是被遗忘了？你接到我的预订了吗？队伍似乎没有向前移动，我能排到吗？如果我去一趟洗手间，会不会在轮到我的时候被错过？无论这些担心是否合乎逻辑，都是影响等待者情绪的最大因素。管理者必须识别出这些焦虑，并制订相应的策略以减轻这些焦虑。某些时候，你只需要派一名员工前去，使顾客明白你知道他正在等待。另一些情况下，告诉顾客他还需要等多久，就能够有效地消除其顾虑，使他相信到某一时刻等待就会结束。

在适当的时候，预约也是用以缩短等待时间的一种策略，但这种方法也并非绝对保险。不可预知的事件会插进来，或者前一个预约花费的时间比预计的要长。如果过了预约时间还没有得到服务，顾客就会开始着急，不知道自己将等待多久，随之而来的是因等待的"侮辱"而造成的某种程度的恼怒。不过，为拖延做出简单的解释和道歉通常会重新树立良好的声誉。

4. 不确定的等待比已知的、有限的等待感觉更长

正如前面所说，不确定的、未做解释的等待会使顾客产生焦虑，有时还会导致不满。但是，当一位顾客看到后来的人比自己更早接受服务时，不知道会等多久的焦虑就会转为因不公平而引起的愤怒。这时，顾客纵然不暴跳如雷，至少也会很恼火，而服务人员则会被当作主谋，成为发泄怒火的对象。

为了避免先到达者先服务的排队规则被破坏，一种简单的办法就是领号。例如，进入服务区内的顾客会得到一个号码，然后等待叫号。随时公布正在接受服务的号码，这样新到达的顾客就能够得知自己需要等多久。

通过这种简单的方法，管理者可以减轻顾客对于等待长度以及可能被不公平对待的担心。

5. 没有解释的等待比有解释的等待感觉更长

如果顾客对延迟服务的原因一无所知，通常会感到焦虑和沮丧。但主动解释、告知人们等待的原因，他们通常会接受，给予理解。例如，告知候诊室的患者大夫因有急诊而迟到，多数人都会理解。又如，机场广播及时通报航班延误的信息和原因，可以安抚焦急候机的旅客。

6. 不公平的等待比公平的等待感觉更长

大部分的顾客在等候时看到有人插队或其他不公平现象发生都会感到恼怒。例如，超市排队结款时，收银员不按照排队顺序为队伍中的其他人先结账，也会使顾客感到等待时间比实际更长。针对以上现象，我们可以加强员工教育，防止不公平现象发生；对遭受到不公平待遇的顾客采取补救措施。

7. 对低价值服务的等待比对高价值服务的等待感觉更长

用于排队等待的时间是顾客为得到服务愿意付出的非货币价格。服务越有价值，顾客愿意付出的非货币价格越高。服务管理者必须很好地知道他们提供的服务对顾客究竟有多大价值，确保顾客的等待时间没有大于顾客对服务的估值。过长时间的等待会导致失去顾客，为了避免这种损失顾客的情形发生，还有一种策略是把队伍隐藏起来或分散开来，使到达的顾客看不见等待队伍。

8. 单独等待比群体等待感觉更长

等待中的顾客因为互相之间不认识，会感到孤独，尤其是当顾客之间没有交流也没有其他分散注意力的事情时。服务管理者应创造顾客之间的交流机会，使他们形成群体感觉并分散他们的注意力，当单独的个体之间开始交流后，消除了孤独感，会使人排队等待的时间感觉上变得短些。

（二）通过预订避免排队

当顾客等待不可避免时（如假日航空运输高峰期间），建立预订系统有助于掌握服务需求，餐饮、电影院、火车站、医院和其他服务提供者都可以通过预订系统来避免等待。预订系统的作用是保证顾客在到来时可以获得及时服务。除了减少等待时间，预订系统还可以将需求转移到需求低谷期而获得潜在利润。超额预订是一种常用的预订策略，这部分内容在上一小节已有阐述。

（三）区分排队等待的顾客

服务组织可以根据需求特征或顾客的优先级，将顾客分成不同部分，允许一些顾客等待的时间比其他顾客短。划分顾客的标准包括以下几条。

1. 顾客的重要性程度

那些在服务组织里花费量大的顾客、对企业经营有重要贡献的顾客可以获得优先权，服务组织为他们提供特殊的排队区域或细分队伍。例如，银行为一些大额存款的顾客办理贵宾卡，持贵宾卡的顾客可以不用排队而直接去专门的窗口接受服务。

2. 工作的紧急程度

急需获得服务的特殊顾客可以得到优先安排，例如医院优先治疗急诊病人、消防车不受交通灯的约束等。

3. 服务交易的时间差异

若服务提供者发现某位顾客对服务具有特殊的时间要求，则可以由专门负责这类服务的工作人员为该顾客提供服务。

4. 支付的溢价差异

那些提供超额支付的顾客可以享受优先服务，如航班的头等舱旅客比经济舱旅客获得优先登机权。

在为优先级别高的顾客提供优先服务时，要避开正常排队的顾客，否则可能引起正常排队顾客的不满。例如，机场安排专门的贵宾休息室和通道，但一般乘客无法看到。

案例：法国铁路的收益管理定价机制

20 世纪 80 年代以来，以高速铁路发展为契机，法国铁路积极引入并不断完善收益管理，逐渐形成了灵活多元的客票价格体系，使铁路客运票价对不同收入阶层的旅客均保持了足够的吸引力，铁路在与公路、航空的竞争中赢得了优势，并推动了整个交通运输体系的可持续发展。

一、法国铁路客票定价机制的演变

截至目前，法国铁路客票定价机制经历了根据里程定价、引入收益管理、改进收益管理 3 个阶段，实现了客运票价由政府严格管制，到政府监管下铁路公司自主定价的转变。

（一）根据里程定价阶段

在法国高速铁路未开通运营前，客运根据乘车里程计费。该阶段法国铁路客运票价具有以下特点：一是不同地区以及不同线路均采用统一的计费标准；二是票价"递远递减"。

（二）引入收益管理阶段

1981 年，随着法国高速铁路（TGV）东南线的开通运营，法国铁路客运产品结构发生了变化。在客运速度提高、服务改善的情况下，沿用以往单一的定价方法显现出明显的不适应性。此外，当时法国铁路客运日益受到来自私人小汽车和航空客运的激烈竞争。上述两方面原因，推动法国铁路公司以市场化为导向重塑客运票价体系。

1993 年，随着法国国内又一条高速铁路（TGV）北部线的开通运营，法国铁路客票定价机制改革在酝酿 10 多年后终于实现突破，主要表现为以下两方面：一是法国铁路客运票价除按里程计价外，引入另外一套计价标准——收益管理定价。铁路客运服务因速度和舒适度的不同，允许优质列车与一般列车存在价差。二是铁路可按照客运繁忙程度灵活制定差异化票价，根据客运量历史数据及客票预订情况，对高峰时段、乘客较多的车次提价；对非高峰时段、乘客较少的车次，实施不同程度的折扣优惠。新的票价政策实施以后，客流"削峰填谷"效应显现，平均车票价格水平不升反降，吸引了更多的旅客选择铁路出行，从整体上提高了铁路客运列车的席位利用率和运输收入。

（三）改进收益管理阶段

作为新生事物，铁路客运引入收益管理定价模式在当时的法国社会引发了争议，主要担心收益管理赋予铁路公司定价自主权后，如何对消费者利益进行保护。反对者呼吁应加强对铁路公司客运定价机制的监督，防止客运经营过度商业化。对此，法国最高行政法院对铁路公司实施收益管理提出限制条件，《法国国营铁路公司管理规定》据此进行了修订，其第 14 条明确规定：法国铁路客运同时采用两类基准价，即原有的按里程计费基准价和新引入的收益管理基准价。两类基准价的定价水平由法国国营铁路公司提出建议，由政府征求广大乘客意见并对其最大差价提出限制要求，即以"按里程计费基准价"为标准，"收益管理基准价"与其最大差价须控制在 40%以内；同一类型车票的价格浮动上限和下限的最大差价须控制在 50%以内。

2006 年，法国国营铁路公司着手改进收益管理，于 2007 年 10 月出台新的票价和服务规定。此次改革最主要的变化是增加票价水平的调控等级，使旅客在不同的票种以及票价水平之间有更多的选择，其最优选择能够最大限度地接近支付能力与最佳车次的均衡点。2010 年，法国国营铁路公司科研创新部开展了"根据车票销售历史数据评估初始需求量（EDIP）"的研究，目标是利用新的数学模型和统计方法，去除票价浮动因素影响，确认旅客刚性需求和分析票价调整对不同旅客群体的具体影响，以进一步改进技术手段，优化收益管理。

二、法国铁路客票定价机制的现状

目前，法国铁路客运同时采用"按乘车里程定价"和"按收益管理定价"两种定价方式。此外，还采用福利票价、合同票价等辅助定价方式。

（一）按乘车里程定价

根据里程定价一般按照统一制定的费率表（见表 5-2）计算票价。

二等座车票价计算公式为：$Pf_2 = a+(d \times p)$。其中，Pf_2 为二等座车票价（欧元），a 为常数，d 为里程（km），p 为每千米单价（欧元）。一等座车票价是二等座车票价的 1.5 倍。该定价方式适用于传统干线列车和地区列车。地区列车也可根据情况制定和执行本地区费率，以适应该地区需求特点，吸引旅客选择铁路出行。

表 5-2　法国铁路客运根据乘车里程计费的费率表

里程（d）/km	常数（a）		每千米单价（p）/欧元	
	一等座	二等座	一等座	二等座
1～16	0.9725	0.6483	0.2432	0.1621
17～32	0.3129	0.2086	0.2706	0.1804
33～64	2.5802	1.7201	0.1991	0.1327
65～109	3.5825	2.3883	0.1845	0.1230
110～149	5.0330	3.3553	0.1757	0.1171
150～199	9.8642	6.5761	0.1455	0.0970
200～300	9.4632	6.3088	0.1475	0.0983
301～499	16.6560	11.1040	0.1257	0.0838
500～799	22.5044	15.0029	0.1122	0.0748
800～1999	39.2882	26.1921	0.0920	0.0613

（二）收益管理定价

收益管理定价适用于较高等级列车，包括传统干线改进型列车和高速列车。《法国国营铁路公司管理规定》第 14 条规定：法国国营铁路公司可以在两种情形下实施收益管理：一是乘客享受到快速、舒适的铁路客运服务；二是铁路客运与另一种运输方式激烈竞争，采用收益管理定价方式有利于改善经营、促进铁路发展。采用收益管理定价方式后，客票价格可以有多种幅度的折扣，以及针对老人、儿童、军人、家庭等不同群体的优惠，优惠幅度一般在 25%～50%。

三、法国铁路客票定价机制的特点和效果

（一）特点

1. 多种定价机制并存

法国铁路通过引入收益管理模式，在政府宏观调控下基于动态定价理论实现运价的合理浮动。目前，在铁路行业引入收益管理的国家包括法国、德国、美国等多个国家，各国根据国情、路情的不同，引入收益管理的模式不尽相同，如美国铁路全面采用收益管理模式，而法国铁路仅针对高速列车及部分车型引入收益管理，而普通列车仍沿用按里程定价的模式。多种定价机制并存，使法国铁路在不同客运产品之间形成阶梯形票价，为不同群体的顾客提供多种选择。

2. 票价等级多样

以高铁车票为例，主要包括三类：一是"超低票价"，特点是价格最低，但在预订及退换票服务等方面限制较多，如需提前 14～90 天预订，票售出后概不退换等，适用于对价格最敏感、选择在淡季出行的乘客；二是"高速铁路（TGV）一般出行"，特点是票价适中，根据提前预订时间、旅客乘车频率、出行时段以及是否购买和使用打折卡等因素，灵活给予幅度不等的优惠；三是"高速铁路（TGV）商务出行"，特点是票价较高，但在预订及退换票服务等方面享有最大的自由度，在某些方面还享有优先权（如选择座位等）。

（二）效果

1. 推动高铁票价被广泛接受

法国铁路引入收益管理后，票价并没有像部分人担心的那样出现上涨，反而从整体上拉低了客运票价水平，平均票价从原来的 50 欧元降低为 42 欧元。由于车票种类和价格多样，同一条线路上，高速列车淡季优惠价有时等于甚至低于普通列车。较为"亲民"的票价增加了法国高速铁路的吸引力，甚至包括对票价较为敏感的旅客。据统计，法国高速铁路营业额的 45% 来自经济拮据的乘客，包括福利月票持有者以及各种折扣票证的持有者。

2. 提高铁路客运市场竞争力

高速铁路方便、快捷、票价较低，在中短途线路上（500 千米以内），对航空客运产生了巨大的竞争压力，直接导致巴黎—里昂、巴黎—里尔等航线的航班取消。从不同运输方式客运市场份额看，法国私人小汽车所占比重在 1995 年达到峰值后，总体呈下滑趋势，2003—2009 年下降了约 2.5 个百分点，铁路所占比重同期上升约 2 个百分点。

3. 带动铁路企业实现增运增收

从运量增长看，2006 年，高速铁路（TGV）完成旅客运量较 1981 年增长近 65 倍，目前，高速铁路（TGV）旅客运量已突破 1 亿人次，成为带动铁路客运量增长的关键力量。从经营业绩看，法国-欧洲干线业务部（该部门负责高速铁路（TGV）业务）业绩持续增长，成为法国国营铁路公司的核心盈利部门。

术语表

服务需求（Service Demand）

需求预测（Demand Forccasting）

小组共识（Group Consensus）

德尔菲法（Delphi Method）

时间序列法（Time Series Method）

服务供给（Service Supply）

生产能力（Productive Capacity）

服务规模（Service Scale）

超额预订（Overbooking）

收益管理（Yield Management）

排队管理（Queuing Management）

排队系统（Queuing System）

排队结构（Queuing Structure）

排队规则（Queuing Discipline）

第六章　服务质量管理

20世纪80年代初，北欧学者对服务质量的内涵和实质进行了开创性的研究，从而使服务质量成为服务管理学中一个很有活力的研究课题，产生了一批颇具影响的研究成果。本章阐述了服务质量的概念与构成，解析服务质量差距模型，介绍服务质量的评价维度与方法，并以服务利润链串联起服务质量、顾客感知价值、顾客满意、顾客忠诚等概念之间的关系。

第一节　服务质量的概念与构成

一、服务质量的概念

质量是现代管理学最基本的概念，也是最难以定义的概念之一。在相当长的一段历史时期内，人们普遍认为质量就是符合性，即产品符合设计要求，达到设计要求就等于产品合格、质量过关，这似乎已成为一条定律。随着社会生产力的极大发展和买方市场的形成，这种质量观念的局限性日益暴露，已越来越不能顺应当今社会经济生活的需要了。原因在于它较多地站在供方立场上考虑问题，而对用户的利益和感觉缺少关心。

在买方市场中，企业的生存与发展依赖于市场，要想赢得顾客，提高市场竞争力，就必须摆脱符合性质量观的束缚，正确认识和理解质量的内涵和特性。从顾客的角度出发，质量意味着产品或服务达到或超过顾客期望的程度。国外学术界给质量下了许多的定义，其中国际标准中对质量概念的表达被认为是最为恰当的。在国际标准 ISO8402：1994 中，对质量做了明确的定义：质量（Quality）是指"反映实体满足明确和隐含需要的能力特性的总和"。定义中"实体"的概念十分广泛，是指"可单独描述和研究的事物"。实体可以是活动或过程，可以是产品，可以是组织、体系或人，也可以是上述各项的组合。人们对有形产品质量的认识大体有 4 个方面：①无瑕疵；②符合某种规范和标准；③对顾客需求的满足程度；④"内部失败"和"外部失败"的发生率。

服务产品属于行为表现，通常是在消费者面前提供的。因此，服务质量在很大程度上是一种体验的主观感受，而不是对实物产品的客观检验。服务质量是由消费者确定的，服务质量意味着顾客得到与所支付的成本对等的价值，是一种"符合期望"的质量。综合各种观点，我们认为服务质量是顾客的主观感受，它取决于服务期望与服务绩效的比较。从组织角度看，服务质量是指其满足或超过顾客需要的能力。

美国学者帕拉苏拉曼（A. Parasuraman）、泽丝曼尔（V. A. Zeithaml）和贝里（L. L. Berry）——美国的服务管理研究组合（PZB）最初将"服务期望"定义为"服务应当是什么样的"，1991 年服务管理研究组合（PZB）又将"服务期望"的概念一分为二，界定为"适当服务"（Adequate Service）和"理想服务"（Desired Service），因此服务质量是一种平均水平。

顾客常常把服务期望作为自己的判断标准和参考依据，对企业的服务质量或顾客满意结果进行评价。一般来说，顾客期望实质上就是顾客对企业服务水平的一种信念，顾客在接受服务之后，他们将把自己的感知服务与接受服务之前所持的这种服务期望进行比较。当感知服务等同于服务期望时，顾客将会对服务企业做出较高的评价，并感到满意；当感知服务超出服务期望时，顾客将会对服务企业做出很高的评价，并感到惊喜；当感知服务低于服务期望时，顾客将会对服务企业做出较低的评价，并感到失望，进而产生抱怨。服务的无形性凸显了顾客期望的重要性。在一定程度上，可以说顾客期望就代表了顾客的需求。因此，服务企业对顾客的需求分析，就是对顾客服务期望进行深入的分析和理解。帕拉苏拉曼、泽丝曼尔和贝里（1985）提出了衡量服务质量的差距模型，他们将服务质量定义为顾客期望与顾客感知之间的差距[①]，这是一种单一期望的模型。根据泽丝曼尔、贝里和帕拉苏拉曼（1993）对顾客服务期望的观点，顾客服务期望有不同类

---

① A Parasuraman, V A Zeithaml, and L L Berry. A Conceptual Model of Service Quality and Its Implications for Future Research[J]. Journal of Marketing, 1985, 49(4): 41-50.

型[①]。因此，服务企业要分析顾客服务需求，就必须对顾客的服务期望结构进行分析，见图 6-1。

图 6-1 顾客服务期望结构

资料来源：瓦拉瑞尔·A. 泽丝曼尔，玛丽·乔·比特纳. 服务营销[M]. 张金成，白长虹，译. 北京：机械工业出版社，2002：51.

（一）理想服务和适当服务

从泽丝曼尔、贝里和帕拉苏拉曼（1993）的顾客服务期望结构模型中可以看出，顾客对服务企业具有两种不同的期望水平，一是理想服务期望，二是适当服务期望。前者是指顾客的期望上限，后者是指顾客的期望下限。

顾客的理想服务期望是指顾客想得到的服务水平，是指消费者希望接受的服务。理想服务是顾客认为企业应该提供的东西，是顾客所希望的服务绩效水平，它是顾客相信企业能够而且应该提供的服务水平，它反映了顾客的希望和愿望。一般来说，理想期望是顾客相信能够（Can）和应该（Should）得到的服务的一种组合（Blend）期望。例如，当一位消费者准备进入一家餐厅进行消费，在他计划前往某一餐厅进行消费时，首先该顾客就会在心里对这次消费有一个总体的设想。假如是去快餐店，那么顾客的理想服务可能就是在干净的环境下快速、方便地用餐；假如是去

① V A Zeithaml, L L Berry, and A Parasuraman. The Nature and Determinants of Customer Expectations of Service[J]. Journal of the Academy of Marketing Science, 1993, 21(1): 1-12.

昂贵餐厅，那么顾客的理想服务可能就是在优雅的环境下，与礼貌的服务人员交谈，享受烛光的氛围和美味精致的食物。这就是顾客的理想服务期望水平。

顾客的适当服务期望是指顾客认为可接受的企业服务绩效水平，与理想期望相比，它是一种较低水平的期望。因为在一般情况下，顾客尽管希望得到理想服务，但这种理想服务又往往是难以实现的，因此适当服务是顾客更为现实的一种期望水平，它也是顾客认为可接受服务的最低门槛。适当服务代表了最低可接受的期望，是顾客可接受服务的最低水平，也就是顾客根据其服务经验认为可得到的服务水平，这相当于伍德洛夫、卡杜塔和简金思（Woodruff, Cadotte & Jenkins, 1987）所谓的基于经验的标准（Experience-based Norms）[①]。例如，当顾客来到具体一家快餐店时，如麦当劳或德克士，虽然他对各类快餐店的理想服务期望是相似的，但通过顾客对这两家快餐店的用餐经验及其他相关了解，他们可能会对麦当劳有更高的期望，而对德克士的实际期望可能会稍低一些。这就是顾客的适当服务期望水平。

从以上讨论可以看出，顾客的理想服务期望是相对稳定的，它基本上是代表了顾客对某一类服务的总体期望，如对快餐店或高档餐厅的不同理想服务期望，它是针对某一细分市场的服务需求而言，而不是针对某一家服务企业。因此针对该类服务来说，顾客的理想服务期望是相似的。与之相对，顾客的适当服务期望是相对变化的，它是顾客对在某一类服务行业中的具体某一家服务企业的期望，如对麦当劳或德克士的具体服务水平的期望，这种服务期望是根据顾客对不同服务企业的经验差异而不同的。

（二）服务容忍区

由于服务是异质性的，在顾客看来，类似的服务在不同的服务提供商之间，在同一提供商的不同员工之间，甚至在同一服务员工之间都是不同的[②]。顾客认知到有这种差距，并愿意接受这种不一致性，这种不一致性的程度就是容忍区，它是指顾客的理想服务期望与适当服务期望之间的差

---

① Woodruff R B, Cadotte E R, Jenkins R L. Modeling Consumer Satisfaction Process Using Experience-Based Norms[J]. Journal of Marketing Research, 1983, 20: 296-304.
② A Parasuraman, V A Zeithaml, and L L Berry. A Conceptual Model of Service Quality and its Implications for Future Research[J]. Journal of Marketing, 1985, 49(4): 41-50.

距[①]。可见，在顾客的理想服务期望与适当服务期望之间，存在一个差距空间，这个差距是顾客认为可以接受的服务区域，因此称之为容忍区。换言之，如果企业服务绩效处于容忍区间的话，那么顾客对之是可以接受和认可的。如果企业服务绩效超出了理想服务期望的上限，那么顾客无疑会感到兴奋和惊喜，并对服务企业做出肯定的积极评价；如果企业服务绩效低于适当服务期望的下限，那么顾客将感到沮丧和不满，并对服务企业做出否定性的消极评价。

因此，对顾客理想服务期望的分析，是企业实现超越顾客期望、达成顾客惊喜的依据；对顾客适当服务期望的分析，则是企业确保不造成顾客抱怨、顾客不满的基础。而对顾客服务容忍区域的分析，则可以使企业根据自身的服务现状和企业资源，决定是否提升服务水平以及提升幅度大小。一般来说，企业服务水平在容忍区域内的波动，对顾客感知服务并不会造成本质性的影响，因此，服务企业可不必太关注该区域内的服务水平变化。但当企业服务水平接近顾客的适当服务期望时，企业就必须小心不要使企业服务水平落到该下限以下。如果企业资源能力有限，也不必企图达到顾客惊喜水平，因为这对企业现有服务要求过高，需要配置太多的资源。当企业服务水平接近顾客的理想服务期望时，企业也必须做出决策，是继续保持现状，还是努力提升服务水平，以超越顾客期望。

二、服务质量的构成

格罗鲁斯（Grönroos，1984）将服务质量划分为技术质量和功能质量，并提出了一个服务质量概念模型[②]，见图 6-2。

根据格罗鲁斯的服务质量模型，顾客将感知服务与期望服务进行比较，比较的结果就是感知服务质量。具体来说，感知服务质量又包括两个维度，即技术质量（结果质量）和功能质量（过程质量）。前者是指顾客实际从服务中所得到的东西（What），后者是指服务传递给顾客的方式（How）。

① V A Zeithaml, L L Berry, A Parasuraman. The Nature and Determinants of Customer Expectations of Service[J]. Journal of the Academy of Marketing Science, 1993, 21(1): 1-12.

② Grönroos C. A Service Quality Model and Its Marketing Implications[J]. European Journal of Marketing, 1984, 18(4): 36-44.

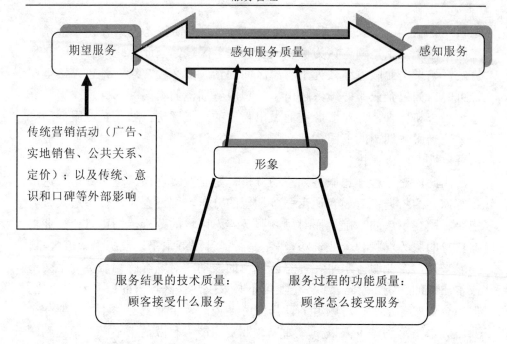

图 6-2　服务质量概念模型

资料来源：Grönroos C. A Service Quality Model and Its Marketing Implications[J]. European Journal of Marketing, 1984, 18(4): 40.（有改动）

（一）技术质量

技术质量是顾客在服务结束后的"所得"。顾客从他们与企业的互动关系中所得到的东西对于评价服务质量具有重要意义。企业常常认为这就是服务，但事实不是这样，这些只是服务质量的一部分，即服务生产过程的结果所形成的技术质量（Technical Quality），也称为结果质量（Outcome Quality）。

通常，顾客对结果质量的衡量是比较客观的，因为结果质量涉及的主要是技术方面的有形内容。例如，在酒店中住宿者得到一个房间和用以睡眠的一张床，顾客在餐馆中得到他所要的饭菜，飞机乘客被航空公司的飞机从一个地方运到另外一个地方，企业咨询公司的客户会得到一份公司发展规划，工厂中的产品从仓库被运到顾客那里，银行客户可以得到一笔贷款，设备制造商会对其所生产的设备进行维修等，所有这些都是服务的结果，它们无疑是顾客服务体验的一个重要组成部分。

（二）功能质量

顾客接受服务的方式及其在服务生产和服务消费过程中的体验，都会对顾客所感知的服务质量产生影响,这就是服务质量的另外一个组成部分。这个部分与服务接触中的关键时刻紧密相关,它所说明的是服务提供者是如何工作的,因此将其称为服务过程的功能质量(Functional Quality),也称为过程质量(Process Quality)。

在顾客与服务提供者之间存在着一系列的互动关系,包括不同的关键时刻,所以技术质量只是顾客感知服务质量的一部分,而不是全部。除了服务结果外,服务结果传递给顾客的方式对于顾客感知服务质量也起到很重要的作用。例如,自动提款机是否易于使用,网站是否易于进入,管理咨询是否易于获得,以及酒店服务员、银行职员、旅行社职员、公交车驾驶员、客轮服务员和维修人员的行为、外貌和工作、言行方式,都会对顾客服务印象的形成产生影响。

从更深层次来看,如果顾客能够亲自参与以前必须由企业提供的服务过程,那么他对服务质量的评价可能会更高。当然,其他同时消费的顾客也会对顾客感知服务质量的形成产生影响,例如,顾客排长队等候服务或者顾客之间的相互干扰。但在另一些情况下,他们也许会在服务接触中对顾客与企业的互动关系产生正面的影响。

(三)技术质量、功能质量与企业形象之间的关系

在制造业中的多数情况下,消费者是看不到企业生产的;但在服务业中,服务提供者无法躲到品牌或分销商的背后。在多数情况下,顾客能够看到企业、企业的资源及企业的运营方式。企业形象对于服务企业来说是很重要的,它可以从许多方面影响顾客感知服务质量的形成。如果在顾客的心目中企业是优秀的,也就是说企业形象良好,那么即使企业的服务出现了一些微小的失误,顾客也会予以原谅。但如果失误频频发生,企业的形象将遭到损害。进一步说,如果企业形象很糟,那么服务失误对顾客感知服务质量的影响就会很大。在服务质量形成的过程中,我们可以将企业形象视为服务质量的"过滤器"。

许多服务,如运输、物流与物资管理、技术服务、顾客抱怨处理、顾客培训等都可以增加产品的附加价值,因为它们可以起到同时提高技术质量和功能质量的作用。例如,如果通过顾客抱怨处理达到了顾客满意,那么顾客所接受的服务结果就是良好的,即技术质量良好;相反,如果花费很大努力和很多时间才能解决顾客抱怨问题,那么顾客所感知的功能质量就是低下的,而功能质量低下会降低总的感知服务质量,由此也会影响对

技术质量的感知。

　　顾客通过服务的技术质量和功能质量两方面的评价，综合成感知服务，然后与期望服务比较，就得到感知服务质量。由于服务系统的开放性特点，顾客在与服务企业的互动过程中就能看到企业及其资源，并与服务人员直接接触。企业形象影响到顾客期望的形成，并成为感知服务质量的过滤器。同时，顾客感知服务质量又会进一步影响到企业形象。换言之，服务企业可以通过服务的技术质量和功能质量两方面来建立良好的企业形象。技术质量和功能质量是相互关联的，一定的技术质量是成功的功能质量的前提，在此前提下，对于良好的感知服务质量来说，功能质量比技术质量更加重要。

　　此外，国内学者汪纯孝对服务质量进行了长期的研究，认为服务质量不仅包括功能质量与技术质量，是顾客在服务感知和服务体验比较的基础上得出的，而且服务性企业应尽力提高技术质量、感情质量、关系质量、环境质量和沟通质量。汪纯孝等（1999）将技术质量定义为服务结果的质量；感情质量指为顾客着想，关心顾客，以热情友好的服务态度、殷勤礼貌的服务行为为顾客提供充满爱心的服务；关系质量指顾客对服务企业和服务员工的信任感和顾客对买卖双方的满意程度；沟通质量指服务人员是否了解顾客的需要和要求[①]。

第二节　服务质量差距模型

　　由于服务质量管理中存在着许多企业难以控制的因素，在看似简单的管理过程中存在许多问题并导致低劣的服务质量。帕拉苏拉曼、泽丝曼尔和贝里（1985）在顾客感知服务质量概念的基础上，通过对零售银行、信用卡、证券经济、家电维修4个行业的探索性研究，提出了服务质量差距模型，认为顾客感知服务质量就是顾客期望服务与感知服务之间的差距，这一差距又取决于其他4个方面的差距[②]，见图6-3。

① 汪纯孝，等. 服务性企业整体质量管理[M]. 广州：中山大学出版社，1999.
② A Parasuraman, V A Zeithaml, L L Berry. A Conceptual Model of Service Quality and its Implications for Future Research[J]. Journal of Marketing, 1985, 49(4): 41-50.

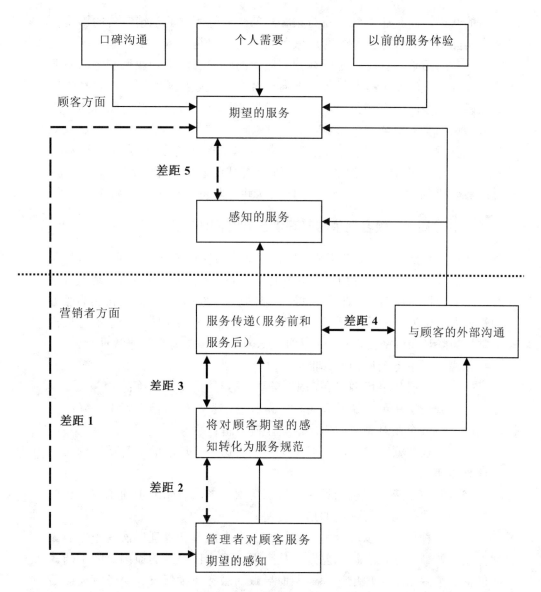

图 6-3 服务质量差距模型

资料来源：A Parasuraman , V A Zeithaml, L L Berry. A Conceptual Model of Service Quality and its Implications for Future Research[J]. Journal of Marketing, 1985, 49(4): 44.

模型的上半部分与顾客有关，下半部分与服务提供者有关。顾客对服务质量的期望是口碑沟通、个人需要和以前的服务体验等几方面因素共同作用的结果，同时还受到企业与顾客外部沟通时所做的营销宣传的影响。顾客实际感知的服务就是顾客对服务的体验，它是服务组织一系列内部决策和活动的结果。管理者对顾客预期服务的感知决定了企业所制定的服务质量标准；一线员工按照服务标准向顾客交付服务；顾客则根据自身的体验来感知服务的生产和传递过程。该模型还指出，营销传播对顾客的感知服务和预期服务都会产生影响。

服务质量差距模型可以作为服务组织试图改进服务质量的基础框架。该模型向希望改进服务质量的管理人员传递了一个清晰的信息：弥合服务差距的关键在于弥合差距1～4，并使其持续处于弥合状态。

一、差距1：顾客期望与管理者感知之间的差距

差距1是指管理者认知差距，即顾客期望与管理者感知之间的差距。服务企业的管理人员很难确切地把握顾客的内心需要，甚至可能错误地理解顾客对服务质量的预期。最直接、也最明显的差距往往是顾客想要得到的服务和管理人员认为顾客希望得到的服务二者之间的差异。例如，金融服务机构通常认为隐私和保密文件相对不太重要，而顾客却认为它们非常重要。

差距1是由下列原因引起的：

（1）管理层从市场调研和需求分析中得到的信息不准确；

（2）管理层从市场调研和需求中得到的信息准确，但理解不正确；

（3）服务企业对顾客的需求缺乏正确分析；

（4）企业与顾客接触的一线员工向上传递给管理层的信息不准确或没有信息传递；

（5）服务企业内部机构重叠，组织层次过多，影响或歪曲了与顾客直接接触的一线员工与管理层的信息传递。

以上5种原因可以综合为市场调查、向上沟通和管理层次3个方面。服务企业要减少管理层认识差距，只有根据形成该差距的原因对症下药，才能彻底消除由于管理层认识差距而导致的服务质量低下。服务企业需要改进市场调查方法，在调查中侧重服务质量问题，并要求高层管理者克服客观上的限制，抽出时间亲临服务现场，通过观察与交流，了解顾客需求，或通过电话、信函定期与顾客联系，就可以更好地理解顾客。服务组织还必须采取必要的措施,改进和完善管理层和一线员工之间的信息沟通渠道，减少管理层次，以缩小认识差距。

二、差距 2：管理者感知与服务质量规范之间的差距

差距 2 是指服务质量规范差距，即管理者感知与服务质量规范之间的差距。由于服务企业资源限制、市场条件以及内部管理等问题，可能使企业服务质量规范与管理者对顾客期望的认知之间存在不一致，即使管理人员已经准确理解了顾客的需求，有时也不能将其融入制定的服务质量标准中。也就是说，管理层没有构造一个能满足顾客期望的服务质量指标体系并将这些指标转化到工作计划书中。例如，许多服务企业把重点更多地放在技术质量上，而事实上顾客感觉到有关交付服务的功能质量更加重要。这一差距将直接影响到对顾客期望的操作化问题，进而对顾客感知质量产生影响。

差距 2 是由下列原因引起的：

（1）企业对服务质量规划管理不佳或规划过程不完善；

（2）服务企业缺乏清晰的目标；

（3）最高管理层对服务质量的规划缺乏支持力度；

（4）企业对员工所承担任务的标准化不够；

（5）对顾客期望的可行性认识不足。

服务质量规范的差距是由管理层认识差距决定的。管理层的认识差距越大，按这种认识对服务质量进行规划的偏差也就越大。不过，即使服务企业对顾客的质量预期有着充分而准确的信息，也会造成质量标准规划的失误。这是由于企业的最高管理层对服务质量认识不足、重视不够，也就没有真正承担对服务质量的责任，没有把服务质量当成企业优于一切的目标。确立服务目标，可以使提供服务的员工真正理解管理者希望传递的服务是什么。因此，服务目标必须具有可接受性、可衡量性、挑战性和全面性，包含具体的各项服务质量的标准或规范，从而缩小服务质量规范的差距。服务企业的一线员工也应该认识到，自己有责任严格按照服务规范操作。同样，制定服务规范的人员应当清楚，没有充分听取一线员工的意见，制定的服务规范也必定是不完善的。关于规范，没有具体操作人员的配合和严格执行，这样的规范形同虚设。同时还要注意，服务规范太具体、太细致也会制约一线员工的主观能动性，从而影响服务质量。服务规范既要得到企业的管理者、规划者的认同，又要得到服务的生产者和提供者的认同，服务规范还必须有一定的柔性，不制约员工的灵活性，这样制定的服务规范才可以尽可能地减少差距 2 对服务质量的影响。

三、差距 3：服务质量规范与服务传递之间的差距

差距 3 是指服务传递差距，即服务质量规范同企业实际所提供的服务之间的差距。由于服务员工的表现很难实现标准化，因而导致了服务传递的不一致性，进而影响到顾客感知质量。一项服务若需要顾客在场时立刻执行和交付，就特别难以保证达到质量规格。这是许多服务行业的常见情况，例如，医学实践依赖于全体行政人员、办事人员和医务人员根据某种标准进行他们的工作。这一活动可能设置一位患者等候最长时间为 15 分钟的目标，但是一个日程安排糟糕的医生可能会把整个员工系统搞乱。

差距 3 是由下列原因引起的：

（1）质量规范或标准制定得过于复杂或太具体；

（2）一线员工不认同这些具体的质量标准，或严格按照规范执行，员工可能会觉得要改变自己的习惯行为；

（3）新的质量规范或标准与服务企业的现行企业文化，如企业的价值观、规章制度和习惯做法不一致；

（4）服务的生产和供给过程管理不完善；

（5）新的服务规范或标准在企业内部的宣传、引导和讨论等不充分，使职工对规范的认识不一致，即内部市场营销不完备；

（6）企业的技术设备和管理体制不利于一线员工按服务规范或标准来操作；

（7）员工的能力欠缺，不能按照服务质量规范提供服务；

（8）企业的监督控制系统不科学，对员工依据其服务表现而非服务数量进行评价的程度不足；

（9）一线员工与顾客和上级管理层之间缺乏协作。

引起服务传递差距的原因较多，纠正的方法也相应不同。综合以上各种因素大致可以归纳为 3 类：管理与监督的失误、技术和营运系统缺乏支持、员工对规范或标准的认识失误以及对顾客的期望与需求的认识不足。

在诸多原因中，管理和监督方面的问题可能很多。如管理者的方法不能鼓励优质服务行为，或者企业的监督机制与重视服务质量的活动发生冲突，甚至与服务规范自相矛盾。在服务企业中，如果服务规范或标准的制定过程与企业职工的奖惩机制相互脱节，这可能会导致较大的服务传递差距。企业中的控制和奖惩机制一般具体体现了企业文化，表明了企业管理

层的态度。如果对这些问题的认识发生混乱，企业的正常生产秩序将被打乱，也就不能贯彻执行质量规范或标准。当质量标准对服务的要求与现有的控制系统发生冲突时，企业的一线员工作为服务的提供者，当顾客提出合情合理的要求，服务人员也有能力予以满足时，却由于违背了企业制定的服务质量规范或标准而使员工感到非常为难。如果这种情况频繁发生，而服务企业又不能及时修正服务质量标准或规范，则不仅会赶跑顾客，还会削弱企业员工为顾客提供良好服务的意愿。

要解决这方面的问题，既要改变营运系统，使其与质量规范或标准一致；又要加强员工培训，使员工认识到他们的权限，即在企业允许的范围内提倡独立思考、自主判断，提供顾客服务的最大灵活性。

引起服务传递差距的原因也可能是由于服务企业的技术设备和经营体制不支持企业提供优质服务。所谓技术设备是指企业的硬件设施，即设施、设备；而经营体制则是指企业的软件环境，即企业的营运系统，包括企业的内部机构设置、职责及职能的分工、规章制度等。企业的技术设备不支持企业提供优质服务，是指企业的设备达不到服务质量规范或标准的要求。企业的经营体制不能支持企业提供优质服务，可能是企业分工不明或各部门之间缺乏有效的衔接，以致发生矛盾和冲突，也可能是由于质量规范或标准难以执行。要解决这类问题，需要在技术上进行更新和对营运体系进行适当变革，保证质量标准的正确执行；或者加强对员工的培训和内部营销管理，达到缩小服务传递差距的目的。

造成服务传递差距的原因还可能是员工无法胜任。一方面，可能是企业人事制度有一定的缺陷，把不具备专业技能和工作态度的员工安排到服务企业的第一线，即使这些员工有其他方面的长处和优势。这需要改革现有的人事制度，并对现有人员进行适当调整。另一方面，可能是员工没有正确对待服务工作，不把解决顾客的实际问题作为自己的工作职责。解决这方面的问题只有制定严格的操作规程和服务项目内容细则，同时加强对员工的培训，尽可能提高企业内部运作效率，使顾客得到满意的服务。

四、差距 4：服务传递与外部沟通之间的差距

差距 4 是指市场信息传播差距，即服务传递与外部沟通之间的差距。外部沟通不仅能影响顾客对服务的期望，而且能影响顾客对所传递服务的感知。因此，过度承诺或缺乏沟通都将影响顾客对服务质量的感知。

差距 4 是由下列原因引起的：

（1）企业的市场营销规划与营运系统之间未能有效地协调；

（2）企业向市场和顾客传播信息与实际提供的服务活动之间缺乏协调；

（3）企业向市场和顾客传播了自己的质量标准，但在实际提供服务时，企业未能按标准进行；

（4）企业在宣传时夸大了服务质量，顾客实际体验的服务与宣传的质量有一定的距离。

造成市场信息传播差距的原因可能是由于服务提供方的信息传播和企业经营管理体系之间缺乏充分和有效的协调，也可能是由于企业在做广告和其他市场传播时过于夸大其词或过分承诺。

对于第一种原因，需要在服务企业内部建立一套有效的机制，加强服务企业内部的水平沟通，即在企业内部、部门内部和部门之间加强横向信息流动，使部门之间、人员之间相互协作，实现企业的既定目标。只有企业内部的水平沟通得以畅通，才能提供顾客满意接受的服务质量，也利于顾客形成合理的质量预期。对于第二种原因，需要进行市场信息传播的计划管理和严格监督。选择思想稳健的人来管理广告策划，不盲目向市场和顾客承诺。同时，企业的管理层要负责监督信息传播，发现不适当的信息传播要及时纠正，减少负面影响。

五、差距 5：期望服务和感知服务之间的差距

差距 5 是指服务质量感知差距，即格鲁罗斯（Grönroos）提出的顾客对服务的期望与顾客对服务的感知之间的差距。这是顾客方面的差距，这种顾客方面的差距又是由营销者方面的 4 个差距所决定的。即差距 1 到差距 4 导致了差距 5 的出现，差距 5 = f（差距 1，差距 2，差距 3，差距 4）。多数情况是顾客体验和感觉的服务质量较预期的服务质量差。

差距 5 会导致以下结果：

（1）顾客认为体验和感觉的服务质量太差，比不上预期的服务质量，因此，对企业提供的服务持否定态度；

（2）顾客将自己的糟糕体验和感觉向亲朋好友等诉说，使服务具有较差的口碑；

（3）顾客的负面口头传播破坏企业形象并损害企业声誉；

（4）服务企业将失去老顾客并对潜在的顾客失去吸引力。

当然，与此相反，顾客质量感知的差距也可能对企业有正面影响，使顾客感觉到他们消费了优质服务，不仅留住了老顾客，还吸引了潜在顾客来消费。

除了上述服务质量差距模型中所涉及的问题，在服务战略方面，最常见的问题在于服务管理的错误理解。比如说，试图以同样的服务系统去为不同的目标市场提供服务。另外，不深入了解顾客期望，根据管理人员的主观想象制定服务战略也是常见的失误之一。在管理措施的制定和实施中，导致服务质量不高的原因主要有以下几个。

（1）企业高层管理人员不重视服务质量

企业高层管理人员的行为对员工起榜样的作用，如果他们不注重服务质量，不把提高服务质量作为取得竞争的关键，即使企业已经制定了服务质量标准，也不会长期为员工所接受和实施。

（2）把服务质量作为专业人士的问题

许多企业还没有把服务质量放在整体的观念上去考虑，往往把服务质量控制和服务质量提高认为是应由专门的部门解决的问题，认为服务质量的评估、处理和沟通应由专门的部门来完成。但服务与消费同时发生的特性告诉我们服务质量及其控制的责任属于实施服务工作的部门，也就是说，企业的各个部门都应将优质服务的观念贯彻于平时的工作中，应认识到服务质量贯穿于整个企业的工作中。

（3）角色模糊

在关于什么想法与行为能产生优质服务这一问题上，如果服务人员与管理人员没有共识，就会导致"角色模糊"。因为服务人员不了解管理人员的具体要求，在与顾客面对面的服务过程中就无法依照质量标准做好服务工作，无法满足顾客的需求。

（4）难以保持长期的努力

适当的服务质量管理措施在短期内能提高服务质量水平，通常这样的管理措施是以合理的计划、富有魅力的领导者以及一些有效的交流工具为前提，但仍存在着一定的风险。就是这种"第一阶段的质量提高"，很有可能存在时间不长，除非企业采取系统化的努力措施以保证持续地提高质量的机制的实施。

（5）没有重视服务质量与社会进步的关系

顾客的期望在不断变化，很多企业管理人员不重视社会的发展及其所带来的顾客需求的变化，不能理解这些变化对服务及服务质量的影响。在管理中遇到类似问题时，管理人员不是根据顾客需求变化而改变管理要求和措施，而是代之以调整价格的方法，这将导致经营状况的继续恶化。

通过以上叙述，我们可以将引起服务质量问题的根源和症结找出来，从而可以根据造成服务质量问题的原因做出应对，制定正确的质量战略，并通过合适的处理措施来缩小差距，提高顾客的服务质量和满意度。

第三节　服务质量的评价

帕拉苏拉曼、泽丝曼尔和贝里（1985）对服务质量的构成要素及其评价方法也进行了深入的研究，开发了服务质量量表。随后，又有其他学者提出了服务质量评价的不同方法。

一、服务质量评价

服务质量的测量是一项挑战，因为顾客满意是由许多无形因素决定的。与具有物理特性的客观可测的物质产品不同（如汽车的性能），服务质量包括许多心理因素（如饭店的气氛）。帕拉苏拉曼、泽丝曼尔和贝里（Parasuraman, Zeithaml & Berry, 1985）通过研究发现，服务质量的决定因素有 10 个方面，分别是可靠性、响应性、能力、可接近性、礼貌、沟通、可信度、安全性、了解顾客、有形性[1]。此后，又进一步将服务质量的决定因素简化为可靠性、响应性、有形性、保证性、移情性 5 个方面。

1. 可靠性：按照承诺行事

可靠性是指准确可靠地执行所承诺服务的能力。从更广泛的意义来说，可靠性意味着公司按照其承诺行事，包括送货、提供服务、问题解决及定价方面的承诺。顾客喜欢与信守承诺的公司打交道，特别是那些能信守关于核心服务方面承诺的公司。

联邦快递是一家在可靠性方面进行了有效宣传并执行很好的公司。联邦快递的可靠性要求是在某时必须到达某地，这体现了公司的服务标准，

---

① A Parasuraman, V A Zeithaml, L L Berry. A Conceptual Model of Service Quality and Its Implications for Future Research[J]. Journal of Marketing, 1985, 49(4): 41-50.

该维度对其顾客来说非常重要。所有的公司都需要意识到顾客对可靠性的预期，如果提供给顾客与预期不相符的核心服务，会直接导致顾客失望。

2．响应性：主动、及时帮助顾客

响应性是指帮助顾客及提供便捷服务的自发性，也表现在顾客在获得帮助、询问到答案及对问题的解决前等待的时间上。它强调在处理顾客要求、询问、投诉和问题时的专注和快速。

3．有形性：以有形物来标明质量

有形性被定义为有形的工具、设备、人员和书面材料的外观。所有这些都被提供给顾客，特别是新顾客用它来评价服务的质量。强调有形展示的服务行业主要是顾客到企业所在地接受服务的类型，如餐馆、酒店、零售商店和娱乐公司。有形性经常被服务企业用来提高形象，保持一致性及向顾客标明质量。

4．保证性：激发顾客的信任感

保证性是指服务人员的知识及其能使顾客信任的能力。在顾客感知的服务包含高风险或其不能确定自己有能力评价服务的产出时，比如银行、保险、证券交易、医疗和法律服务，保证性可能特别重要。信任通过使顾客和公司联系在一起的服务人员得到体现，例如股票经纪人、保险代理人、律师和顾问。

在其他情况下，信任由组织本身体现。诸如美国好事达（Allstate）保险公司等已做出努力，建立用户和公司之间作为一个整体的信任关系。在关系形成的早期阶段，用户可能使用有形的证据来评估保证性。学位、声誉、奖励和特别证书等有形的证明可能使新用户对专业服务提供者产生信心。

5．移情性：将顾客作为个体对待

移情性是指企业给予顾客的关心和个性化的服务。移情性的本质是通过个性化的或者定制化的服务使每个用户感到自己是唯一的和特殊的顾客，用户能够感到为他们提供服务的公司对他们的理解和重视。小服务公司的人员通常知道每个用户的姓名，并且与用户建立了了解用户需要和偏好的关系。当这种小公司与大公司竞争时，移情能力可能使其具有明显的优势。

在企业对企业（B2B）服务的情况下，用户想要供应商理解他们所处的行业和面临的问题。例如，许多小计算机公司通过把自己定位于特殊行业中的专家，成功地与大公司竞争。即使大公司有较丰富的资源，小公司仍被认为更了解用户的问题和需要，并且能够提供更加差异化的服务。

帕拉苏拉曼、洋丝曼尔和贝里（1985）根据所提出的服务质量的 5 个方面，开发了一个包含 22 个问题的调查表——服务质量量表（Service Quality Scale，简称 SERVQUAL），以此作为服务质量的一种评价方法。这种方法的工作原理就是前一节讨论的服务质量差距理论，即对顾客的期望服务和实际服务体验分别评估，然后对比两种评估的结果，找到其中的差距而得到最后对服务质量的评价。服务质量量表由两部分组成，量表项目、填答方式均相同，只是指导语不同，第一份表的指导语要求被试者在量表上确认"提供某种服务的企业在多大程度上符合量表项目陈述中所描述的特征"，获得顾客对某行业服务质量的期望水平。第二份表的指导语要求被试者在量表上确认"对于提供该服务的某具体企业在多大程度上符合量表项目陈述中所描述的特征"，获得顾客对具体企业服务质量的认知。

表 6-1　服务质量方法

说明：这项调查旨在了解您对于某类服务的看法。您认为提供服务的企业在多大程度上符合下列陈述描述的特征。从每个陈述后面的 7 个数字中选出您认为最适合的。完全同意选 7，完全不同意选 1。如果感觉适中，请选择中间的数字。您的回答没有对错，我们最关心的是您对服务的看法。

E1　他们应该有先进的设备。

E2　他们的设备应该有明显的吸引力。

E3　他们的雇员应穿着得体、整洁。

E4　这些公司设备的外观应与提供的服务相匹配。

E5　他们承诺了在某时做某事时，他们应该做到。

E6　当顾客遇到困难时，这些公司应表现出同情心。

E7　这些公司应是可靠的。

E8　他们应在承诺的时间提供服务。

E9　他们应记录准确。

E10　不能指望他们告诉顾客提供服务的确切时间。（—）

E11　期望他们提供及时的服务是不现实的。（—）

E12　员工不总是愿意帮助顾客。（—）

E13　如果因为工作太忙而不能立即回答顾客的请求，也可以理解。（—）

E14 员工应是值得信赖的。

E15 顾客应在与公司的交往中放心。

E16 员工应有礼貌。

E17 公司应给员工充分支持，以使他们工作得更好。

E18 不应指望公司给予顾客个别的关心。（－）

E19 不应指望这些企业的员工给顾客个性化的关注。（－）

E20 期望员工了解顾客的需求是不现实的。（－）

E21 期望这些公司把顾客最关心的事放在心上是不现实的。（－）

E22 不应指望营业时间便利所有的顾客。（－）

说明：下列陈述与您对 XXX 公司的看法有关。请标示您对每个陈述同意的程度。完全同意选 7，完全不同意选 1。您的回答没有对错，我们想了解的是您对 XXX 公司的看法。

P1 该公司有先进的设备。

P2 该公司的设备有明显的吸引力。

P3 该公司的雇员穿着得体、整洁。

P4 该公司设备的外观与其提供的服务相匹配。

P5 该公司承诺了在某时做某事，他们就会做到。

P6 当顾客遇到困难时，该公司表现出同情心。

P7 该公司是可靠的。

P8 该公司在承诺的时间提供服务。

P9 该公司记录准确。

P10 该公司不能告诉顾客提供服务的确切时间。（－）

P11 期望该公司提供及时的服务是不现实的。（－）

P12 该公司的员工不总是愿意帮助顾客。（－）

P13 该公司的员工因为工作太忙而不能立即回答顾客的请求。（－）

P14 该公司的员工是值得信赖的。

P15 顾客在与该公司的交往中放心。

P16 该公司的员工有礼貌。

P17 为使工作做得更好，该公司的员工得到了公司的充分支持。

P18 该公司没有给顾客个别的关心。（－）

P19 该公司员工没有给顾客个性化的关注。（－）

P20 期望该公司员工了解顾客需求是不现实的。（－）

P21 期望该公司把顾客最关心的事放在心上是不现实的。（－）

P22 该公司的营业时间不是便利所有顾客的。（－）

注：① 本问卷采用 7 分制，7 表示完全同意，1 表示完全不同意。中间分表示不同的程度。问卷中的问题随机排列。

② 标有（－）的问项是指对这些陈述的评分为反向，在数据分析前应转为正向得分。

资料来源：A Parasuraman, V A Zeithaml, L L Berry. SERVQUAL: A Multiple-Item Scale for Measuring Consumer Perceptions of Service Quality[J]. Journal of Retailing, 1988, 64(1): 38-40.

服务质量分数 = 实际感受分数（PS）－期望分数（ES）。服务质量分数一般为负值，其绝对值越大，表明企业的服务质量越差。

当 PS>ES，则 SQ>0，服务质量超出顾客期望，表现为顾客惊喜；

当 PS=ES，则 SQ=0，服务质量符合顾客期望，表现为顾客满意；

当 PS<ES，则 SQ<0，服务质量低于顾客期望，表现为顾客不满意。

在服务质量被建立起来以后，许多学者都对它的信度和效度在很多行业进行了多次测量。尽管在很多测量中服务质量量表都表现出了较强的信度和效度，但是仍然有不同的呼声存在。卡曼（Carman，1990）指出，服务质量的稳定性虽然较好，但是其 5 个维度并不都是"中性"指标，对不同的行业并不具有完全的适用性。有的学者将服务质量测量模型改进为 $Q=I(P-E)$，其中，I 表示服务质量属性的重要程度。而博尔顿和德鲁（Bolton & Drew，1991）更关注服务经历对服务质量的影响，他们指出，顾客现在的看法是建立在上一次服务质量的感知基础之上的，服务经历也许会改变他们未来对服务质量的态度。

根据上述服务质量理论，顾客期望是顾客评价服务质量的重要基础。但是针对服务质量（SERVQUAL）量表，学术界曾引发激烈的争论，尤其是差值分在多变量分析中的适用性遭到不少研究者的质疑。尽管如此，服务质量（SERVQUAL）量表仍是目前最常用的顾客感知服务质量的测度工具。

二、服务表现（SERVPERF）评价

对 SERVQUAL 模型最有力的反对者是克罗宁和泰勒（Cronin & Taylor，1992）。他们认为，SERVQUAL 模型缺乏实证性研究，为了克服

SERVQUAL 所固有的缺陷，他们于 1992 年推出了"绩效感知服务质量测量方法"，即服务表现（Service Performance，简称 SERVPERF）。作为一种新的感知服务质量测量方法，它既有与 SERVQUAL 相互重叠、相互借鉴之处，又具有许多值得我们关注的变化。

　　服务表现摒弃了服务质量所采用的差异比较法，而只是利用一个变量，即服务绩效来度量顾客感知服务质量。而且在度量的过程中，并不涉及加权问题，所以在应用上比服务质量简单实用了许多。克罗宁和泰勒选取了银行、除虫、干洗和快餐 4 种不同的服务行业，来验证服务质量模式，结果发现没有一个行业的数据能证实服务质量中关于 5 个维度的划分，其最终结论是服务表现较服务质量具有更好的预测能力、收敛效度和区分效度。

　　从历史继承性的角度来看，服务表现的问卷设计与服务质量并没有什么实质性的区别，采用的问项也基本相同，所以该评价方法的创新性并不是很高，尽管其简易性和实用性都高于服务质量。从相同点上来说，服务表现继承了服务质量对服务质量维度的划分和度量指标的设定。在服务表现的研究过程中，仍然采用了服务质量所采用的 5 个维度和 22 个问项的研究模式，而且所有的问项和语气并没有任何变化；同时，二者对服务质量概念的界定和对各服务质量维度内涵的解释也是完全相同的，甚至连问项中正负问项所占的比重也相同。从中我们不难看出服务表现对服务质量的继承程度。另一方面，韩经纶和董军（2006）将服务质量和服务表现两种测量方法在中国的酒店业和报业进行了对比研究，对服务表现的信度、效度、跨行业的适用性进行了实证研究，其研究结论是，在两个业别、三个企业中，服务表现的信度都高于服务质量[1]。

三、"非差异"评价

　　布朗、丘吉尔和彼得（Brown, Churchill & Peter，1993）也对 SERVQUAL 评价方法利用顾客服务绩效感知和服务期望的差异来度量顾客感知服务质量的做法提出质疑。他们认为，这种度量方法会导致顾客将以前的服务经历影响带入到期望中，从而削弱差异比较法的说服力。基于此，他们认为，最好的方法就是直接度量消费者绩效感知和服务期望之间的差异。因此，

---

① 韩经纶，董军. 顾客感知服务质量评价与管理[M]. 天津：南开大学出版社，2006.

他们将这种顾客感知服务质量评价方法称为非差异评价方法
（Non-difference Score）。

从操作角度来看，非差异评价方法与 SERVQUAL 非常相似，同样是运
用 SERVQUAL 量表中的 22 个问项。但是 SERVQUAL 需要对顾客期望、绩
效感知和感知服务质量三个方面进行度量，涉及 66 组数据；而非差异方法
则只对期望及绩效感知之间的差异进行度量，所运用的只有 22 个数据。从
这个角度来说，"非差异"评价方法比 SERVQUAL 简洁了许多。

以我国学者韩经纶的总结综上所述，在服务质量评价方法领域中，服
SERVQUAL 模型奠定了基本的理论和方法基础，而服务表现（SERVPERF）
模型则以其简捷和高信度的优点在实证研究中应用也颇为广泛。同时他还
认为，几乎所有的服务质量评价模型中学者们几乎都忽略了文化背景问题。
另外，对服务质量的评价也应该从技术质量和功能质量两个角度切入，但
是现有的评价方法几乎都将注意力集中到了服务过程质量的度量，而从技
术角度进行的研究几乎是空白，这使以上的质量评价模型都有一定程度的
片面性。

第四节　服务利润链

一、服务利润链的逻辑

1994 年，由赫斯克特、琼斯、拉夫曼、萨瑟和施莱辛格（Heskett, Jones,
Loveman, Sasser & Schlesinger）5 位哈佛大学商学院教授组成的服务管理
课题组提出了"服务利润链"模型[①]。这项历经多年、跟踪考察了上千家
服务企业的研究，试图从理论上揭示服务企业的利润是由什么决定的。

简单来讲，服务利润链告诉我们，利润是由顾客的忠诚度决定的，忠
诚的顾客（也是老顾客）给企业带来超常的利润空间；顾客忠诚度又是靠
客户满意度取得的，企业提供的服务价值（服务内容和服务过程）决定了
顾客满意度；最后，企业内部员工的满意度和忠诚度决定了服务价值。简

---

① Heskett J L, Jones T O, Loveman G W, Sasser W E, and Schlesinger L A. Putting the Service Profit
Chain to Work[J]. Harvard Business Review, 1994, 72(2): 164-174.

言之，顾客的满意度最终是由员工的满意度决定的，二者之间是一个"满意镜"在起作用。见图 6-4。

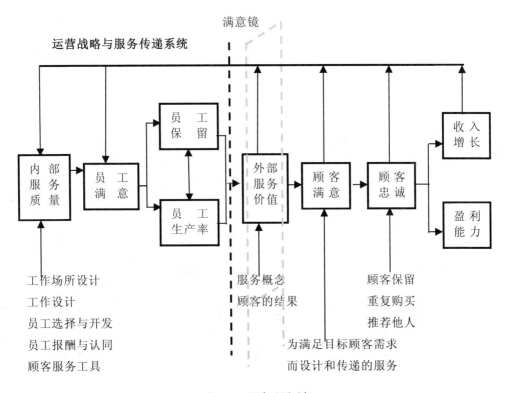

图 6-4　服务利润链

资料来源: Heskett J L, Jones T O, Loveman G W, Sasser W E, and Schlesinger L A. Putting the Service Profit Chain to Work[J]. Harvard Business Review, 1994, 72(2): 166.（有改动）

服务利润链模型将"硬性"的价值建立在一系列"软性"的标准上，将企业的赢利能力、客户忠诚度和客户满意度与服务的价值紧紧相连，而服务的价值又是由满意、忠诚和富有活力的员工所创造的。服务利润链将企业利润和增长与顾客满意、忠诚联系起来，同时又将顾客满意、忠诚与顾客价值关联起来，并且将这种传递价值与企业内部的员工满意、忠诚联系起来，从而构成了一条企业内外部相关联的企业成长链。

在服务利润链模型中，主要展示了 6 种逻辑关系；一是内部质量驱动员工满意；二是员工满意度提高员工保留率及生产率；三是员工保留率和生产率影响服务价值；四是服务价值提升顾客满意度；五是顾客满意影响顾客忠诚；六是顾客忠诚带来企业盈利与成长。

1. 内部质量驱动员工满意

内部质量描述了员工的工作环境与条件，它包括工作设计和工作场所的设计、员工的甄选与开发、奖酬和认可、对服务工具与信息的获得等。例如，美国汽车协会联合服务银行（USAA）成立于 1922 年，起初专注于为军人和军属提供汽车保险业务，现已发展成集银行、保险等产品和服务于一体的全能型金融服务公司，其电话服务部门得到了一套先进的信息系统的支持。当一名顾客拥有会员号码后，该系统就可在监视器上显示顾客完整的信息档案。另外，该公司拥有专门用于培训的 75 间教室。培训是每位员工工作经历的一部分。

2. 员工满意度提高员工保留率及生产率

在大多数服务工作中，员工跳槽的真正成本是生产率的损失和顾客满意度的降低。在个性化的服务企业中，低员工流动率是与高的顾客满意度密切相关的。例如，证券公司中失去一位有价值的经纪人的损失可以用顶替他的人与顾客建立关系期间所损失的佣金来衡量。员工的满意度也对生产率有影响。美国西南航空公司一直是利润最高的航空公司，部分原因是该公司拥有较高的员工保留率，其低于 5%的员工流动率在该行业是最低的。

3. 员工保留率和生产率影响服务价值

忠诚而高效的员工能够为顾客和企业创造价值。尽管美国西南航空公司不指定座位、不提供餐饮、与其他航线共享售票系统，但是顾客对该公司的评价仍很高。顾客看中的是频繁的离港班次、准时服务、友好的员工及低的票价（低于市场 60%～70%的票价）。该公司可以实行低票价的部分原因是训练有素、灵活性强的员工可以执行几种类型的工作，并能够在15 分钟或 15 分钟以内转机。

4. 服务价值提升顾客满意度

对于顾客来说，服务价值可以通过比较获得服务所付出的总成本与得到的总利益来衡量。美国前进保险公司（Progressive Insurance）是一家财产保险公司，通过让保单持有者毫不费力地快速办理赔付手续而让顾客感知服务价值。一旦出现保险事故，该公司的人员能够迅速抵达事故现场，马上办理赔偿，提供支持性服务，减少了法律费用，实际上让受损方得到了更多的实惠。

5. 顾客满意影响顾客忠诚

满意的顾客才可能忠诚于服务企业而重复进行消费。施乐公司等对其顾客进行过一次调查，使用的是 5 分制，从"非常不满意"到"非常满意"。调查发现，"非常满意"的顾客再购买施乐产品的可能性是"满意"顾客的 6 倍。该公司称这些非常满意的顾客为"传道者"，因为他们会转变那些不接受公司产品的人的看法。另一极端为"恐怖分子"，这些非常不满意的顾客会产生不好的口碑，所以应竭力避免产生这类顾客。

6. 顾客忠诚带来企业盈利与成长

因为顾客忠诚度增加 5%，利润可以增长 25%～85%，因此市场份额的质量（可根据顾客忠诚度来衡量）应受到与市场份额的数量一样的关注。例如，第一银行（Bank One）是总部设在俄亥俄州哥伦布市的一家盈利很好的银行，它开发了一个先进的系统来跟踪顾客的忠诚度。忠诚度由顾客使用的服务数量以及他们与银行之间关系的深度来衡量。有一句推销名言：满意了的顾客是最好的广告。任何一名顾客在购买某种商品之后，都会把自己的体会告诉别人，形成购买商品的连锁反应。如果能够掌握这种连锁反应的规律，那么就能找到新的推销对象。曾获得"世界最伟大的推销员"称号的美国推销专家乔·吉拉德（Joe Girard）在其自传中写道："每一个用户的背后都有'250'人，推销员若得罪一个人，也就意味着得罪了 250人；相反，如果推销员能够充分发挥自己的才智利用一个顾客，也就得到了 250 个关系。"

赫斯克特、琼斯、拉夫曼、萨瑟和施莱辛格（1994）指出，企业可以通过服务利润链对企业服务运营状况进行定期或不定期的审视、检查，针对不同环节采取相应的措施，优化企业服务生产与传递，使服务利润链中的各个环节形成一个良性的有机循环[①]。在这里，服务企业尤其要重视以下两方面：一是在内部服务质量与外部服务价值之间建立联系，服务人员要认识到内部服务质量与外部服务质量之间的互动关系；二是确保通过不断监控顾客满意，使外部服务价值导致顾客满意。当今营销人员面临的重要挑战是保留满意的顾客，如果顾客发现不同产品和服务之间没有什么差

---

① Heskett J L, Jones T O, Loveman G W, Sasser W E, and Schlesinger L A. Putting the Service-Profit Chain to Work[J]. Harvard Business Review, 1994, 72(2): 164-174.

异时，他们就很容易被其他服务企业吸引走。而顾客之所以忠诚，是因为他们感知到企业品牌与其他竞争对手之间的差异，因此提供满意服务对建立顾客忠诚十分关键。这也告诉我们，忠诚是通过为顾客提供优质的顾客服务所产生的积极差异化而建立的。可见，高外部服务价值导致了顾客满意，进而导致了服务忠诚。企业不能等到顾客对服务质量产生抱怨时才采取行动。相反，企业应该不断监控顾客满意，这样才能通过倾听顾客评价来不断改善服务。

二、顾客感知价值

（一）顾客感知价值的概念与构成

顾客感知价值是指顾客对企业服务所具有的价值的主观认知，它不同于传统意义上的顾客价值概念。因为，后者是指企业认为自己的服务可以为顾客提供的价值，属于企业内部认知导向；而前者是指顾客对企业所提供服务的价值判断，属于外部顾客认知导向。二者对价值的理解主体是不同的。

目前，关于顾客感知价值的定义还存在分歧。顾客感知价值的思想最早可追溯到 1954 年彼得·德鲁克（Peter F. Drucker）的思想，他指出顾客购买和消费的不是产品，而是价值。这一思想是德鲁克在其 1954 年出版的《管理实践》中提出的，但他并未对其进行深入的研究。而顾客感知价值分析起源于波特（Porter，1985）对买方感知价值与企业战略生成关系的讨论，他将买方价值比作买方感知绩效与买方成本之间的权衡[①]，并指出企业为买方创造的价值如果要得到溢价的回报，它必须为买方所觉察。虽然波特并没有明确给出顾客感知价值的概念，但为后人研究顾客感知价值提供了理论基础。

泽丝曼尔（Zeithaml，1988）从顾客心理的角度提出顾客感知价值理论，将顾客感知价值定义为"消费者在所得与所失的感知基础上，对某一产品效用的总体评价"[②]。换言之，顾客感知价值就是消费者付出后所得到的东西，这一定义也成为服务感知价值概念的基础。他认为企业为顾客设计、创造、提供价值时应该从顾客导向出发，把顾客对价值的感知作为决定因素。由泽

---

① Porter M E. Competitive Advantage[M]. New York: Free Press, 1985.
② V A Zeithaml. Consumer Perceptions of Price, Quality, and Value: A Means-End Model and Synthesis of Evidence[J]. Journal of Marketing, 1988, 52(3): 2-22.

丝曼尔对顾客感知价值的研究可知，顾客感知价值是一种相对价值，它包含多种含义：价值是低廉的价格，这表明货币在价值感知中的重要性；价值是顾客获得的服务需要，如电信消费中的安全性、保密性和可靠性；价值是顾客付出后获得的质量；价值是顾客全部付出所得到的全部收获。梦露（Monroe，1991）将顾客感知价值解释为顾客感知利益与感知付出的比例[1]，感知利益是与使用特定产品相关的实体特性、服务特性和特定使用条件下可能的技术支持，感知付出包括所有与购买行为相关的获得成本、运输、安装、订货处理、维修以及潜在的失效风险，这几乎与泽丝曼尔的定义完全一致。虽然这两种定义已经将比较标准明确为感知付出，超越了单一的货币成本范围，但只限于感知利益和感知付出的权衡比较太过简单，顾客感知价值还受到非货币成本、顾客个性等无形因素的影响[2][博尔顿和德鲁（Bolton & Drew），1991]。

霍尔布鲁克和赫希曼（Holbrook & Hirschman，1982）提出了体验观点，强调在功利性要求之外，顾客在消费过程中所得到的象征、愉悦和美感等体验也十分重要，顾客是通过功利和体验两方面来进行价值判断的[3]。

科特勒（Kotler，1994）是从让渡价值角度来剖析顾客价值的。他认为，顾客感知价值是预期顾客评估一个供应品和认知值的所有价值与所有成本之差。总顾客价值就是顾客从某一特定供应品中期望的一组经济、功能和心理利益组成的认知货币价值。总顾客成本是在评估、获得、使用和抛弃该市场供应品时引起的一组顾客预计费用[4]。

伍德拉夫（Woodruff，1997）将顾客感知价值看作一个层级的概念，它包括顾客对产品属性、属性绩效以及由于在使用环境中促进顾客目标实现的结果的感知偏好和评价，这样就将顾客价值分为属性、结果和最终目标三个层次，体现了顾客感知价值的动态观[5]。与伍德拉夫（Woodruff，1997）的观点类似，帕拉苏拉曼和格雷瓦尔（Parasuraman & Grewal，2000）也将感知价值理解为一个动态的概念，从另一角度体现了顾客感知价值的多重

① Monroe K B. Pricing–Making Profitable Decisions[J]. New York: McGraw-Hill, 1991.
② Bolton R N, Drew J H. A Multistage Model of Customers Assessment of Service Quality and Value[J]. Journal of Consumer Research, 1991, 17(4): 375-384.
③ Kotler Philip. Marketing Management. Prentice-hall inc. 1994.
④ Holbrook B M, Hirschman C E. The Experiential Aspects of Consumption, Consumer Fantasies, Feelings and Fun[J]. Journal of Consumer Research, 1982, 9(2): 132-140.
⑤ Woodruff R B. Customer Value: The Next Source for Competitive Advantage[J]. Journal of the Academy of Marketing Science, 1997, 25(2): 139-153.

维度①。他们从顾客购买、消费过程的不同阶段，将顾客感知价值分为获取价值、交易价值、使用中价值和赎回价值。获取价值是指顾客支付一定货币后所得到的利益；交易价值是指顾客从交易中得到的喜悦之情；使用中价值是指在使用产品或服务中所得到的效用；赎回价值是指在产品以旧换新或服务终止后所得到的剩余利益。斯威尼和苏塔（Sweeney & Soutar，2001）在总结其他研究基础上，通过实证研究提出了 4 种价值维度：一是情感价值，指顾客从产品消费的感觉和情感状态中所得到的效用；二是社会价值，指产品消费提高顾客社会自我概念所带来的效用；三是质量价值，指顾客从产品感知质量和期望绩效比较中所得到的效用；四是价格价值，指与价值相比，短期和长期感知成本的降低给顾客所带来的效用②。因此，顾客感知价值是一个多维度的概念。

尽管对顾客感知价值的理解仍然存在争论，但我们可以将之大体上分为两类。一是以泽丝曼尔（1988）为代表，他们从顾客感知所得与感知付出的比较来分析顾客感知价值，这是总体的顾客感知价值概念。二是以斯威尼和苏塔（Sweeney & Soutar，2001）为代表，他们从具体构成内容维度来分析顾客感知价值，这是更为细化的顾客感知价值概念。我们可以将这两类定义结合起来。从整体上说，我们可以将顾客感知价值理解为顾客感知所得与感知付出的比较。它又包括两个比较过程，一是顾客感知价值是顾客得到的收益与付出成本之间的比较和权衡，二是这种顾客感知价值还是在与竞争企业的比较基础上得出的，斯威尼和苏塔所说的价格价值在此比较过程之中得到了体现。从具体层面上说，我们可以将顾客感知价值划分为 3 个维度，即功能价值、情感价值、社会价值，其中功能价值主要指斯威尼和苏塔所说的质量价值。这样我们就可以得到以下函数表达式：

顾客感知价值 $=f$（顾客感知所得，顾客感知付出）

$=f$（功能价值，情感价值，社会价值）

上式概括说明了顾客感知价值的两类不同定义。其一，顾客感知价值是在顾客感知所得与感知付出的比较基础上做出的主观判断。其二，顾客

---

① Parasuraman A, Grewal D. The Impact of Technology on the Quality-Value-Loyalty Chain: A Research Agenda[J]. Journal of the Academy of Marketing Science, 2000, 28(1): 168-174.

② Sweeney C J, Soutar N G. Consumer Perceived Value: The Development of A Multiple Item Scale[J]. Journal of Retailing, 2001, 77(2): 203-220.

感知价值又具体体现在顾客对功能价值、情感价值和社会价值 3 方面的感知。之所以采用函数表达式，是因为上述变量之间并非简单的线性关系，而函数形式能够较好地说明顾客感知价值形成的复杂性。在某些情形下，顾客可能对某一方面或某一因素非常敏感，该因素从而对顾客感知价值的形成具有决定性影响。例如，当顾客在时间紧迫的情况下，乘出租车前往飞机场，顾客最重视的是功能价值，准时、快速成为主要的感知价值决定因素，而其他因素的影响则相对较小。

（二）顾客感知价值的决定因素

由于服务的特殊性，与有形产品相比，顾客的服务感知价值形成过程更为复杂，影响顾客服务感知价值的具体因素也表现出特殊性。考虑到现有研究大多是从顾客感知所得与感知付出权衡角度出发，以下我们着重从服务特性来探讨影响顾客服务感知价值的决定因素。

首先，由于服务的无形性和异质性，顾客很难对服务结果做出判断，也很难与其他顾客的评价进行比较，尤其是对情感价值和社会价值等无形因素的感知更是如此。因此，顾客对服务是否满足自己需求的评价主要是建立在顾客期望与实际感知的比较基础之上的，这也就是奥利弗（Oliver，1980）提出的期望-不一致（Expectancy-disconfirmation）比较范式。如果顾客感知低于顾客期望，将产生消极的顾客感知价值；如果顾客感知价值超出顾客期望，将产生积极的顾客感知价值；如果顾客感知与顾客期望正好吻合，顾客将产生满意感，并认为这种感知价值是理所当然的。可见，顾客感知与顾客期望的比较过程都体现为顾客的心理认知，有效管理顾客期望将对顾客感知价值的形成产生重要影响。

其次，由于服务生产与消费的不可分性，顾客直接参与服务生产、传递过程，顾客与服务人员之间存在着大量的互动作用。由于服务结果的无形性，顾客对服务质量的评价主要依赖对服务过程的感受，尤其是经验、信任服务，顾客判断更多是以消费过程中的体验感受为基础。因此，服务过程直接影响到顾客对服务功能价值的认知。同时，顾客与服务人员之间的友好交往还会使顾客在满足功能价值之外，感受到情感价值。此外，顾客与服务人员共同参与服务生产与传递，满意的服务结果还会使顾客感受到一种参与的成就感，从而使顾客的社会价值需求得到满足。因此，服务过程的有效管理对顾客体验及其感知价值的各个维度都具有决定性影响。

最后，由于服务的异质性和互动性，顾客和服务人员的个性、情绪及环境都对顾客感知价值的具体形成过程产生权变性影响。例如，不同特性的顾客对服务的期望可能是不一样的，因为他们对功能价值、情感价值和社会价值的需求强度不同；在服务过程中，其他顾客也可能影响到顾客的情绪和心境，进而对顾客感知价值产生影响；而服务人员在一些关键环节与顾客的互动表现，对顾客感知评价更具有决定性影响。因此，针对具体情形，强化情境管理与顾客服务感知价值的形成密切相关。

为了提升顾客感知服务价值，服务的内在特性要求企业必须加强期望管理、过程管理和情境管理。不过，这些企业管理活动必须要有正确战略思想的统领，这就是企业的服务战略，它又集中体现在服务定位上。这样，我们就得到以下顾客服务感知价值决定因素模型，见图 6-5。

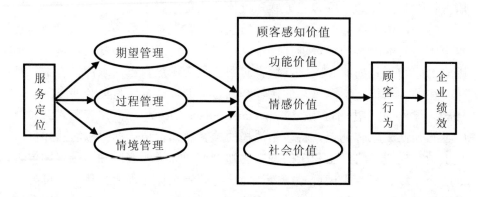

图 6-5　顾客感知价值的决定因素

资料来源：范秀成，罗海成. 基于顾客感知价值的服务企业竞争力探析[J]. 南开管理评论，2003（6）：43.

三、顾客满意

顾客满意被看作顾客忠诚的必要前提。在现代社会，企业要赢得长期顾客，就要创造顾客满意。研究顾客满意，不仅要了解顾客需求及其消费行为，同时也要了解顾客满意发生的机制，即顾客如何对其购买行为的结果产生满意，如何才能最大限度地使顾客满意。

（一）顾客满意的概念

自 20 世纪 70 年代以来，顾客满意的重要性得到了学术界和实践界的广泛重视，关系营销更是把顾客满意作为衡量总体营销绩效的重要指标。

对顾客满意的深入认识起源于社会心理学中的差距理论（Disconfirmation Theory）。奥利弗（Oliver，1980）认为满意是期望水平与此后不一致（Disconfirmation）的综合结果[①]，顾客在消费前形成希望本次消费所达到的标准，消费后顾客将消费过程中的感知实绩同这些标准进行比较，产生的差距大小和方向决定了顾客是否满意和满意的程度。这种"期望-不一致"研究范式成为顾客满意研究的重要理论基础。安德森和沙利文（Anderson & Sullivan，1993）认为，顾客满意是顾客对产品或服务绩效与期望相匹配程度的总体判断[②]。虽然在文献中，顾客满意有多种不同定义，但被广泛接受的概念是将满意看成是一种关于特定购买选择之后的评价判断[威斯布鲁克和奥利弗（Westbrook & Oliver），1991][③]。学者们认为，营销文献中的主流观点是将满意看作"期望-不一致"的函数[希曼斯基和亨纳德（Szymanski & Henard），2001][④]。菲利普·科特勒认为，满足是指一个人通过对一个产品和服务的可感知的效果与他的期望值相比较后所形成的感觉状态。可见，顾客满意就是一种期望与感知的认知比较过程。因此，满意水平是可感知效果和期望值之间的差异函数。顾客可以经历 3 种不同的满意度中的一种。如果可感知效果低于期望，顾客就会不满意；如果可感知效果与期望相匹配，顾客就满意；如果可感知效果超过期望，顾客就高度满意、高兴或欣喜。但是顾客是如何形成期望值的呢？期望是在顾客过去的购买经验、朋友和伙伴的各种言论、销售者和竞争者的信息和许诺等基础上形成的。如果销售者将期望值定得太高，顾客很可能会失望；如果将期望定得太低，就无法吸引足够的购买者或客户。

（二）顾客满意的测量

服务传递过程中的顾客满意是以构成顾客满意度的各个要素作为评价基础的。通常决定顾客满意水平的主要有 3 项影响因素，即感知质量、顾

① Oliver R L. A Cognitive Model of the Antecedents and Consequences of Satisfaction Decisions[J]. Journal of Marketing Research, 1980, 17(4): 460-469.

② Anderson E W, Sullivan M W. The Antecedents and Consequences of Customer Satisfaction for Firms[J]. Marketing Science, 1993, 12(2): 125-143.

③ Westbrook R A, Oliver R L. The Dimensions of Consumption Emotion Patterns and Consumer Satisfaction[J]. Journal of Consumer Research, 1991, 18(1): 84-91.

④ Szymanski D, Henard, D. Customer Satisfaction: A Meta-Analysis of the Empirical Evidence[J]. Journal of the Academy of Marketing Science, 2001, 29(1): 16-35.

客期望和感知价值。

感知质量是通过顾客对近期消费经验的评价来表示的，对服务中的顾客满意具有直接的正面影响。通过顾客对所经历的服务的评价来预测顾客满意，其结果依赖于顾客的主观直觉。

顾客期望是通过顾客对以往服务的消费经验（其中包括通过广告和口头宣传获得非亲身经历的信息）的评价来表示，代表了顾客对服务提供者未来的服务质量的预测。顾客期望既包含了以往的各时间阶段内的所有质量经验和信息，是企业服务表现的累积评价，同时在某个时刻又能预测一个企业在未来的若干时期满足其市场的能力。在服务表现一定的条件下，顾客期望的高低决定了顾客满意程度。

对于一定的顾客经历的服务质量，感知的价值增长与顾客满意度之间呈正相关。服务提供者必须在详细研究服务价值构成的基础上，寻找出各项价值的增值点，并进行投入开发。

以上 3 项影响因素决定了企业的顾客满意水平。由于顾客满意水平的不同，导致了顾客对于某项服务的不同反应，即顾客满意评价的两个结果变量：顾客抱怨和顾客忠诚度。

1996 年，福尔内尔、约翰逊、安德森、查和科比（Fornell, Johnson, Anderson, Cha & Bryant，1996）提出了美国顾客满意指数（ACSI）模型，它是一种以市场为基础，用来衡量企业、行业、经济部门和国家经济绩效的方法。该模型认为，顾客满意指数是由感知价值决定的，而感知价值又是由感知质量和顾客期望共同决定的，而且感知质量和顾客期望又直接影响顾客满意，顾客期望同时影响感知质量的形成。顾客满意状况如何则进一步影响到顾客抱怨或者顾客忠诚的购后行为[①]。他们通过全国性调查数据研究发现，在顾客满意的决定因素中，顾客定制化比可靠性更重要，顾客期望在生产和消费差异较低的部门中作用更大，顾客满意更多的是质量驱动型而不是价值或价格驱动型。见图 6-6。

---

① Fornell C, Johnson M D, Anderson E W, Cha J, and Bryant B E. The American Customer Satisfaction Index: Nature, Purpose, and Findings[J]. Journal of Marketing, 1996, 60(4): 7-18.

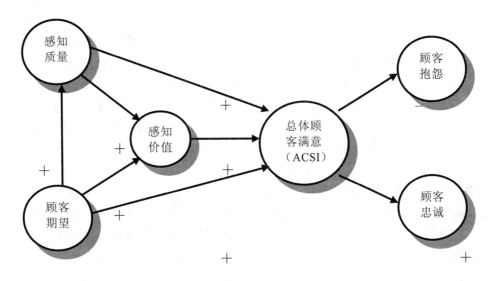

图 6-6　美国顾客满意指数模型

资料来源：Fornell C, Johnson M D, Anderson E W, Cha J, and Bryant B E. The American Customer Satisfaction Index: Nature, Purpose, and Findings[J]. Journal of Marketing, 1996, 60(4): 8.

（三）顾客满意的因素

服务企业在分析顾客需求时，很重要的一点就是要了解哪些服务因素对顾客满意具有重要影响,而哪些服务因素又对顾客不满意构成重大障碍，这两种服务因素之间的关系又是如何。只有这样，服务企业才能在后续的服务设计中明确应该关注哪些与顾客需求相对应的服务因素。

斯旺和库姆斯（Swan & Combs，1976）指出，消费者只是根据有限的一些属性对产品进行判断，其中一些属性对顾客满意至关重要，而另一些属性则并不关键，但一旦缺乏这些属性或这些属性表现不佳时，顾客就可能产生不满意情绪①。为此，他们提出了两种决定性因素，一是工具性因素（Instrumental），即实体产品的绩效；二是情感性的因素（Expressive），即产品的心理绩效。他们认为，满意往往与超出期望或与期望相同的情感性结果相关联，而不满意往往与低于工具性结果期望的绩效相关联。要实现满意，企业就必须在工具性和情感性结果两方面都达到顾客的期望。虽然他们的研究主要是针对产品，但对于服务企业来

① Swan J E, Combs L J. Product Performance and Consumer Satisfaction: A New Concept[J]. Journal of Marketing, 1976, 40(2): 25-33.

说，同样具有重要的启示意义。

马多克斯（Maddox，1981）研究发现，情感属性的低价值将降低满意度，但不会导致不满意[①]。卡托特和涂尔干（Cadotte & Turgeon，1988）研究指出，当绩效或期望特征缺失导致不满意时，这些变量就成为不满意因素（Dissatisfiers），它们进一步导致了抱怨行为。而且不满意因素对企业来说是必要的，但并不是充分条件。而另一些满意因素（Satisfiers），其优异的绩效导致强烈的满意情感，进而导致赞赏性行为，但这些因素表现不良或缺失，并不一定会导致负面的情感[②]。约翰斯顿和西尔韦斯特罗（Johnston & Silvestro，1990）的研究归为保健、强化和双重因素[③]。

可见，不满意因素对于企业服务来说是必要的，但并不是良好绩效的充分条件，要实现顾客满意，企业服务还必须同时具备满意因素。从管理视角来看，满意因素就代表了服务企业创建优势的方向。因此，将顾客需求心理因素区分为保健因素、激励因素，对服务设计和服务战略的实施都具有十分重要的意义。

1. 不满意因素

不满意因素是指必需的服务要素，它通常很难从顾客访谈中识别出来。因为，顾客认为这些服务要素是应当具备的，是理所当然的，因而往往在调查中顾客并不在意。但是一旦缺乏这些服务要素，将会即刻导致顾客的不满意。例如，在前台服务中，顾客通常认为是可以用信用卡进行支付的。如果有这种服务，并不意味着顾客就会对企业的服务产生满意感，因为这在顾客看来只是一个起码的要求。相反，如果企业不提供这种服务，就可能即刻引发顾客的不满意。在这里，不满意因素其实就相当于斯旺和库姆斯（Swan & Combs，1976）提出的工具性因素，也可称之为保健因素。

2. 满意因素

满意因素是指企业所提供的积极的服务属性，它们往往是顾客适当服务期望中所没有的，它通常隐含在顾客对特定企业的理想期望之中。相对而言，满意因素一般可以通过传统的营销调研识别出来，因为顾客会对这

① Maddox R N. Two-Factor Theory and Consumer Satisfaction: Replication and Extension[J]. Journal of Consumer Research, 1981, 8(1): 97-102.

② Cadotte E R, Turgeon N. Dissatisfiers and Satisfiers: Suggestions for Consumer Complaints and Compliments[J]. Journal of Consumer Satisfaction, Dissatisfaction and Complaining Behavior, 1988, 1(1): 74-79.

③ Johnston R, Silvestro R. The Determinants of Service Quality – A Customer-Based Approach[J]. in The Proceedings of the Decision Science Institute Conference, San Diego, CA, 1990.

些服务要素具有一种心理上的期望。一旦顾客感觉到这些满意的服务要素，顾客将会感到满意，并将愿意保持与企业之间的交易关系。同时，我们还可以进一步将满意因素细分为满意因素和惊喜因素两大类，前者是指导致顾客满意的服务要素，后者是指导致顾客惊喜的服务要素。因此，惊喜因素对服务企业来说是一种更高的要求，它也更能有效地强化企业与顾客之间的交易和情感关系。在这里，满意因素其实就相当于斯旺和库姆斯（Swan & Combs，1976）提出的情感性因素，也可称之为激励因素。

在此，有两个方面需要特别引起注意。一方面，不满意的根源并不一定就是满意的根源的反面，如可靠性是不满意的主要决定因素，但并不是满意的关键决定因素。贝里、泽丝曼尔和帕拉苏拉曼（Berry, Zeithaml & Parasuraman，1985）曾指出，影响满意的决定因素就是影响不满意的反面因素，例如，友好会使顾客满意，而不友好会导致顾客不满意[1]。但事实并非如此，约翰斯顿（Johnston，1995）的研究得到了不同的结论[2]。另一方面，顾客期望是随着时间而变化的。随着顾客接受服务的次数增多，久而久之，顾客对那些惊喜因素逐渐习以为常，这些惊喜因素就可能转变成为满意因素，而满意因素也有可能转变成为不满意因素。例如，旅客可以在酒店房间选择收看不同的电影节目，这种服务在 20 世纪 80 年代以前，对不少旅客来说可能是一种惊喜因素，但现在最多也只能算是一个满意因素而已。因此，服务企业在进行服务产品设计时，应该按照不满意因素、满意因素和惊喜因素的具体类别，对关键的顾客需求属性进行分析。

以下是约翰斯顿以银行个人顾客为样本所做的一项相关研究，他将顾客可能的满意和不满意因素分为 18 类，分别是关注/帮助、响应性、关怀、实效性、可靠性、诚实、友好、礼貌、沟通、能力、功能性、承诺、可获得性、灵活性、安全性、外表美观、清洁、舒适，见图 6-7。

---

[1] Berry L L, Zeithaml V A, Parasuraman, A. Quality Counts in Services, Too[J]. Business Horizons, 1985, 28(3): 44-52.

[2] Berry L L, Zeithaml V A, Parasuraman A. Quality Counts in Services, Too[J]. Business Horizons, 1985, 28(3): 44-52.

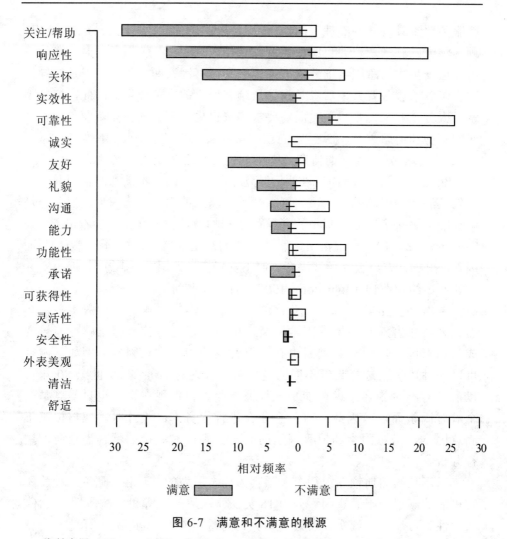

图 6-7　满意和不满意的根源

资料来源：Johnston R. The Determinants of Service Quality: Satisfiers and Dissatisfiers[J]. International Journal of Service Industry Management, 1995, 6(5): 63.

该研究显示，对于银行个人顾客来说，满意最常见的根源是关注、响应性、关怀和友好，其比例为74%。这些决定因素主要是服务的无形性因素，这与贝里、泽丝曼尔和帕拉苏拉曼的移情性、保证性和响应性维度是相对应的[①]。不满意最主要的根源则是诚实，即员工的公平、公正、信任，

① Berry L L, Zeithaml V A, Parasuraman A. Quality Counts in Services, Too[J]. Business Horizons, 1985, 28(3): 44-52.

其他主要不满意因素是可靠性、响应性、可获得性，它们包括有形和无形两方面，而功能性则是纯有形的。其他更多的有形性方面，如舒适、清洁、安全、可获得性只占很小的比例。这与泽丝曼尔、帕拉苏拉曼和贝里认为有形性是最不重要的服务质量维度的观点是一致的[①]。从研究可以看出，前 10 位决定因素主要与服务的无形性方面相关（可靠性、可获得性），服务员工与顾客接触的无形性方面对服务质量具有显著的积极或消极影响。可靠性虽然在满意决定因素方面只列第 10 位，但却是第二重要的不满意因素。

可见，在不同的服务属性中，其中一些服务属性比另一些服务属性更重要；不满意与满意并不是对立的两面，不满意的根源与满意的根源并不是非此即彼的关系，服务的无形性因素对服务质量和顾客满意具有正面和负面两方面的重要影响。这对于服务企业的启示是，企业服务战略必须在剔除不满意因素的同时，要努力提高满意因素，否则企业就无法达成顾客满意的经营目标。

其实，约翰斯顿的研究属于营销策略中常见的属性分析法，至于各类具体服务的各种属性则可以通过系统的市场调查和分析获得。不过，不同的服务行业以及不同的服务企业，它们各自的不满意因素与满意因素是大不相同的。为此，服务企业必须结合自身实际进行分析。首先，服务企业需要将服务划分为具体的属性，这种属性的展开可以根据服务质量可靠性、响应性、保证性、移情性和有形性 5 个维度，细分为具体的服务属性要求；其次，服务企业可以开展顾客调查，根据顾客调查确定不同服务属性的权重；最后，服务企业将自己的服务现状与竞争对手的服务现状进行比较分析，从而找出当前企业服务的不满意因素和满意因素，为服务设计确定关注的战略方向。

四、顾客忠诚

忠诚的顾客通常被认为是一种资产，因为顾客忠诚水平决定了企业盈利水平。随着竞争形式和交换过程不断发生结构性变化，企业的顾客基础变得更加脆弱。因此，如何与顾客建立更稳固的交换关系成为企业日益重视的主题，企业越来越关注建立顾客忠诚的利益。

---

① Zeithaml V A, Parasuraman A, Berry L L. Delivering Service Quality[M]. New York: Free Press, 1990.

（一）顾客忠诚的概念、类型与层次

1. 顾客忠诚的概念

一般来说，忠诚顾客是指与企业之间建有"深度"关系的顾客，他们比其他顾客接受企业服务的次数更多，或者在具体时段内他们从企业购买的总次数更多，或者他们从企业购买金额的百分比更高。奥利弗（Oliver，1997）将忠诚定义为，"在未来持续重购或再惠顾某一偏好产品/服务的一种深度承诺，从而导致对同一品牌或同一品牌大类的重复购买，尽管存在情境影响以及营销努力对转移行为的潜在影响"[①]。受此导向，在实践领域，企业的忠诚计划也致力于最大限度地吸引顾客重复消费，比如根据顾客的消费次数或者累计消费额给予不同的折扣等措施。然而，这些忠诚计划只是在吸引顾客重复消费，并不必然引发顾客心理上的认同和忠诚感。顾客即便重复消费，也可能只是对促销计划本身而非对企业或者品牌忠诚，如果没有这些措施，顾客就会转投其他家。显然，单纯依靠吸引顾客重复消费并不能获取真正忠诚的顾客。

此后，在学者的研究中，巴恩斯（Barnes，2001）认为将忠诚度定义为客户与一家公司往来的时间长度，显得过于简单。他指出存在两种客户关系，一种是真诚的客户关系，另一种是人为通过使用某些激励措施锁定客户，以防止客户流失的行为。忠诚只能来自积极的情感，而第二种客户关系不是真正的客户[②]。

目前，对于真正忠诚的顾客的认识，比较一致的观点是：忠诚的顾客并不仅仅局限于重复消费同一企业的产品或服务，而且它还对该企业或品牌表现出高度的偏爱，属于"因为喜欢，所以消费"型。据此，学者对忠诚提出了各种定义，如：①迪克和巴苏（Dick & Basu）认为忠诚是伴随着较高取向态度的重复消费行为；②格雷默和史蒂芬（Gremler & Stephen）将服务业的顾客忠诚定义为顾客对某服务提供商的重复消费程度，以及在需要增加消费量时，继续视该服务提供商为唯一选择的倾向；③奥利弗认为忠诚是顾客对其所偏爱企业或品牌的深刻承诺，在未来持续一致地重复购买和消费，因此产生的反复购买同一企业、同一品牌或品牌系列的行为，而不管情境和营销力量的影响如何，不会产生转换行为。尽管这些定义在

---

① Oliver R L. Satisfaction: A Behavioral Perspective on the Consumer[M]. New York: Irwin/McGraw-Hill, 1997.

② Barnes G J. Secrets of Customer Relationship Management[M]. New York: McGraw-Hill Education, 2001.

语言描述上存在差异，但均超越了单纯从行为角度的观察，把态度因素视作顾客忠诚的另一个维度。

2．顾客忠诚的类型

根据重复消费行为和取向态度这两个构面，从理论上可以将忠诚划分为 4 类组合，如图 6-8 所示。

（1）真正忠诚（True Loyalty）：高取向态度伴随着高重复消费行为。顾客由于出自内心的喜爱而引发频繁的重复消费，即便受到竞争对手的吸引也不会转换。

（2）潜在忠诚（Latent Loyalty）：高取向态度伴随着低重复消费。尽管顾客很喜爱某企业或者品牌，但其消费行为受其他情景因素如价格、时间或者距离的影响很大，从而妨碍了对喜爱品牌的重复消费。

（3）虚假忠诚（Spurious Loyalty）：低取向态度伴随高重复消费。这与潜在忠诚刚好相反，顾客虽然并不喜爱某个企业或品牌，但是由于情景因素的制约，比如垄断，而不得不经常重复消费。

（4）不忠诚（No Loyalty）：低取向态度伴随低重复消费。顾客不喜爱，也很少重复消费。

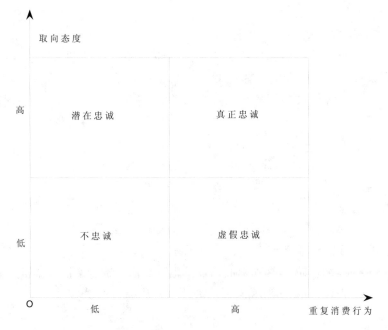

图 6-8　忠诚的 4 种类型

根据这种划分，企业不仅可以认识到有多少顾客重复消费，而且还能够辨识顾客为什么要重复消费，以及这种重复消费行为的可持续性有多大。比如，对于垄断行业，如果顾客完全是由于缺乏其他选择才重复消费，那么这一行为就缺乏可持续性，如果垄断局面被打破，或者出现合适的替代品，很可能就会出现顾客的大量流失。同样，对于转换消费的顾客群体，企业也可以借此确定流失的原因，从而制定相应的策略。

3．顾客忠诚的层次

顾客忠诚依其程度深浅，可以分为 4 个不同的层次。

（1）认知忠诚：指根据服务品质信息直接形成的，认为此服务优于其他服务而形成的忠诚，这是最浅层次的忠诚，如五星级饭店的服务被认为是优质的。

（2）情感忠诚：指在使用服务持续获得满意之后形成的对服务的偏爱。

（3）意向忠诚：指顾客十分向往再次购买服务，不时有重复购买的冲动，但是这种冲动还没有化为行动。

（4）行为忠诚：忠诚的意向转化为实际行动，顾客甚至愿意克服阻碍实现购买。

（二）顾客满意与顾客忠诚的关系

许多企业及其高层领导都希望通过改进服务质量使顾客满意，进而把顾客满意度、忠诚度和公司盈利联系起来。但国际、国内的许多研究表明，顾客满意和顾客忠诚之间并不是简单关系，它受企业所处的竞争环境影响很大。同时，处在"满意-忠诚"曲线上不同位置的顾客对服务提供者的忠诚态度差别很大。

1．顾客满意与顾客忠诚的关系并非直线

著名的美国施乐公司做过一个顾客满意度调查，将顾客对其服务的满意程度分为非常满意、满意、一般、不满意、非常不满意，然后研究满意与忠诚的关系，发现其并非直线，而是曲线。非常满意者的忠诚度很高，满意者的忠诚度迅速下降，如图 6-9 所示。

2．"满意-忠诚"曲线上的不同顾客

琼斯和萨瑟（Jones & Sasser）将顾客及忠诚度分为 4 个主要群体，见图 6-10。

"传道者"是那些不仅忠诚，而且对服务非常满意并去向其他人推荐的人。

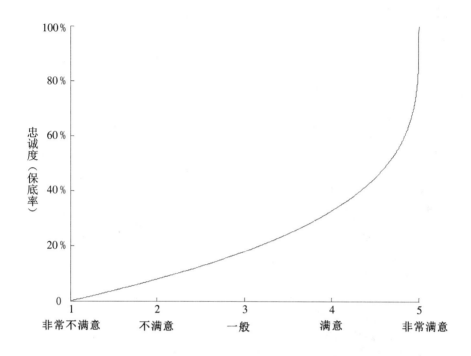

图 6-9 顾客满意与顾客忠诚的非线性关系

"图利者"即那些为谋求低价格而转换服务供应商的人，尽管他们的满意度可能很高，但不会忠贞不贰。

"囚禁者"是指那些对产品或服务不满意或极不满意但却没有或很少有其他选择的顾客。

"破坏者"有任何选择余地都要利用。他们利用每一次机会散布对以前服务者的不满情绪，并转向其他供应商。

此外，有研究显示，虽然顾客具有高水平的满意度，但在满意顾客中非忠诚现象还是很明显的。有 1/3～1/2 以上的顾客满意，但仍表示出转移的意愿。而且驱动满意和忠诚的因素可能是不同的，在不同服务类型中也不一样。例如，对保健服务来说，满意更多是由功能质量而不是技术质量驱动的，而忠诚则更多是由技术质量而不是功能质量驱动。相反，在汽车维修服务，满意更多是由技术质量而不是由功能质量驱动，而忠诚则更多是由功能质量而不是技术质量驱动的［米塔尔和拉萨尔

（Mittal & Lassar），1998][1]。

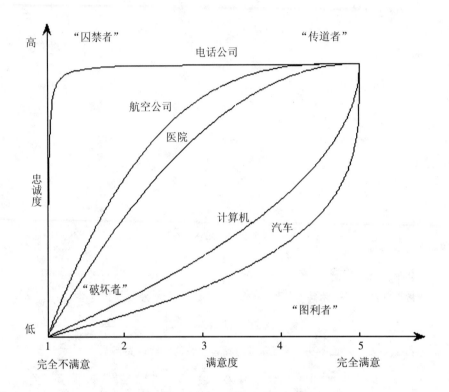

图 6-10 "满意-忠诚"曲线上的顾客类型

上述研究表明，顾客满意与顾客忠诚之间并非线性关系，而是一种非线性关系。因此，企业必须区分不同竞争环境下的不同顾客忠诚类型，分析不同顾客忠诚类型产生的内在原因，从而采取有针对性的对策。

（三）顾客忠诚与企业赢利的关系

顾客忠诚日益被认为是通向企业长期赢利的一条路径，不仅关系着企业获利水平以及在同等产品中的竞争能力，更关乎企业的永续发展，并在企业营销中起着举足轻重的作用。顾客忠诚对企业赢利水平的影响表现在以下几个方面。

---

① Mittal B, Lassar W M. Why do Customers Switch? The Dynamics of Satisfaction Versus Loyalty[J]. Journal of Services Marketing, 1998, 12(3): 177-194.

1．价格容忍度高

忠诚顾客一般会减少对于价格的比较和对产品的搜寻，对于其他低价格产品的敏感度低，他们会继续选择原本企业的产品或服务，愿意为优质的产品或者一流的服务支付较高的价格，对本企业产品的高价格表现出较高的容忍度。

2．成本的降低

一些企业分析家指出，吸引新顾客的成本比维系一位现有顾客的成本要高出 5 倍多[赖克哈尔德和萨瑟（Reichheld & Sasser），1990][1]。与老顾客交易可以节省许多吸引新顾客的成本，包括吸引顾客的广告成本、人员推销成本、建立新账户的成本。由于忠诚顾客交易频繁，熟知企业的交易惯例及流程，这也将节省企业在服务方面花费的成本，如向新顾客解释商业程序的成本、顾客学习过程中非效益性交易成本[佩珀和罗杰斯（Peppers & Rogers），1993][2]。此外，随着同一顾客的收益增长，其服务成本也逐渐降低。因此，许多研究也指出，在顾客忠诚与企业赢利之间存在着正相关关系[赖克哈尔德和萨瑟（Reichheld & Sasser），1990][3]。

3．利润的上升

赖克哈尔德和萨瑟研究发现，随着时间的推移，每位顾客为企业提供的利润逐年上升。持续的顾客利润比节省的企业成本更多，企业保持顾客的时间越长，从顾客得到的终身收益就越大。

顾客忠诚度对企业赢利能力的影响因素包括争取顾客的成本、收入增长、成本节约和溢价等。可见，忠诚行为，包括关系持续性、扩大的关系规模或范围，是来自顾客对从某一企业接收到的价值数量高于其他企业的信念。忠诚，以上述一种或多种形式，通过提高收入、降低顾客吸引成本、降低顾客价格敏感度，由于顾客熟悉企业服务传递系统而降低了顾客服务成本，以及推荐（口碑广告）等形式，从而增加了企业利润，见图 6-11。

---

① Reichheld F F, Sasser W E. Zero Defection: Quality Comes to Services[J]. Harvard Business Review, 1990, 68(5): 105-111.
② Peppers D, Rogers M. The One to One Future: Building Relationships One Customer at a Time[M]. New York: Doubleday, 1993.
③ Reichheld F F, Sasser W E. Zero Defection: Quality Comes to Services[J]. Harvard Business Review, 1990, 68(5): 105-111.

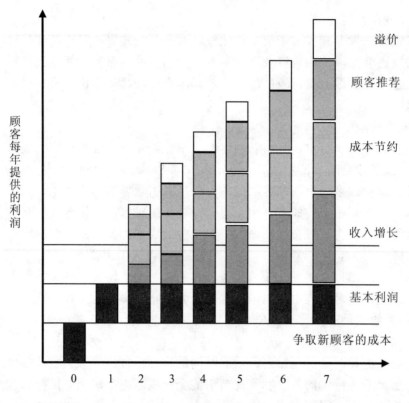

图 6-11　顾客忠诚对企业赢利能力的影响

资料来源：Reichheld F F, Sasser W E. Zero Defections: Quality Comes to Services[J]. Harvard Business Review, 1990, 68(5): 108.

　　20 世纪 90 年代以来，不少产品、服务市场呈现出饱和状态，竞争日趋激烈，顾客关系成为企业构造竞争优势的新路径。顾客终身价值（Customer Lifetime Value）概念得到了前所未有的重视。顾客终身价值是指顾客在其整个顾客生命周期内对企业利润的贡献净现值[比特朗和蒙德辛（Bitran & Mondschein），1997][1]。每个客户的价值都由 3 部分构成：历史价值（到目前为止已经实现了的顾客价值）、当前价值（如果顾客当前行为模式不发生改变的话，将来会给公司带来的顾客价值）和潜在价值（如果公司通过有效的交叉销售可以调动顾客购买积极性，或促使顾客向别

　　① Bitran G, Mondschein S. A Comparative Analysis of Decision Making Procedures in the Catalog Sales Industry[J]. European Management Journal, 1997, 15(2): 105-116.

人推荐产品和服务等，从而可能增加的顾客价值）。顾客终身价值概念既涵盖了顾客的现时贡献和未来贡献潜力，体现了顾客资产的现实性和未来性特点，又涵盖了顾客交易之后感知评价的影响力，体现了顾客资产的互动性特点。1996 年，布莱特伯格和戴顿（Blattberg & Deighton）创新性地提出顾客资产（Customer Equity）概念，认为顾客资产就是顾客的货币价值[①]，也表达了与顾客终身价值类似的概念。

因此，顾客保留成为长期业务成功的重要源泉之一。服务管理的宗旨就是通过服务运营的优秀设计，为顾客创造良好的服务体验和感知，达成顾客满意，获取顾客忠诚，进而实现企业赢利和企业成长的战略目标。

案例：美孚石油公司的服务三要素

2000 年，埃克森美孚石油公司（Exxon Mobil Corporation）全年销售额为 2320 亿美元，位居全球 500 强第一位。而美孚石油公司取得如此骄人业绩的关键，在于其实施的标杆管理。

1992 年，美孚石油公司还只是一个每年有 670 亿美元收入的公司，但年初的一个调查让公司决定进行服务变革。当时美孚公司询问了服务站的4000 位顾客什么对他们是重要的，结果得到了一个令人震惊的数据：仅有20%的被调查者认为价格是最重要的；其余的 80%想要 3 件同样的东西：能提供帮助的友好员工、快捷的服务和对他们的消费忠诚予以认可。根据这一发现，美孚开始考虑如何改造它遍布全美的 8000 个加油站，讨论的结果是实施标杆管理。

公司由不同部门人员组建了 3 个团队，分别以速度（经营）、微笑（客户服务）、安抚（顾客忠诚度）命名，通过对最佳实践进行研究作为公司的标杆，努力使客户体会到加油也是愉快的体验。

"速度小组"找到了潘斯克（Penske），它在印地（Indy）500 比赛中以快捷方便的加油站服务而闻名。"速度小组"仔细观察了潘斯克（Penske）如何为通过快速通道的赛车加油：这个团队身着统一的制服，分工细致，

---

① Blattberg R C, Deighton J. Manage Marketing by the Customer Equity Test[J]. Harvard Business Review, 1996, 74(4): 136-144.

配合默契。"速度小组"还了解到，潘斯克（Penske）的成功部分归于电子头套耳机的使用，它使每个小组成员能及时地与同事联系。

"微笑小组"考察了丽思•卡尔顿（Ritz-Carlton）酒店的各个服务环节，以找出该酒店是如何获得不寻常的顾客满意度的。结果发现，丽思•卡尔顿酒店的员工都深深地铭记：自己的使命就是照顾客人，使客人舒适。"微笑小组"认为，美孚同样可以通过各种培训，建立顾客导向的价值观，来实现自己的目标。

"安抚小组"到"家居仓储"去查明该店为何有如此多的回头客。在这里他们了解到：公司中最重要的人是直接与客户打交道的人。没有致力于工作的员工，就不可能得到终身客户。这意味着企业要把时间和精力投入到如何招聘和训练员工上。而在美孚公司，那些销售公司产品、与客户打交道的一线员工传统上被认为是公司里最无足轻重的人。"安抚小组"的调查改变了公司的观念，使领导者认为自己的角色就是支持一线员工，让他们把出色的服务和微笑传递给客户，传递到公司以外。

美孚提炼了它们的研究结果，并形成了新的加油站概念——"友好服务"。美孚在佛罗里达的 80 个加油站开展了这一试验。"友好服务"与其传统的服务模式大不相同。希望得到全方位服务的顾客，一到加油站，迎接他的是服务员真诚的微笑与问候。所有服务员都穿着整洁的制服，打着领带，配有电子头套耳机，以便能及时地将顾客的需求传递到便利店的出纳那里。希望得到快速服务的顾客可以开进站外的特设通道中，只需要几分钟，就可以完成洗车和收费的全部流程。

美孚公司由总部人员和一线人员组成了一个叫作"特殊武器与战术"（Special Weapons And Tactics，SWAT）的实施团队，花了 9 个月的时间构建和测试维持"友好服务"的系统。"友好服务"的初期回报是令人振奋的，加油站的平均年收入增长了 10%。1997 年，"友好服务"扩展到公司所有的 8000 个加油站。

术语表

服务质量（Service Quality）

适当服务（Adequate Service）

理想服务（Desired Service）

感知服务质量（Perceived Service Quality）

技术质量（Technical Quality）

功能质量（Functional Quality）

结果质量（Outcome Quality）

过程质量（Process Quality）

服务质量差距模型（Service Quality Gap Model）

SERVQUAL 量表（Service Quality Scale）

可靠性（Reliability）

响应性（Responsiveness）

有形性（Tangibility）

保证性（Assurance）

移情性（Empathy）

SERVPERF 量表（Service Performance Scale）

非差异评价（Non-difference Score）

服务利润链（Service Profit Chain）

顾客期望（Customer Expectation）

顾客感知价值（Customer Perceived Value）

顾客终身价值（Customer Lifetime Value）

顾客满意（Customer Satisfaction）

期望-不一致（Expectancy-disconfirmation）

顾客忠诚（Customer Loyalty）

真正忠诚（True Loyalty）

潜在忠诚（Latent Loyalty）

虚假忠诚（Spurious Loyalty）

不忠诚（No Loyalty）

认知忠诚（Cognitive Loyalty）

情感忠诚（Emotional Loyalty）

意向忠诚（Intentional Loyalty）

行为忠诚（Behavioral Loyalty）

第七章 服务接触管理

与有形产品不同，在整个服务产品的设计、生产、销售以及消费的周期中，顾客都或多或少地参与其中。在生产和消费过程中，顾客势必与服务提供者以及其他顾客发生接触，彼此相互影响。顾客感知价值和顾客满意不仅仅体现在他们获得的服务结果方面，更主要体现在与服务组织和服务提供人员的服务接触过程中。本章首先阐述服务接触的概念、意义、环节与类别；然后介绍服务剧场模型、服务接触的三元模型、服务系统模型和扩展模型 4 种服务接触模型；最后讨论服务关键时刻的概念、要素以及如何评估服务关键时刻。

第一节 服务接触概述

一、服务接触的概念

服务接触的英文一词为"Service Encounter"。除此以外，也有学者使用"Moment of Truth"（关键时刻/真实瞬间）的表达方式，这种表达方式更加强调服务的重要性，更加形象，服务生产与消费的同时性等特性也跃然纸上。

从技术角度来看，苏普勒南特和索罗门（Surprenant & Solomon，1987）认为服务接触是顾客与服务提供者之间的双向交流[①]。肖斯塔克（Shostack，1985）对服务接触做出的定义从某种程度上来说要更为宽泛，即"顾客与服

---

① Surprenant C F, Solomon M R. Redictability and Personalization in The Service Encounter[J]. Journal of Marketing, 1987, 51(4): 73-80.

务企业直接互动的那个时间段"[1]。这一较为宽泛的定义涵盖了顾客与服务企业所有方面之间的互动，其中包括企业的员工、物资设备和设施以及其他一些有形要素。值得注意的是，肖斯塔克的定义并没有把这种接触仅限于顾客与企业之间的人际互动。按照字面的意思理解，他的定义实际上指出，服务接触可以在没有任何人际互动的条件下发生。尽管就大多数服务产品而言，这一观点似乎非常荒谬（因为就大多数服务产品而言，人际互动几乎都是最重要的），但是这一较为宽泛的定义对于服务提供商来说确实是一个重大的挑战。这一定义揭示了这样一个事实，即那些表面上看起来并不重要的外部因素，比如酒店的车位不足或是钥匙无法打开客房房门等都有可能变为在酒店所经历的不愉快的"服务接触"，无论顾客是否对与酒店员工之间的人际互动感到满意。因此这一较为宽泛的定义提示管理者运用横向思维来理解"服务接触"的性质及其管理意义。

然而，尽管肖斯塔克为服务接触做出的较为宽泛的定义具有实用价值，但是在服务接触过程中真正重要的问题是，如何能够在提供服务的重要时刻，即所谓的"关键时刻"，适当地处理这种与顾客面对面的接触。

二、服务接触的重要性

服务接触的重要性体现在 3 个方面：顾客感知质量、服务效率和服务文化。

（一）服务接触影响顾客的感知质量

服务质量不同于有形产品，没有相应的量化指标进行衡量，完全根据客户的期望、对服务的感觉来评价服务，这种感觉在服务接触过程中逐渐形成，并最终得出服务质量的评价。例如，医生在给患者诊疗时，是否认真听取患者的叙述，是否有耐心详细地解答患者的病情等，这些都会给患者留下某种印象，最终成为患者对该医生或该医院服务质量的评价。

（二）服务接触影响服务的效率

服务接触的方式或方法对服务效率有很大的影响，如在人和人的接触中，通过眼神和动作来理解对方的意图能减少语言交流所花费的时间；在人和机器的接触中，通过熟悉的界面交互也能节约人量的时间，提高服务效率。

---

[1] Shostack G L. Planning the Service Encounter[C]. Czepiel J A, Solomon M R & Surprenant C F (Eds.), The Service Encounter, Lexington, MA: Lexington Books, 1985: 243-254.

（三）服务接触影响企业的服务文化

服务是一种互动过程，顾客的素质、习惯、知识、经验等在服务接触过程中对服务人员产生影响，他们在与顾客交互中互相融合，逐渐形成一种具有本土特色的服务文化。许多跨国企业具有类似的经验，它们在国外设立公司时，往往需要采用一些当地化的政策、行为方式及策略，以适应当地顾客的要求。

三、服务接触的主要环节

服务接触是指顾客与服务人员交互时的一段时间里所发生的各种事件。但由于顾客全程参与服务，服务接触的过程也是服务的过程，该过程中涉及服务人员与顾客间的事件主要包括了解顾客需求、完成服务过程、控制服务质量、建立客户关系等。

（一）了解顾客需求

服务人员在开始接触顾客时要与顾客充分沟通，了解顾客的服务需求，在服务能力的范围内准备提供服务。

（二）完成服务过程

顾客接受服务组织提供的服务。通过顾客与服务人员之间大量的互动，如信息交流等，顾客获得满意的服务。

（三）控制服务质量

服务过程结束，服务产品也就消费掉了，因此服务质量的控制一定是在服务过程中实现的。在服务过程中，服务组织要通过一定的机制激励服务人员提供优质的服务质量。

（四）建立客户关系

由于服务的生产和消费具有同时性，服务的营销与服务的生产也就有了一定时间上的重叠。服务接触阶段给顾客留下的印象直接影响顾客对该组织的好恶，决定了顾客是否会再次光顾。

四、服务接触的类型

服务接触可以按照接触程度和接触方式进行划分。

（一）基于接触程度的划分

顾客与服务人员（要素）间的接触程度可以划分为3种水平：高度接触、低度接触、中度接触，它们代表了顾客与服务人员、实体服务要素或同时与两者相互作用的程度。图 7-1 是不同类别服务中服务接触水平的示意图。

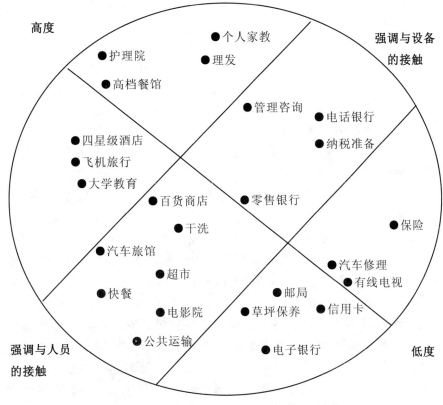

图 7-1 顾客与服务组织的接触水平

资料来源：Lovelock C H. Marketing Service—Third Edition[M]. Upper Saddle River: Prentice Hall, 1996.

　　高度接触服务是指需要顾客亲自光临服务现场、使用服务设施的服务。在高度接触服务中，顾客积极参与整个服务传递过程，与服务组织和服务人员之间有很高的接触度，如医疗服务、保健服务、咨询服务、理发服务等。低度接触服务指顾客与服务提供者之间只有很少的实体接触，而主要通过电子和实体分销渠道远程实现的服务。借助技术手段，服务企业可以使传统上的高度接触服务转变为低度接触服务。例如，从实体银行转变为网上银行，从现场授课转变为网络远程授课，从到商场购物转变为在网上购物等。中度接触服务则介于高度接触服务和低度接触服务之间。目前，许多高度接触服务和中度接触服务正在向低度接触服务转化。例如，越来越多的顾客开始通过网络在家中购物,通过电话处理银行和保险业务。

（二）基于接触方式的划分

顾客与服务组织在任何场合都可能发生服务接触。根据接触方式的不同，服务接触可以分为 3 类：面对面接触、电话接触和远程接触。在与服务企业联系时，一位顾客可能经历其中 1 类或所有 3 类的综合性接触。

面对面接触是指顾客与服务人员直接接触。例如，餐厅中的引座员、点菜员、送菜员、结账员等都与就餐顾客发生直接的面对面接触，航空服务中的售票员、安检人员、乘务员等与乘客发生面对面接触。在面对面接触中，决定服务质量的因素最为复杂。语言和非语言行为都很重要，包括员工服装、其他服务标志、顾客自身的参与和互动等都在完成高质量服务中起到重要作用。

电话接触指顾客与服务提供商之间通过电话发生接触，如电话呼叫中心、电话咨询服务等。许多服务企业使用客户服务、下订单、质量追踪调查等方式与顾客发生电话接触。有很多因素影响电话接触质量，如电话中的语气、员工的专业知识、处理顾客问题的速度和效率等是在电话接触中判断服务质量的重要标准。电话接触要求员工具备相应的口头表达与沟通技能以及专业知识，对通话内容和服务态度的管理是运营焦点。

远程接触指不发生在人与人之间的服务接触，它又可以分为邮寄接触和网络接触。如顾客通过自助取款机与银行进行的接触，通过自动售货机与厂家的接触，通过网络与电商的接触等。越来越多的服务通过技术，尤其是运用互联网进行传递，零售购物、航空订票、包裹的追踪查询等都可以通过互联网开展远程服务。在远程接触中，有形服务、技术过程和技术系统的质量成为判断整体质量的主要标准。远程接触要求员工具备相应的文书技能、网络管理技能，运营的焦点集中在文件处理和网络系统管理上。

第二节　服务接触模型

有关服务接触的研究发展，从最初的服务剧场理论，到服务接触的三元组合，再到服务系统模型，最终扩展为服务交互模型。

一、服务接触的服务剧场模型

服务剧场理论最初是由格罗夫与菲斯克（Grove & Fisk）在 1983 年提出的，他们将剧场的观点引进服务研究领域中，并将服务的区域划分为前台与后台，将前台的概念扩展为服务剧场。服务剧场理论把服务比作表演，认为要注重在观众面前创造和维持好印象，同时也认识到可以通过成功管理"表情"和它们所处的实体环境来实现这一目的，并提出所需要的战略及行动方案。两位学者重视人员胜于重视过程，将人的角色由被动转为主动。后来，格罗夫与菲斯克（Grove & Fisk，1992）将服务剧场的概念发展成一个完整的研究构架，以戏剧演出的概念描述服务接触的过程，其中包含 4 大组成要素：场景（setting）、演员（actor）、观众（audience）与表演（performance）。剧场具有 3 种功能：组织信息交流、限定演员和观众的互动方式、影响演员和观众的人际知觉。

（一）场景

服务是无形的，但在服务传递过程中需要一个有形实体来作为依托，这便是服务的"场景"。剧场理论中的"场景"指的就是提供服务的实体环境。在这里，服务的实体环境不仅仅包含建筑物，还包括服务环境的装饰、布置、照明，甚至连温度与色调也包含其中，这些都会影响顾客（观众）对服务（演出）的评价。

一般而言，顾客直接接触的实体环境居于前台，如餐厅的用餐区。而后台则为看不到的地方，如厨房、仓库等。前台与后台要明确分隔，如若不然，则会有服务人员前台演出与后台行为相矛盾的风险。除了一般的实体设施外，服务人员进行服务传递活动时，也需要相关的硬件支持，而这些可视为舞台表演中的道具，也是场景中的一部分。服务人员在前台时，必须熟练地按照已经安排好的剧本演出自己的角色。而到了后台，服务人员可以卸下表演的面具，回到自己本身的角色。

（二）演员

剧场理论中的"演员"是指为观众生产服务的人，又称接触人员。这是因为服务接触占整个服务过程的绝大部分，因此服务人员的行为是服务成功或失败的证据[巴伦等（Baron，et al），1996]。在这里，服务人员在与顾客互动时所扮演的角色会影响顾客对服务的满意度。格罗夫与菲斯克综合众多学者的研究得出结论，服务人员影响顾客服务体验的因素包括服务人员的衣着打扮、行为态度、专业技术与对顾客的承诺等。

除此之外，格罗夫与菲斯克还特别强调了戏剧的"表演团队"，团队成员必须遵守"戏剧表演忠诚"（保守有关神圣服务的秘密）的惯例、"戏剧表演纪律"（了解个人的角色或提供服务，并控制错误或其他个人问题的发生）的惯例以及"戏剧表演慎重"（协调参与服务者的角色以保证演出的高质量）的惯例。他们还认为，慎重地选择团队成员，在他们之间分派责任以及对"观众"和背景的了解也能提高消费者的满意度。

（三）观众

剧场理论中的观众就是接受服务的顾客。顾客在服务接触的过程中是接受服务的一方，似乎是一个被动、等待的角色。但由于服务具有生产与消费同时性的特点，顾客无法置身事外，他们也在生产服务的"工厂"中。因此顾客的角色不但重要，而且其行为会直接影响服务结果。格罗夫与菲斯克甚至认为，不管是没有能力还是不愿意，只要存在无法配合参与服务的顾客，就会破坏整个服务接触。他还认为，妥善地管理顾客与顾客之间的互动关系也是服务组织的任务所在，因为顾客与顾客之间的互动关系往往也会影响到服务传递过程能否顺利进行，进而影响服务满意度。比特纳（Bitner）认为服务组织可以视顾客为潜在员工，服务组织应协助顾客扮演好他们的角色，使顾客能更有效地参与到服务当中。

（四）表演

在服务接触的过程中，顾客与服务人员的人际互动被称为"表演"，这是服务接触的核心。顾客所感受到的服务表现会形成其对该次服务的体验，也就是服务组织的相关系统、程序、服务人员和顾客间的互动结果。因此，演员、观众、场景的有机结合，创造出一个可信任的服务表演，同时要求各组成元素之间互相协调，这是表演成功的关键。格罗夫与菲斯克认为，在进行"表演"时，服务企业最应该注意"前台人员"，小心控制"背景"，进而加上成功的"印象管理"，要求参与演出的演员必须创造出符合观众要求的表演，只有这样，服务人员的演出效果才能达到最佳。图7-2 显示了剧场理论构架下服务表演的戏剧化要素。

他们还指出，演员的表演可以分为两类，发自内心的真诚表演和仅仅为了完成任务而应付差事的表演。当演员能与角色一体时，其表演会赢得喝彩；当演员将其表演视为一种任务而获取报酬时，其表演就非常拙劣。如果服务员能做到花时间去倾听并帮助客人，他们会传递真诚的服务。不幸的是存在很多反面的例子，一些员工很少关注他们的顾客的反应。某一员工可能会因为不能扮演好自己的角色而破坏了顾客对整个服务经历的体验，所以要给顾客留下好印象，必须牢记 3 点：忠诚、守纪律和谨慎。

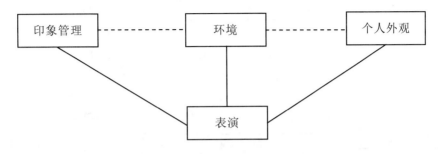

图 7-2　服务表演的戏剧化要素

资料来源：王丽华. 服务管理[M]. 北京：中国旅游出版社，2012.

格罗夫与菲斯克通过剧场理论，提出顾客在服务传递中所表达的符号，说明顾客与服务者互动的运作过程。该理论强调以整体的观点将服务接触的过程具体化，以呈现 4 个因素之间的互动关系。因此该理论特别适合于以互动接触为主的服务组织，如餐厅、银行、医院、美容院、航空公司等，尤其是服务人员与顾客在服务组织所控制下的实体环境中进行面对面接触的情况。服务剧场模型通过比拟的手段，利用戏剧表演描述服务体验。演出的整体表现是演员、观众与设施之间动态互动的结果。当然服装、道具、剧本与角色等其他戏剧特征，也能在服务中找到其对等之物。我们可以通过改变或重新设计任何一种服务接触要素，来营造优异的服务表现与非凡的服务体验。

二、服务接触的三元模型

服务接触是一个由顾客、服务组织及与顾客接触的员工 3 者相互作用所构成的三角形，见图 7-3。

3 个要素在服务接触中所起的作用和追求的目标不同，它们的两两组合是服务接触冲突的可能来源。以利润为导向的服务组织为了维持边际利润和保持竞争力，会尽可能地提高服务传递的效率。为控制服务传递过程，服务管理者会利用相关的规定或程序限制与顾客接触的员工的自主权，这限制了员工为顾客可能提供的服务，导致服务缺乏针对性和顾客不满意。

员工和顾客两者都希望对交互过程实施控制，其中员工希望通过控制顾客行为，使其工作易于管理和轻松自如，而顾客则希望通过控制服务接触的进程来获取更多的利益。

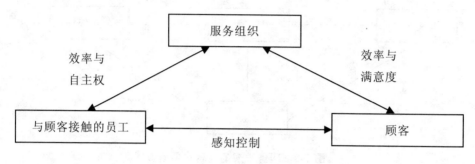

图 7-3　服务接触的三元组合

资料来源：John E G Bateson. Perceived Control and the Service Encounter[M]. in J.A. Czepiel, M.R. Solomon,and C.F. Surprenan (eds.), The Service Encounter, Lexington Books, Lexington, Mass., 1985.

服务接触三元组合的理想情况是 3 要素协同合作，创造出更大的利益。但现实中往往会出现一个要素为了自身利益而控制整个服务接触进程的情况，由此形成服务组织支配的服务接触、服务员工支配的服务接触、顾客支配的服务接触 3 种情况。

（一）服务组织支配的服务接触

在这类接触中，服务企业出于控制成本、提高效率的目的，通过建立一系列严格的操作规程使服务系统标准化，从而在很大程度上限制了员工与顾客接触时所拥有的自主权，服务组织主导了服务接触的过程。顾客只能从几种标准化服务中进行选择，而不存在个性化服务。例如，麦当劳、肯德基等通过一套结构化的组织体系，对服务接触实施了有效的控制。但是，由于与顾客接触的员工缺乏自主权，经常会导致无法满足顾客特定需求的情况，而必须执行公司规定也降低了员工的工作满意度。

（二）服务员工支配的服务接触

在这类接触中，员工被赋予足够的自主权，在顾客提出服务要求后，由员工而不是顾客控制整个服务接触过程。例如，医生为患者诊断和治疗，理发师为顾客设计发型，律师为委托人辩护等。此时，直接为顾客提供服务的员工具有顾客所不具备的专业知识和技能，顾客信赖他们的判断力和处理方法。这些员工的知识和技能水平的高低在很大程度上决定了顾客对服务组织的看法。此外，由服务员工支配的服务接触还需要员工具备设身处地替顾客着想的素养，这种素养有时比知识技能水平更重要。因此，服务企业要招募和培训具备高知识技能水平与高素养的员工，并提供恰当的员工激励。

（三）顾客支配的服务接触

在这类接触中，顾客控制整个服务接触过程，具体包括两种极端类型：高度标准化服务和高度个性化服务。在自助餐厅、自助取款机、超市等高度标准化的服务中，顾客与企业的接触很少涉及服务员工，整个过程主要由顾客自己控制和完成。此时，企业的主要任务是设计顾客易于理解、操作方便的服务流程。在家庭保洁等高度个性化的服务中，虽然顾客与服务员工有大量信息交流，但支配服务接触过程的是顾客，员工的主要目标是最大限度地按照顾客要求灵活完成任务。

综上所述，满意和有效的服务接触应该保证三方控制之间的平衡。通过对员工进行恰当的培训，深入理解顾客期望，准确设定并有效协调员工和顾客在服务传递中的角色，服务组织有可能在保持经济性的同时达到提升效率的要求。

三、服务接触的系统模型

服务管理北欧学派的著名代表人物格罗鲁（Grönroos，2000）提出了一个比较全面的服务生产系统模型[1]，如图 7-4 所示。

在这一模型中，中间的大矩形代表顾客眼中的服务生产系统，从生产者的角度来讲，其中一定包含几个职能或部门，但顾客只能看到一个一体化的过程或系统。顾客位于矩形中，他们作为参与服务过程中的一种服务生产资源成为服务系统的一部分，在服务过程中与组织的不同部分进行互动。一条可视线将组织分成两个部分，一部分是顾客可以观察到的，另一部分则是顾客观察不到的。

---

[1] 克里斯廷·格罗鲁斯. 服务管理与营销[M]. 韩经纶，等译，北京：电子工业出版社，2002.

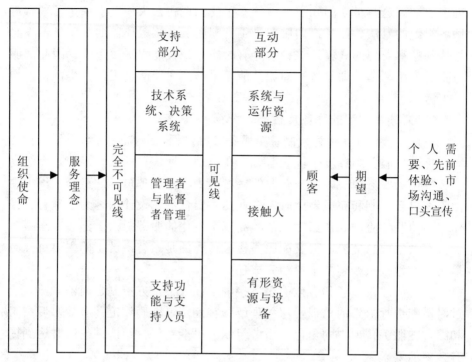

图 7-4 服务系统模型

资料来源：克里斯廷·格罗鲁斯. 服务管理与营销[M]. 韩经纶，等译 北京：电子工业出版社，2002.

方框的右边，代表了可以影响顾客预期的因素，例如顾客的个人需求和价值，顾客以前的体验，整个企业以及分支机构的形象、口碑、外部计划性营销传播和沟通。方框的左边，则是企业使命和与之相关的服务概念，它们可以指导对服务系统的规划和管理。

该模型的特色在于它包括了一些更为深层次的东西：一是向组织内部延伸，把企业使命及服务理念看作服务组织进行服务设计的重要影响力；二是向顾客延伸，把顾客带入服务交互过程的期望及其影响因素（如个人需要、营销沟通等）考虑在内。这些因素的融入，有利于剖析顾客与服务组织间的交互作用。

四、服务接触的扩展模型

服务是过程，是活动。对于实体产品消费而言，消费客体的核心价值在消费过程开始之前就已形成；而对于服务产品消费，消费客体的核心价值则是在消费过程中创造的。服务的生产和消费往往是同时进行的，尽管因服务类别有所差异，服务产品消费者一般都要不同程度地参与服务生产过程。服务顾客是消费者也是合作生产者。在服务生产和消费过程中，顾客要与服务企业发生多层次和多方面的交互作用。实体产品生产企业与顾客的接触是通过产品媒介发生的，一般不与顾客直接交互，而大多数服务需要顾客亲临服务场所，服务生产过程才能开始。法国的艾利尔和朗基德（Pierre Eiglier & Eric Langeard，1977）提出服务生产模型来反映顾客与服务人员的交互。美国学者苏普勒南特和索罗门（Surprenant & Solomon，1987）提出"服务接触"（Service Encounter）概念，把其定义为"顾客与服务提供者之间的动态交互过程"。他们的依据是"服务接触是角色表演"，顾客和员工承担各自的角色。他们把"服务接触"局限于顾客和员工间的人际接触。肖斯塔克（Shostack，1985）则使用了"服务交互"（Service Interaction）概念，用来指更广泛的"顾客与服务企业的直接交互"，既包括顾客与服务人员的交互，也包括顾客与设备和其他有形物的交互。事实上，除了上述几方面外，在服务过程中，顾客之间也存在着交互作用，而且这种交互也直接影响顾客对服务过程的评价。因此，范秀成（1999）提出一个扩展的服务交互模型，如图7-5所示。

从社会角度看，服务过程中的服务人员与顾客的人际交互具有与一般人际接触不同的特点，它是短暂的、有目的性的、利益驱动的。参与交互过程的成员所起的作用也不同。在有的服务交互中，组织占据主导地位，而有些服务是服务人员主导型，也有的是顾客主导型。

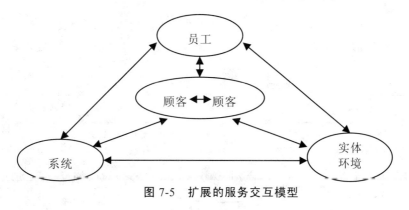

图7-5　扩展的服务交互模型

资料来源：范秀成. 服务质量管理：交互过程与交互质量[J]. 南开管理评论，1999（3）：8-12，23.

第三节 服务关键时刻

一、服务关键时刻的概念

理查德·诺曼（Richard Norman，1984）将"关键时刻/真实瞬间"（Moment of Truth）这一术语引入服务管理理论研究之中。随后，这一术语被用来说明各类服务企业的服务接触。"关键时刻"是指服务过程中非常重要的人际互动环节，因为这种人际互动决定着顾客对整体服务产品的看法。这些众多的服务小插曲可以向顾客展示企业的真正价值——至少促使顾客形成主观的感知。所以此类"关键时刻"既能够营造一次美好的服务体验，又可以导致一次不愉快的服务体验。

所谓时刻/瞬间是顾客评估所接受服务的时点。在特定的时间和特定的地点，服务企业或服务人员抓住机会向顾客展示其服务质量。所有关键时刻加在一起就形成了顾客对服务的总体服务质量感知。比如，乘坐飞机航班，乘客从抵达机场开始，直到取回行李离开机场为止要经历一系列瞬间。顾客从这一系列的经历中对航空公司提供的服务形成总体感受。

二、服务关键时刻的要素

如何分析关键时刻？一些学者为满足服务组织管理的需要，建立了如图 7-6 所示的服务关键时刻模型。它列出了服务关键时刻的各种投入和影响因素。

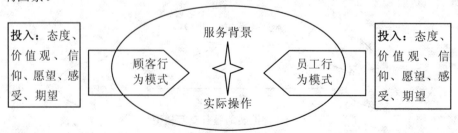

图 7-6 服务组织的服务关键时刻模型

资料来源：王丽华.服务管理[M].北京：中国旅游出版社，2012.

（一）服务背景

在探讨人与人之间的接触和交往互动问题时有一个非常重要的前提就是所有交往都发生在一定的背景之下。也就是说，人们周围的一切都会对事情本身及事情的结果产生影响。例如，两个人在一间办公室里面对面讨论服务组织的政策与两个人蜷缩在壁炉前的沙发上聊一些个人关系问题是在完全不同的环境下进行的。你是否想过为什么在机场完全陌生的人会愿意告诉你他自己的很多情况，这是因为有这样一个交往背景：人们都是萍水相逢，也许以后永远都不会再见面。

在关键时刻模型图中，服务背景或环境是在关键时刻中发生的所有社会、生理和心理的冲撞。下面是一些有关服务背景的因素，如果把它们加到顾客和员工投入的行为模式中，那么将对关键时刻产生很大的影响。

（1）环境如何？包括有形的和心理的两方面的服务背景如何？

（2）你的服务背景是否事前就让顾客期望有更好的服务质量？

（3）你的服务背景是告诉顾客"欢迎光临"还是"请遵守章程，我们尽快为您服务"？

（4）你的服务背景意味着成功还是失败？服务背景是否让顾客满意？

（5）如果系统一次又一次地出了问题，你应怎样处理以保证顾客第一？

（6）服务背景是否结合计算机系统？如果计算机系统出现故障，你的员工知道怎么办吗？

（二）行为模式

顾客和员工在关键时刻中的思维方式、态度感受和行为组成的行为模式对关键时刻有重要影响。每个人的行为模式都是由很多投入组成的，这就是他们个人的态度、价值观、信仰、愿望、感受和期望。有一些投入对顾客和员工的行为模式的影响是一样的，例如两个人都按他们的符合社会标准和习惯的方式行事。但也有一些投入双方不同，这时对同样一个关键时刻，二者所持的观点是很不同的。还有一点需要着重指出的就是行为模式可以在一瞬间改变。当顾客感到需要被满足或未被满足时，他的行为模式会有很大不同。随之，顾客对关键时刻的感受也会变化。对于为顾客提供产品和服务的员工也同样如此。

1. 顾客行为模式中的投入要素

帮助形成顾客行为模式的投入要素是：

（1）和你的服务组织或与你相似的服务组织的交往经历；

（2）对服务组织的看法；

（3）由以前经验形成的期望；

（4）在顾客的人生中已经形成的态度、信仰、价值观、道德标准等；

（5）从其他顾客处听到的反映或劝告。

2．员工行为模式的投入要素

帮助形成服务组织员工行为模式的投入要素是：

（1）服务组织对员工的要求；

（2）有关员工和顾客的规章制度；

（3）员工感情成熟程度；

（4）由以往经验形成的对顾客行为的期望值；

（5）员工在生活中形成的态度、信仰、价值观、道德标准等；

（6）提供服务的工具及方法。

（三）要素融合

应用关键时刻模型时重要一点就是和谐，也就是服务背景、消费者行为模式以及员工行为模式3者之间的协调一致。在前面我们已经指出，如果顾客和员工行为模式的投入有很大不同将很不利。和谐意味着对关键时刻步骤的相同看法。顾客与员工的行为模式需有某些一致之处才能在和谐的前提下顺利进行关键时刻步骤，而这又都要与服务背景保持一致。如果缺乏和谐，关键时刻就很危险了。

你常常会看到这样的事：争吵过后，顾客认为自己行为有理有据，而员工也认为自己在理。顾客形容员工没有礼貌，缺少耐心；而员工则形容顾客粗鲁，无理取闹，事多。事实往往介于二者之间，这是由于二者不匹配的投入要素形成不和谐的行为模式所造成的。

三、服务关键时刻的评估

服务关键时刻可以评估为以下3种服务水平。

（一）标准期待值

这是顾客对关键时刻最低限度期待值。标准期待值的范围很大，从顾客认为会被采取的行动到顾客对某一部分体验的感受，都可囊括其中。顾客购买服务的动机与购买产品的动机类似，他们的预期左右着他们的购买态度。

（二）体验破坏因素

这是指造成顾客对于某一关键时刻感到失望或产生不满的体验。其中有些可能是起因于某些做或不做，又或者只是单纯对于环境中的一些因素和事物的反应。

（三）体验促进因素

这些是指发生在某一关键时刻，给顾客的心目中留下极其良好印象的特别体验。还有潜在的促进因素，也就是能引导顾客在某一关键时刻，对公司的服务做出相当正面评价的事情。

如表 7-1 所示，以顾客与维修中心联络为例说明关键时刻管理。

表 7-1　关键时刻管理

与维修中心联络		
体验破坏因素	标准期待值	体验促进因素
● 接线生不知所云 ● 必须拨打不止一次的电话 ● 电话录音系统使人感到不受欢迎 ● 在等待时一片沉默，令人疑惑是不是该挂电话 ● 听起来，接线生是照着程序或表格在念 ● 接线生好像一直在催促我快一点 ● 接线生要我去原先购买电话的商店 ● 我不能直接找上门，与工作人员面对面地说清楚问题	● 只要一个电话即可 ● 只需拨市内电话即可得到公平良好的对待 ● 接线生说明得很清楚 ● 不会老是占线 ● 接线生在合理的时间内接听电话 ● 接电话的是人，而不是语音系统 ● 接线生的语气让人愉悦 ● 接线生聆听我陈述问题的态度，让人觉得他确实了解了问题所在 ● 接线生听起来很能干，愿意帮忙，也很聪明 ● 接线生承诺在合理时间内替我解决问题 ● 接线生的声音美妙，音调柔和	● 接线生能理解、分担我的紧迫感 ● 接线生真的了解我的问题，也遇到过类似的问题，并知道该如何处理 ● 接线生诚恳致歉 ● 接线生询问是否有紧急情况或其他特殊情况需要加急修理 ● 与接线生的对话让我知道他清楚我所在的地区（例如，听来像我的邻居） ● 接线生根据我的方便来完成修理

案例：饭店伙伴公司的 39 个关键时刻

　　饭店伙伴公司（Hospitality Partners）是一个总部设在美国马里兰州贝塞斯达的饭店管理公司。它制定了独特的"关键时刻"服务策略，既阐明了饭店优质服务的简单性，也阐明了饭店优质服务的复杂性。公司的经营宗旨是使顾客满意，不论他们是客人、资产所有人，还是员工。从客人的角度，实现公司宗旨的手段是创造一个良好的环境，使客人在这个环境中有宾至如归的感觉，可以了解到各种信息，可以获得娱乐，可以得到关心，也不会出现烦恼。虽然饭店伙伴公司管理的饭店都共享这一宗旨，但是每个饭店都以自己独特的方式来实现这一宗旨。

　　有一家饭店与一家购物中心共用一个停车场，客人到达后常常搞不清应该在什么地方停车。饭店工作人员便和购物中心的管理人员合作，将停车场的墙面画上五颜六色的漫画，标明哪一区域是饭店的停车处，哪一区域是购物中心的停车处。另一家饭店的员工使用了一张标题为"你来自何地"的地图，为客人营造了一种宾至如归的气氛。这幅大地图用来装饰前台后面的墙壁，客人登记入住后，前台服务员就会在地图上插一个别针，标明该客人的家乡。这就使每个客人都受到个性化的欢迎接待，因而使客人感到自己是这个"大家庭"中的一员。

　　饭店伙伴公司的服务策略是把公司经营宗旨中的"原因和方式"与每天工作中的"时间和地点"联系起来。饭店员工有机会使顾客感到愉快的时间和地点就是公司在饭店服务周期中确定的 39 个关键时刻。这 39 个关键时刻被分别排列在一个被称为"跳舞的顾客游戏"的棋盘上，饭店伙伴公司用这种游戏来训练员工。饭店伙伴公司把这 39 个关键时刻的每个时刻都看作一次服务机会。

　　这 39 个关键时刻是指：饭店总机接到电话、客房预订部接到电话、销售部接到电话、提供信息或为客人订房间、客人到达酒店门前、客人走在大堂里、行李员向客人问好、销售经理向客人问好、客人登记入住、陪同客人去房间、客人进入房间、行李员巡视房间、客人打开电视、客人要求叫醒服务、客人要求送餐服务、送餐到房间、客人需要熨斗和熨衣服、客人阅读客人服务手册、客人给家人打电话、客人去酒吧、客人点饮料、客人付款、客人就寝、客人接到叫早服务、客人洗澡、客人给前台打电话询问信息、客人去吃早餐、领座员向客人问好、餐厅招待向客人问好、客人点餐、给客人上餐、客人用餐、客人付账、客人向前台询问信息、客人回到房间、客人打电话请求帮助拿行李、行李员帮助客人提行李、客人退房、客人索要账单收据。

关键时刻为管理人员和员工提供了一个分析他们如何为客人创造价值的机会。当一名顾客光顾一家饭店的时候，他对商品和服务的质量有一定的期望值，也对住店期间的经历有一定的期望值。他们的头脑中都有一个天平，将他得到的服务与他的期望值进行比较。顾客心中的这个天平偏向"正"的一侧的值越高，顾客感知到的服务水平就越高。饭店成功的诀窍在于优质的服务，也就是了解顾客的期望，不断地满足和超越这些期望。当然，提供这种服务的价格要为顾客所接受，也要使公司赢利。

术语表

服务接触（Service Encounter）

高度接触（High-level Encounter）

中度接触（Middle-level Encounter）

低度接触（Low-level Encounter）

面对面接触（Face to Face Encounter）

电话接触（Telephone Encounter）

远程接触（Remote Encounter）

服务剧场模型（Service Theater Model）

服务三元组合（Service Three-element Combination）

服务生产系统模型（Service Production System Model）

服务交互（Service Interaction）

关键时刻/真实瞬间（Moment of Truth）

第八章　服务失误与服务补救

服务失误是服务中因各种原因造成的顾客不满意状态。对服务而言，服务失误是客观存在的、不可完全避免，且随时发生在与顾客接触的任何时点。企业应针对服务的缺陷或失败采取反应与行动，即服务补救（Service Recovery）。本章先是探讨服务失误的原因、影响以及顾客对服务失误的反应，然后分析顾客抱怨的影响因素和期望，最后论述服务补救的含义和作用、服务补救管理体系以及服务补救的实施。

第一节　服务失误

一、服务失误的原因

了解服务失误的原因是进行服务补救的前提。这里借助现有的研究成果，从理论方面对服务失误的原因进行阐述。

在对服务质量的研究中，帕拉苏拉曼、泽丝曼尔和贝里（Parasuraman, Zeithaml & Berry，1985）曾提出服务质量理论模型——差距（GAP）模型。该模型由两大部分构成：顾客方面和营销者方面，它强调服务质量的产生与顾客和服务提供者有关。根据差距模型，顾客满意与否，取决于感知的服务与期望的服务之间的比较，这种比较形成了顾客认为的服务质量，即感知的服务质量。而顾客期望的服务受口碑沟通、个人需要、以前服务体验的影响，同时它受服务提供者外部营销沟通的影响；顾客感知的服务是服务提供者一系列内部决策和活动的结果，同时，也受服务提供者外部营销沟通的影响。

因此，在实际的服务提供过程中，由于服务提供者决策、活动以及外部营销沟通、顾客自身等不同原因会产生一系列的差距，从理论上说，这些差距是造成服务失误的主要原因。

一是管理者感知与顾客期望之间的差距（GAP 1）。这是指管理者不能准确地感知顾客期望所造成的差距。在实践中，管理者并不总是事先了解哪些特征对顾客意味着高质量、一项服务为满足顾客需要必须具备哪些特征、这些特征在传递高质量的服务时需要达到什么样的绩效水平等。因此，存在着管理者感知与顾客期望之间的差距。产生这些差距的具体原因可能是企业没有进行市场调研或顾客需求分析不准确、信息传递中信息失真、管理层次过多造成信息阻塞或失真、管理层缺乏对服务的深刻认识等。

二是管理者感知与服务质量规范之间的差距（GAP 2）。这是指管理层所感知的顾客期望与所制定的服务质量规范不一致而出现的差距。由于存在一系列的变化因素——资源限制、市场条件、管理差异等，会导致管理者为服务建立的实际规范和对顾客期望的感知之间产生差距。具体原因包括计划失误或计划程序有问题、计划管理水平低、组织目标不明确、服务质量计划缺乏高层管理者的有力支持等。

三是服务质量规范与服务传递之间的差距（GAP 3）。这是指由于服务人员在服务生产、传递过程中没有按照企业设定的标准来进行而造成的与质量规范之间的差距，这是在实践中最容易出现问题和最难管理的环节。产生这种差距的原因有管理与监督不力、监督控制系统与良好服务质量的要求相抵触、监督和奖励系统的建立没有与质量计划和服务规范的制定融合在一起、员工不能透彻地理解或者不愿意执行服务质量规范、没有对员工进行有效的培训、员工对服务水平的理解与企业长远战略不相适应、员工的态度和服务技巧不足或水平参差不齐、缺乏技术和运营方面的支持等。

四是服务传递与外部沟通之间的差距（GAP 4）。这是指外部营销沟通所宣传的服务与企业实际提供的服务之间的差距。产生的原因包括市场沟通计划与服务运营未能很好地融合在一起、传统的外部营销与服务运营不够协调、没有执行市场沟通中大力宣传的服务质量规范、过度承诺等。需要注意的是，外部沟通不仅影响着顾客对服务的期望，而且影响着顾客对传递的服务的感知。服务传递与外部沟通之间的差距会直接影响顾客对服务质量的感知。

五是顾客期望的服务与感知的服务之间的差距（GAP 5）。这是指顾客所期望的服务与顾客实际体验到的服务之间的差距。首先，它受到其他差距的影响，即 GAP 5 = f（GAP 1，GAP 2，GAP 3，GAP 4）；其次，顾客本身的因素也会带来这种差距的不同，如顾客个人需要、顾客以前的服务体验、顾客的偏见、顾客本身对服务的错误理解等；再次，企业或服务在市场中的口碑、形象也会影响这种差距；最后，正如前面指出的，企业外部沟通分别会对期望的服务、感知的服务产生影响。

所以，从理论上说，差距（GAP）模型不仅能够帮助服务管理者理解服务质量的构成和产生，还能够帮助管理者发现服务质量问题可能出在什么地方、分析问题的原因并制定有针对性的、有效的改进措施。

根据差距（GAP）模型的构成（顾客和营销者两大方面），我们可以将服务失误的原因归纳为以下几类：服务本身造成的、服务提供者（员工）造成的、顾客与服务提供者之间互动造成的、顾客造成的。与此类似，比特纳、鲍姆和特里尔特（Bitner, Booms & Tetreault, 1990）在对服务接触的研究中，将服务失误分为 3 大类：

第 1 类是服务传递过程所造成的失败，如服务延迟、无法提供服务等；

第 2 类是顾客与一线员工之间互动造成的失败，如顾客提出额外的要求、顾客自身的偏好、顾客自身造成的失败以及其他顾客的干扰等；

第 3 类是一线员工所造成的失败，如对顾客的疏忽、员工行为异常、文化观念的差异以及受上司责备后的反应等。

在比特纳、鲍姆和特里尔特的分类中，将顾客自身原因造成的服务失误放在第二类失败中，之所以如此，是因为即使顾客可能对服务失误负有不可推卸的责任，但企业应十分清楚与顾客争论谁对谁错是毫无意义，甚至是有负面影响的；另外，管理者应明白顾客教育也是提高服务质量的一个重要途径。

二、服务失误对顾客的影响

提供完美的服务是无数服务管理人员的追求，但现实可能不尽如人意，总是存在一些服务失误或问题，除了尽量避免服务失误外，服务提供者还应清楚地了解服务失误造成的影响和顾客可能的反应，以便制定相应的对策。

服务质量是顾客感知的质量，这种感知包括两部分：技术/结果要素和功能/过程要素。按此分类，服务失误可能是结果没有达到顾客的期望，也可能是过程没有达到顾客的期望，或者是结果和过程都有让顾客不如意之处。无论是哪种情况的服务失误，顾客都没有享受到其所期望的服务。

当出现服务失误或服务问题时，顾客感到不满意，这会给顾客造成两种影响——实际问题和情感问题。一方面，服务失误对顾客来说意味着经济上的损失，顾客为获得服务付出了各种成本，不仅包括顾客为服务所支付的费用（短期可见成本），而且包括关系成本——直接关系成本、间接关系成本和心理成本等，在有些情况下，由于服务失误，顾客可能还会面临一种没有选择其他服务提供者的机会损失；另一方面，出现服务失误后，顾客可能会产生焦虑、挫折或懊悔的感觉，失望、愤怒等情感会影响顾客的服务体验或对服务质量的感知，会影响到顾客对服务提供者的感知。例如，莫特和杜别（Maute & Dubé，1999）采用心理模拟的方式，调查了顾客在遇到核心服务失误后的情绪反应以及购后的满意和行为意愿。通过聚类分析，他们发现顾客对服务失误有 4 种不同类型的情绪反应：平静的/容忍的、敌对的/愤怒的、吃惊的/担心的、无动于衷的/没有情绪的。这 4 种不同情绪反应的顾客在对满意的判断、退出行为、抱怨的表达、口碑和忠诚意愿等方面存在明显的差别。所以在面对服务失误时，服务管理人员不仅要考虑服务失误给顾客带来的经济损失，还应特别重视因此给顾客造成的精神或心理损失，后者对顾客后续行为的影响不可忽视。

除了经济和精神上的影响外，服务失误还会改变顾客的期望、信任、与企业之间的关系强度等。例如，通过比较顾客对初始服务和服务补救的期望，帕拉苏拉曼、贝里和泽丝曼尔（1991）发现，服务失误会使顾客对适当服务的预期提高，造成容忍区域变窄，甚至消失。

三、顾客对服务失误的反应

顾客对服务失误的 3 种可能反应：投诉、退出和报复。投诉是顾客与服务的提供者或者其他人进行交流，诉说自己的不满意。退出意味着顾客不再继续与服务组织交往，停止使用服务组织的服务。报复是顾客认真思考后，决定采取行动损害服务组织及其未来的业务，例如，对服务组织进行有形损害，向很多有关、无关的人或组织（甚至媒介）宣传，给服务组织的业务带来负面影响等。图 8-1 描述了顾客对服务失误的反应。

对于服务组织来说，采取行动顾客的第 2 种和第 3 种反应都是极为不利的。事实上，不采取行动的不满意顾客是最不可能再次光顾的。对服务组织来说，这些采取消极态度的不满意顾客更是一种潜在的威胁，因此服务组织就有必要尽量引导顾客做出第 1 种反应，即投诉。

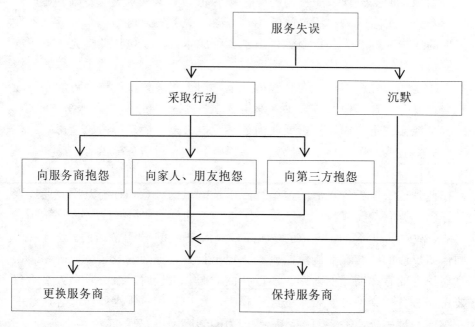

图 8-1　服务失误后顾客的反应

资料来源：瓦拉瑞尔·A. 泽丝曼尔，玛丽·乔·比特纳. 服务营销[M]. 张金成，白长虹，译，北京：机械工业出版社，2002.

面对服务失误所引起的不满意，不同顾客的行为是不同的，由此可以将顾客划分为下列几种类型[辛格（Singh），1990]。

1. 发言者

这类顾客更愿意向服务人员投诉，但不大可能去做负面宣传或向第三方投诉，也不大可能改变服务商。对于服务组织来说，这应该算是最好的顾客，因为他们主动投诉，使组织认识到了服务传递中存在的问题，并有加以改正的机会。

2. 消极者

这类顾客极少会采取行动，不大可能对服务人员说任何事，也不大可能向第三方进行抱怨。他们怀疑抱怨的有效性，并认为花费时间与精力去投诉不值得。

3. 发怒者

这类顾客更倾向于向亲朋好友做负面宣传并更换服务商。他们也愿意极力向服务商投诉并远离市场，取而代之的常常是转向服务商的竞争对手。

4. 积极者

这类顾客的特点是向可能投诉的各方面进行投诉，他们向服务商投诉，向亲朋好友投诉，向第三方投诉，并更有可能远离市场。

第二节　顾客抱怨

一、顾客抱怨行为的影响因素

顾客抱怨行为是由感知不满意的感觉或情感触发的。也就是说，如果顾客感知的服务没有达到顾客期望的程度将直接引起顾客抱怨行为。既然不满意引起顾客抱怨行为，为什么在有些情况下顾客会产生行为性抱怨行为？比如直接向服务提供者进行抱怨等；而为什么有些情况下顾客选择非行为性抱怨行为？如沉默；在几乎相同的情况下，为什么有些顾客进行行为性抱怨，而有些顾客没有行为性抱怨？……有关研究表明，尽管不满意是产生抱怨的一个必要条件，但是还有一些其他因素影响着顾客抱怨行为，它们影响着顾客是进行行为性抱怨，还是非行为性抱怨；公开抱怨，还是私下抱怨；向企业抱怨，还是向亲友诉说、向第三方申诉等。影响顾客抱怨行为的因素包括如下几个方面。

（一）不满意的强度

在服务失误或出现问题时，服务失误的严重程度或产品的重要程度将直接影响顾客付诸抱怨行为的可能。比尔登和蒂尔（Bearden & Teel，1983）指出，不满意的强度将直接影响顾客付诸抱怨行为的可能性。其研究证实，服务失误严重程度高或产品重要时，顾客诉诸行为性抱怨的可能性较高；服务失误严重程度低或产品不是很重要时，顾客诉诸行为性抱怨的可能要低一些。瑞金斯和维拉赫（Richins & Verhage，1985）的研究也证明，产品的价格、问题的严重性等与抱怨行为有较高的相关性。但是不满意的程度只表现出与诉诸直接抱怨可能性有限的关联。布洛杰特和格朗布斯

（Blodgett & Granbois，1992）曾提出一个关于顾客抱怨行为的概念模型，他们认为，完全依靠不满意的模型并不能很好地解释大多数情况，不满意是顾客行为性抱怨的一个必要条件，但不是充分条件。

（二）顾客的特征

一些研究表明，顾客抱怨行为与顾客的特征有关。这些特征包括人口统计特征以及包含价值观、个性、意见和态度在内的心理特征。沃兰德、赫尔曼和威利茨（Warland, Herrmann & Willits，1975），戴和兰顿（Day & Landon，1977）的研究证实，公开抱怨的通常是年轻的、有良好教育的和高收入的顾客；比尔登和梅森（Bearden & Mason，1984）完成的一项研究，结果也支持了顾客抱怨行为同年龄负相关、同收入和教育正相关的假设，并且发现抱怨行为直接与自信的程度相关。摩根士基和巴克利（Morganosky & Buckley，1986）的研究表明，与没有抱怨的顾客相比，诉诸抱怨的顾客更重视独特性、个性和自主性。比尔登、克罗基特和蒂尔（Bearden, Crockett & Teel，1979）发现，态度同自我报告的抱怨意向显著相关。瑞金斯（Richins，1982）的研究也证实了态度与实际抱怨行为相关。

（三）企业因素

企业因素同样对顾客的抱怨行为产生影响，这些因素包括企业在质量和服务上的声誉、对抱怨的响应程度、施加的销售压力的大小等。戴和兰顿（1977）发现，制造商、零售商的声誉对顾客不满意的反应方式有着复杂的影响，一般情况下，在质量和服务上有较高的声誉会鼓励顾客在遇到问题时寻求赔偿。瑞金斯（Richins，1982）发现响应性与抱怨之间存在正相关，顾客在有机会获得合适赔偿的情况下更倾向抱怨。感知做出响应的可能越高，期望的回报与付出的努力的比值就越高，顾客就越愿意付诸抱怨。企业在销售时施加的销售压力水平也会对顾客在遇到不满意时的行动产生影响（戴和兰顿，1977），与企业曾建议过或指出过顾客意向可能存在的产品/服务风险的情形相比，"强制销售"可能更会引起强烈的反应。

（四）情景变量

一些情景因素也呈现出对顾客抱怨行为的影响。例如，情景中对顾客抱怨的提示物、现场有关抱怨的提示会促使和加快顾客抱怨行为。因此，有关专家提出，鼓励顾客抱怨、合适的抱怨承诺有助于顾客意见的有效反馈；另外，企业对抱怨的响应速度和抱怨的方便程度，也会影响顾客的抱怨行为。瑞金斯和维拉赫（1985）的研究证明，抱怨的方便程度和企业响应的声誉等与抱怨行为有较高相关性。

（五）文化因素

尽管不同文化背景的顾客的抱怨行为有许多共同之处，但是作为一个大的背景因素，文化因素在一些方面对顾客抱怨行为的影响不容忽视。近几年进行的一些不同文化背景的研究表明，并不是所有研究结论在不同文化背景下都获得支持。比如，肯、里奇蒙德和韩（Keng, Richmond & Han，1995）在新加坡进行的一项研究证实，在新加坡公开抱怨的顾客具有年龄比较大、受过良好教育、高收入的特点。这与沃兰德、赫尔曼和威利茨（1975）以及戴和兰顿（1977）在欧美进行的研究所证实的结果——公开抱怨的通常是年轻的、受过良好教育的和高收入的顾客并不完全相符，这说明文化背景会对顾客抱怨行为产生影响。

除此之外，还有一些其他因素会对顾客的抱怨行为产生影响，比如行业的市场结构，在完全竞争市场结构和寡头垄断市场结构下，顾客的抱怨行为会表现出差异。总之，多方面因素影响着顾客抱怨行为，对顾客抱怨行为的分析不能拘泥于一个方面，而应考虑多方面的因素。

二、顾客抱怨时的期望

消费者采取行动的目的一般有 3 种：一是期望获得经济上的补偿（Recover Economic Loss），如要求无条件退款或要求公司免费提供服务等；二是获得自尊上的满足（Rebuild Self-esteem），如提供服务的雇员非常无理，态度恶劣，顾客会觉得自己的自尊受到侵犯和践踏，会变得愤怒与不满，因而要求对方道歉以重新获得尊重；三是对不满的公司进行报复（Retaliation），如将自己的不满经历广为散播，劝告自己的亲戚、朋友不要选择该公司的服务，或在网络的相关论坛上对公司进行批评等。在很多情况下，采取行动的消费者会期望自己的多种诉求得到同时满足。

由于顾客很难评价服务补救的效果，在服务和服务补救过程中，顾客最期望被公平对待，公平的感知对顾客评价服务补救质量有很大影响。顾客与服务提供者的人际接触的感知公平，不仅体现在服务补救的过程上，还体现在服务补救的结果上。根据史蒂芬·泰克斯和史蒂芬·布朗（Stephen Tax & Stephen Brown）的发现，在服务补救满意度中，多达 85% 的变量是由 3 个维度的公平性所决定的，即结果公平、程序公平和互动公平，见图 8-2。

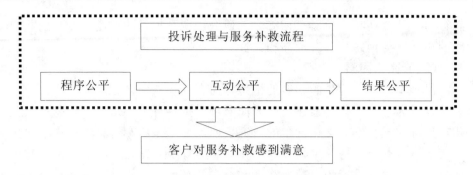

图 8-2　服务补救流程中感知公平的 3 个维度

资料来源：Stephen S Tax, Stephen W Brown. Recovering and Learning from Service Failure[J]. Sloan Management Review, 1988, 49(1): 75-88.

1. 结果公平（Outcome Fairness）

结果公平主要是顾客希望结果或赔偿能与其不满意水平相匹配。在服务补救结果的感知中，顾客从 3 个方面来考虑分配公平：①需求，顾客要求企业的补救结果能满足自己的需要；②对等，顾客用自己在服务补救中的付出与服务补救的结果相比较，要求二者相匹；③公正，顾客拿自己的补救结果和其他顾客在相似情况下得到的补救结果相比较，也就是要求企业给予所有顾客同样的待遇。

因此，服务企业在确定对遭受某类服务失误的顾客进行补救时，应首先判断顾客真正期望的补救方式，如对因航班晚点而可能影响参加某一重要会议的顾客进行补救时，应该是尽快为其安排其他班机，而不是采取赠予免费午餐或机票等无意义的方式；其次是确定补救力度，合理的补救力度是既要满足顾客的需求和弥补顾客因服务失误造成的损失，又要保证企业对所有遭受同样服务失误经历的顾客进行同样的补救时，企业的补救收益依然不低于补救成本。

2. 程序公平（Procedure Fairness）

程序公平指除公平赔偿外，顾客希望自己整个投诉的处理过程清楚、快速、高效。更确切地说，顾客期望公司接受投诉的程序简单方便，并且希望事情被快速处理；在做出与服务补救有关的决策时，能自由地与企业交换意见，对服务补救结果拥有自己的选择权。例如，顾客在投诉时希望知道应向谁去投诉，希望自己的要求能得到快速的满足等。他们希望很容易就能够向有关部门进行投诉，最好是通过他们第一个接触的人，而避免烦琐的官僚化程序。实践经验表明，顾客通常比较欣赏那些适应能力强、补救人员能够积极行动来解决他们个人状况的公司。在处理过程中，尤其注意不要让顾客觉得服务人员存在行动缓慢、拖延、不耐烦等任何的敷衍行为，这些细节都会影响顾客对过程的公平感知。

3. 互动公平（Interaction Fairness）

互动公平指在进行投诉的具体过程中，顾客希望得到公平的对待。有很多顾客对服务补救质量低劣的评价不是源于结果不公和过程不公，而是直接归因于服务提供者的恶劣态度。影响顾客互动公平感知的因素有以下几个：①解释，从顾客对服务失误的归因分析中知道，服务失误发生后顾客急于知道失误原因，故合理的解释有助于取得顾客的谅解；②诚实，指企业必须真实地提供信息，包括解释服务失误的原因；③礼貌，是服务补救中的一项基本要求，服务提供者应该礼貌询问服务失误对顾客所造成的影响；④努力，指服务提供者在服务补救中的积极投入，反映服务提供者解决顾客问题的意愿，帮助顾客排忧解难或给予象征性的补偿；⑤移情，服务提供者应该对顾客的服务失误遭遇表示理解和同情，设身处地为顾客着想并给予顾客特别的关注。

对于结果公平、程序公平和互动公平，这三者常常是交织在一起对人们的态度和行为发生作用。将公平理论运用于消费者研究领域时可发现，顾客会把从消费经验中所获得的价值与所投入的成本，与其他参考群体做比较，只有当顾客所认知的消费效用与成本相等时，顾客才会觉得公平，因而感到满意。

第三节　服务补救

一、服务补救的含义

在服务补救理论的演变过程中，不同的学者和研究对服务补救有过不同的定义。通过对这些定义的概括性介绍和梳理，能帮助我们把握服务补救发展的过程，并从不同角度、层次来认识服务补救。

哈特、赫斯克特和萨瑟（Hart, Heskett & Sasser，1990）认为，服务补

救是一种不同于以前的管理哲学，赢得顾客满意的评价方法由成本面转为价值面。这种定义似乎比较抽象，但实际上它反映了服务补救的深刻内涵，强调通过服务补救来提高顾客的满意度。

泽姆克和贝尔（Zemke & Bell，1990）认为，服务补救是在服务或产品没能达到期望时，将受到不公平待遇的顾客重返满意状态的过程。这个定义清晰地指出了服务补救的主题——顾客重新获得满意及公平。

凯勒、霍夫曼和戴维斯（Kelley, Hoffman & Davis，1993）认为，服务补救是服务提供者在服务失误后所采取的一系列"强化"（Reinforce）措施。与其他定义相比，这个定义更强调服务补救是一个持续的改进过程，重要的不是单次交易失败的纠正，而是针对问题的持续的改进。在以后的研究中，凯勒和戴维斯（Kelley & Davis，1994）进一步将服务补救提升到反应机制的高度，指出服务企业要有在服务过程中随时反映服务错误与修正错误的机制，以便能及时做出反应并采取适当的服务补救管理措施，这样才能在服务品质上建立竞争优势。

史蒂芬·泰克斯和史蒂芬·布朗（Stephen Tax & Stephen Brown，2000）认为，服务补救是一种管理过程，它首先要发现服务失误，分析服务失误的原因，然后在定量分析的基础上，对服务失误进行评估并采取恰当的管理措施予以解决。他们是从管理的角度来认识服务补救的，强调服务补救是一种管理过程。这个定义像是一个管理程序，对服务补救的实际操作非常有指导作用。

格罗鲁斯（Grönroos）曾将服务补救定义为针对服务失误和服务问题所采取的行动与反应。在他新版的著作中，格罗鲁斯（2000）进一步将服务补救定义为：与顾客建立关系过程中对服务失误和服务问题的处理策略。

综合以上定义和研究结果，我们可以得到以下对服务补救的认识：服务补救是围绕顾客满意和顾客忠诚的总目标、对服务失败进行的主动和有效的一系列管理活动，它不仅包括对顾客抱怨的处理和服务失败的实时弥补，还涵盖了对服务失败的事前预警与控制，它是一种主动的反应，是一个系统的管理，是服务质量持续的改进过程。

第一，服务补救是一种完全不同于传统抱怨处理的管理哲学。它是从关系营销的层次来进行认识的，而不是交易营销的层次；它强调赢得顾客的评价方法由成本面转为价值面，关注外部效率，而不是内部效率。

第二，服务补救是一个持续的质量改进的过程，它不是仅停留在对一次服务问题或服务失误的纠正上，更重要的是找出问题或失败原因，对服务程序或相关方面进行重新设计和改善。

第三，服务补救是一个赢得顾客的营销策略。通过有效的服务补救，企业能够重新使顾客达到满意，提高顾客的满意度和重购意愿。

第四，服务补救是一个管理过程。它应纳入企业整个管理过程，而不是临时的举措；它是企业整体服务质量管理过程的一个重要环节，同时，服务补救本身的运作也应符合管理程序的要求。

第五，服务补救是一种主动的反应机制，而不是被动的临时处理。这种反应机制应能在服务过程中随时反映服务问题或错误，并能及时采取适当的服务补救策略。

第六，服务补救是一个系统。这个系统涉及服务提供者的部门、人员及外部顾客、机构等，包括监测问题、解决问题、重新设计等部分，它应该能自动、有效地运转。

二、服务补救的作用

（一）保证服务的可靠性

研究表明，违背服务承诺是令顾客对服务企业感到失望的最重要的因素。从顾客的角度来看，服务质量首先是与服务的可靠性紧密联系在一起的。换言之，就是与是否能够提供履行承诺的服务联系在一起的。可靠性是服务质量的核心。服务补救可以实现企业的承诺，保证服务的可靠性。

（二）留住老顾客

对任何一家服务企业来说，尽管似乎有源源不断的潜在顾客，但是企业最主要的目标还是必须着眼于保持现有顾客的忠诚度。这是因为争取新顾客总是比留住老顾客耗费更多的钱财。实际上，赫斯克特等（Heskett, et al, 1997）曾调查得出，吸引一个新顾客的花费是留住一个老顾客的 5 倍。另外，不断寻求新顾客意味着现有顾客没有得到很好的对待，结果只能是失去顾客满意度，损坏企业的声誉。

许多研究人员指出，巩固现有顾客的忠诚度、维系同他们的关系以及他们再次购买的意愿是与顾客满意度紧密联系在一起的。顾客离开熟悉的服务企业去寻找新的服务企业已被证明是企业核心服务失误所造成的。不满意的顾客不仅仅是离开，而且还散布一系列不利于企业的言论。正如琼斯和萨瑟（Jones & Sasser，1995）所言，除了极少数情况以外，使顾客感到完全满意是获得顾客忠诚度、创造可持续的良好经济效益的关键。在很多服务行业中，服务成本中的固定、半固定成本很高，边际成本较低。留住现有顾客并开展新业务的成本较低，因而利润较高，因此值得为留住顾客投资。另外，长期顾客所需要的维持成本较低，因为这些顾客对服务组织、员工、服务程序都很了解，因此他们的问题较少，成本较低。这种长远的观点强调，服务策略的目的就是履行服务承诺、提高顾客忠诚度、减少顾客不满意[坎达姆普利（Jay Kandampully），1998]。

（三）提高顾客满意度

顾客是否重新惠顾的意愿可以清楚地表明这名顾客是否会忠于企业或是转向其竞争对手。在激烈竞争的环境中，顾客根据一个企业是否能够提供完美无缺的优质服务来决定是否忠诚于这个企业。这就给服务企业带来了一个问题。服务产品在生产和消费过程中存在很多人为因素，所以失误是不可避免的。考虑到失误的不可避免性，服务企业如何处理失误就成为留住客人至关重要的因素。"一次成功"与"二次成功"问题对于服务组织来说，强调"一次成功"是必要的，但远远不够。原因非常简单：服务与实体产品不同，生产与消费的同时性、服务的差异性等特性决定了服务无法实现高度的标准化。从实证研究角度来看，服务传输过程的失误率远远高于实体产品。所以在注重"一次成功"的前提下，组织必须关注"二次成功"问题，即优质服务重现。

当失误发生时，顾客是从企业处理失误的方式来判断企业对服务质量的承诺是否属实的。泽姆克和贝尔（Zemke & Bell，1990）共同撰写了有关这一问题的论文，其题目《服务补救：第二次必须做好》非常简明地概括了这种情况。出现服务失误后，企业必须想方设法使顾客感到满意；如果企业在出现服务失误后没有做到确保顾客满意，顾客对企业的信心就会下降，而对企业的不利宣传就会增加。第一次失误可能会得到原谅，但是如果企业在第一次失误后没有采取服务补救措施，这就是第二次失误，结果会使顾客对企业的负面印象加深。比特纳、布姆斯和泰特鲁特（Bitner, Booms & Tetreault，1990）把这种情况称之为"再度偏离"顾客的期望。

三、服务补救管理体系

基于服务补救在顾客保留、顾客忠诚等方面的重要作用，在对服务补救重新认识的基础上，目前大多数学者主张从战略的、关系营销的层面来认识服务补救，主张企业应建立系统、完善的服务补救体系。

哈特、赫斯克特和萨瑟（1990）指出，既然企业难以全面防范问题的发生，它们就应该学习如何补救问题。建立有效的服务补救机制，可以加强顾客与企业的关系。战无不胜的服务企业，通常是那些拥有服务补救体系的企业。

在近年的研究中，有学者提出，系统、完善的服务补救管理体系应包括四大模块：预应机制、启动机制、执行机制和反馈机制，这4大模块形成有机的服务补救管理体系。

（一）服务补救预应机制

"预应"是在结果尚未发生之前就采取行动。预应的主要功能有两个方面，一是促使或限制有利或不利结果的发生；二是为正确、及时地采取应对措施做好准备。所以服务补救的预应机制就是对可能发生的服务失误进行事先预测，在判断和分类的基础上，认真剖析服务失误的特点及其影响，并有针对性地采取预防措施。

服务补救的预应机制由以下3个环节组成。

1. 对可能发生的服务失误进行识别和分类

尽管服务失误不可避免，引发服务失误的原因也各有不同，具体到企业实践中，造成具体服务失误的原因可能千变万化，但并非无章可循。企业应结合自身服务的具体特点，对各种业已发生的服务失误进行逐项剖析，对潜在的服务失误进行识别，以便预测和判断有可能发生的服务失误。

例如，美国汽车协会联合服务银行（简称 USAA）是美国得克萨斯州的一家大型保险和金融服务公司，该公司建立了一个联网系统，称之为回音（echo，即每一次服务接触都存在着机会），它能使电话销售和服务代表及时将顾客的建议或怨言输入进去，自动联入数据网络。经理人员通过定期分析所有数据来寻找解决方案，纠正以前的错误程序，不断改进服务。由于公司对识别和解决顾客抱怨的重视，汽车协会联合服务银行几乎没有顾客流失，年顾客保留率达到了98%。

2. 对各类服务失误所造成的顾客影响进行判断

在对可能发生的服务失误进行识别和分类的基础上，企业应进一步判断各种服务失误对顾客造成的影响，包括这些影响的性质和程度等。

服务失误及其补救可被视为一个包括实用维度（Utilitarian Dimension）

和表征维度（Symbolic Dimension）的复合式交换。实用维度与经济资源有关，如金钱、物品、时间等，表征维度与心理或社会资源相关，如状态、信念、同情等。顾客因服务失误的发生而遭受经济和心理上的损失，会因服务补救的实施而得到补偿性收益。因此，在进行服务补救之前，企业应对顾客遭受损失的性质和程度有个初步判断，这样才能保证服务补救工作的针对性与公平合理。

3. 采取积极有效的预防措施

前述两项工作的最终目的是预防服务失误的出现。尽管有研究证实，成功的服务补救能提升顾客对企业的忠诚[米勒、克雷格黑德和卡尔万（Miller, Craighead & Karwan），2000]，但企业不能因此陷入"服务补救悖论"的怪圈，而应尽量防止服务失误的出现，服务补救必须坚持预防在先的原则。

为有效预防服务失误，企业可采取以下措施：一是借助故障树分析找出潜在服务失误的根源及原因；二是通过服务设计改进来稳定地消除服务失误根源及原因；三是通过内部服务补救将服务失误消灭于给顾客造成损失之前。

（二）服务补救启动机制

大量研究表明，在遇到服务失误时，只有少数顾客直接向企业抱怨，因此，有必要在服务补救体系中设立启动机制，通过鼓励顾客抱怨和倡导员工观察与调查等手段，识别更多的服务失误和服务中存在的问题，及时启动服务补救。

发现服务失误是启动服务补救措施的必要前提，这包括依据什么标准来判断是否出现服务失误和通过什么途径来发现服务失误两大问题。因此，服务补救启动机制由以下 4 个主要环节构成。

1. 服务质量标准的设定

明确的、高质量的服务质量标准，对内可作为作业标准来规范员工行为和让员工明确努力方向，对外可作为服务质量保证来降低顾客感知风险并使顾客测量与监督服务企业表现的行为有据可依；而含糊的、低质量的服务标准，可能成为束缚员工主观能动性和顾客需求偏好的枷锁，成为服务失误频频出现的导火索。

因此，企业在制定服务质量标准时，应认真遵守以下原则：一是从顾客角度出发，坚持顾客导向；二是力求服务标准具体、明确；三是服务标准力争简明扼要、重点突出；四是服务标准要兼具可行性与挑战性；五是服务标准应兼具稳定性与动态性。

2. 服务保证的设计与实施

服务保证是服务组织就自身服务质量对顾客做出的承诺。由于服务保证可促使企业聚焦于顾客需求和质量控制，能对服务失误的发生起到有效的预防作用。并且服务保证的赔偿承诺就消除服务失误对顾客的不利影响做出了明确的规定。因此，服务保证构成服务补救管理体系的重要内容，尤其在服务补救管理体系的启动机制中扮演着重要的角色。

在企业进行服务保证设计时，应对其所涵盖的质量承诺与赔偿承诺具体化和明确化，即明确质量承诺的范围、质量承诺的水平与标准、赔偿承诺的赔偿形式、赔偿的力度等。对制定的服务保证，企业应无条件地履行承诺，否则难以赢得顾客的满意和信赖，甚至后果不堪设想。因此，企业在制定服务保证时，要综合考虑企业声誉、服务特征和顾客等因素，确保服务保证能够履行。例如，宝洁公司刚刚涉足中国市场时，曾推出"只要不满意，就全额退款"的服务保证，后因大量顾客将购买的洗涤用品倒置于其他容器，然后拿着空瓶来要求退款而不得不取消。

3. 顾客抱怨的鼓励与收集

顾客抱怨是启动服务补救措施的最清晰、明确的信号，但正如前面反复提到的，主动向企业抱怨的顾客毕竟占少数。为有效地得到顾客抱怨的信息，企业还应做好鼓励顾客抱怨、丰富和完善抱怨渠道、降低顾客抱怨难度、提升抱怨沟通质量等工作，具体措施包括以下几点。

（1）建立多种投诉渠道，方便顾客投诉

多种投诉渠道能够尽最大可能捕捉到顾客投诉的信息，如投诉电话/热线电话、投诉信箱、值班经理、咨询台、顾客意见调查表以及网上信箱等。美国的一项模拟调查显示，企业设置免费投诉电话的投入产出之比为1:2.1，投资收益率为 19.1%。日本花王公司就是利用专门的回馈热线系统广泛收集顾客抱怨信息，并充分加以运用而取得巨大成功的。

（2）设立醒目的提示

国外相关的研究表明，情景中对顾客抱怨的提示物、现场的有关抱怨提示会促使和加快顾客的抱怨行为[瑞金斯（Richins），1982]。通过醒目的提示消除顾客的畏惧心理以及投诉不值得、投诉伤"面子"的心理，这对注重"面子"的中国顾客尤为重要。例如，对酒店来说，为鼓励顾客抱怨，除了设置投诉电话外，在酒店主要的面客区域，如前台、大堂副理处、宴会预定处等，应设置小立牌提醒顾客遇到不满可随时投诉。

（3）对投诉的顾客进行奖励

对投诉的或提出意见的顾客给予奖励表明了企业对顾客抱怨的态度，是一种承诺，是对顾客直接向企业投诉的一种激励。

（4）对顾客投诉进行培训

比特纳、布朗和梅特（Bitner, Brown & Meuter，2000）研究了顾客不愿意抱怨和投诉的原因，将其归纳为 5 个方面：顾客认为企业不会负责、顾客不愿等待和面对造成服务失误的人员、顾客无法确定自身权益与企业应负的义务、顾客不愿为抱怨花费时间、顾客担心提出抱怨后会得到较差的服务。可以看出，很多不满意的顾客不投诉是因为不了解投诉的效果、不知道投诉的程序或感觉投诉太麻烦等。因此，企业应对顾客进行培训，教会顾客抱怨，告诉顾客投诉对其权益的保障等。例如，向顾客宣传消费者权益及相关的法规、程序、案例等。让更多的顾客在遇到不满意时直接向企业抱怨，这无疑也增加了企业挽回顾客、获得顾客意见的机会。

4. 员工观察与调查

员工，尤其是一线员工在服务补救中起着重要的作用，他们通常是顾客抱怨信息最先的发现者、接触者和处理者。因此，他们最清楚企业经营中哪些环节容易出现问题、哪些是潜在的问题点。

处在顾客与企业交界处的一线员工通常面临着很大的角色模糊和角色冲突，对一些问题可能会采取回避的态度，比如，提出的改进措施可能造成企业费用的增加或其他部门会认为给他们的工作带来麻烦等。所以从内部顾客（员工）那里发现顾客不满意信息并非易事。鼓励员工发现顾客不满意信息，除了在企业形成以顾客满意为导向的文化和管理层的积极倡导及支持外，还应注意在员工中树立"从顾客抱怨中学习"的理念并建立相应的学习机制，要求员工不仅要正确认识顾客抱怨，还要从顾客抱怨中体会、学习，改进工作流程和服务方式等；鼓励员工在工作流程、规章制度中对各种顾客不满意信息进行记录，并对一线员工充分授权，提高他们的工作积极性和热情，提高员工对工作改进的参与。同时，对员工提出的有价值信息进行适当的精神或物质奖励。

（三）服务补救执行机制

服务补救启动机制发现服务失误之时，也就提出了执行服务补救方案的要求。执行机制的目的是为了消除服务失误给顾客造成的不利影响，以防止其转化为促使顾客采取不利于企业之行为的动机。

服务补救策略和方案的具体执行受到组织资源状况和资源投入情况的影响，包括企业文化、员工技能、组织政策和价值网络等资源的影响，因此，服务补救执行机制的第一个环节是建立补救工作执行的基础；具体的服务失误和具体的顾客对服务补救会有个性化的补救需求，因此，应提炼出一定的补救原则、策略，并让员工知晓、理解，这样才能提高员工的应变能力，这是服务补救执行机制的第二个环节；第三个环节，实施服务补救时，企业应制定出相应的步骤或程序，以提高员工服务补救的效率。

服务补救的执行是服务补救整体工作中非常重要的部分，我们将在下节专门讨论服务补救的实施。

（四）服务补救反馈机制

服务补救是一个反思失败教训的过程，是一个与顾客深度交流的过程。因此，在服务补救过程中充斥着大量有价值的信息，正如福内尔和韦斯特布鲁克（Fornell & Westbrook，1979）将投诉管理定义为"传播信息以便发现和消除消费者不满意的原因"，服务补救在某种程度上可以看作顾客不满意信息的收集、传递、处理和利用的过程。服务补救反馈机制要解决的是关于企业如何有效地接收、处理和运用反馈信息的问题。

随着计算机、网络和通信技术的迅速发展，"信息与信息技术的影响将遍布整个服务业，服务行业的每一个角落都将被信息技术所涉足"。目前，信息和数据收集、处理、存储的能力已大大提高，很多情况下，人类面临的主要问题是如何利用信息，企业应通过如下方面充分发挥服务补救信息的作用。

1. 信息集成

目前，很多企业信息管理中存在的一个主要问题是"信息孤岛"现象，不同职能、不同部门、不同功能的信息系统彼此孤立存在，很难真正发挥信息的作用。如能将不同的系统集成在一起，不仅能减少不同系统的工作量，而且能实现信息共享，最大效益地发挥信息的作用。以星级酒店的信息管理系统为例，将服务补救信息系统同酒店的顾客经历系统等模块联系到一起，顾客投诉时，投诉信息详细地记录、建立档案并自动转化，形成一个统一的档案模块，便于及时、准确地对服务补救进行跟踪和查询。同时，投诉过的客人档案可设计上标记，在客人以后光顾时，标记会自动弹出来，以引起服务人员的注意。

2. 顾客管理

从企业管理的整体上说，服务补救信息属于顾客信息中的一部分。目前，多数企业顾客信息管理系统主要包括顾客基本信息管理、顾客订单信息管理、顾客需求分类管理、顾客报表输出等。如将服务补救信息融合到顾客信息管理系统中，企业可通过计算机及网络技术，进行全方位的顾客管理。在接到顾客投诉的同时，信息系统能将该顾客的购买、消费记录迅速调出，传送到解决投诉所涉及的相关部门，提高顾客投诉处理的效率；服务补救信息记录进顾客数据库后，信息系统在一定时间内会提醒业务部门，该顾客已多长时间没有光顾、是否超过消费周期等，提示业务人员回访；对反复投诉的顾客，系统会出现警示标志，员工会谨慎地对待该类顾客。

3. 业务重组

通过对顾客满意度、顾客抱怨频率、业务利润率的分析，企业能识别最有效的业务机会，从而进行业务重组，实现最佳效益。美洲航空公司曾通过研究发现，商务旅客仅占乘客总数的40%，却提供了公司72%的收入，旅游者占乘客总数的60%，却仅提供了28%的收入，并且频繁的商务旅客占乘客总数的6%，提供了37%的收入，但他们是最不满意的顾客。根据这些数据，美洲航空向商务旅客提供更好的座椅、食品，提供更多的折扣，增加了预先登机而不需排队、中途可以洗澡等服务措施。这种业务组合的调整，改进了服务水平，也提升了其服务业绩。

4. 服务改进

顾客的不满通常是由于需要没有得到满足而引起的，顾客抱怨中往往能反映出产品或经营中的弱点，从而为企业产品/服务的改进提供重要信息和思路。早在20世纪80年代初，美国通用电气公司就使用免费"800电话"听取消费者意见。如今，通用电气公司已拥有世界上最大的"客户记录资料库"与"解决问题资料库"，通过对消费者意见和需求的量化，通用电气源源不断地开发出适合顾客需要的各种产品。

5. 流程优化

很多服务失误源于服务过程的失败，企业可以通过对服务补救信息的统计、分析，重新设计、优化服务程序，提高顾客的满意和忠诚，使企业处于持续的质量改进过程中。

四、服务补救的实施

在服务补救的实施中，服务提供者应根据既定策略，按照规范的程序或步骤实施，确保服务补救活动的顺利进行。

（一）服务补救的原则

服务企业实施服务补救时，要遵循以下原则。

1. 预防性原则

进行服务补救，化解顾客抱怨的最佳时机是在事前，预防为主，补救为辅。

2. 及时性原则

进行服务补救，关键是快速反应。当发生服务失误时，企业做出的反应越快，服务补救的效果就会越好。

3. 主动性原则

主动解决服务失误问题，不要等顾客提出来后再被动地去解决。还要为顾客提供方便的抱怨渠道和轻松的抱怨环境，以便于及时发现问题。

4. 精神补偿原则

要关心服务失误对顾客精神上造成的损失，照顾顾客的情绪。

5. 顾客知情原则

在未发生服务失误时，要让顾客明白自己的权利和企业的义务，让顾客明白在发生服务失误时进行投诉的方式。在发生服务失误时，要让顾客清楚处理的步骤和进展。

（二）服务补救的策略

服务企业实施服务补救时，可以采用如下策略。

1. 跟踪并预期补救良机

企业需要建立一个跟踪并识别服务失误的系统，使其发现挽救顾客与企业关系的良机。有效的服务补救策略需要企业通过听取顾客意见来确定企业服务失误之所在，即不仅被动地听取顾客的抱怨，还要主动地查找那些潜在的服务失误。市场调查是一种有效方法，诸如收集顾客批评、监听顾客抱怨、开通投诉热线以听取顾客报诉，有效的服务担保和意见箱也可以使企业发觉系统中不易觉察的问题。

2. 重视顾客问题

顾客认为，最有效的补救就是企业一线服务员工能主动地出现在现场，承认问题的存在，向顾客道歉（在恰当的时候可加以解释），并将问题当面解决。解决的方法很多，可以退款，也可以将服务升级，如零售业的无条件退货和酒店对客人进行房间升级。

3. 尽快解决问题

一旦发现服务失误，服务人员必须在失误发生的同时迅速解决失误。否则没有得到妥善解决的服务失误会很快扩大并升级。在某些情形下，还需要员工能在问题出现之前预见到问题即将发生而予以制止。例如，某航班因天气恶劣而推迟降落时，服务人员应预见到乘客们会感到饥饿，特别是儿童。服务人员会向机上饥饿的乘客们说："非常感谢您的合作与耐心，我们正努力安全降落。机上有充足的晚餐和饮料，如果您同意，我们将先给机上的儿童准备晚餐。"乘客们点头赞同服务人员的建议，因为他们知道，饥饿、哭喊的儿童会使境况变得更糟。服务人员预见到了问题的发生，在它扩大之前，员工就避免了问题的发生。

4. 授予一线员工解决问题的权力

对于一线员工，他们需要特别的服务补救训练。一线员工需要服务补救的技巧、权力和随机应变的能力。有效的服务补救技巧包括认真倾听顾客抱怨、确定解决办法、灵活变通的能力。员工必须被授予使用补救技巧的权力，当然这种权力的使用是受限制的。在　定的允许范围内，用于解决各种意外情况。一线员工不应该因为采取补救行动而受到处罚。相反，企业应鼓舞和激励员工们大胆使用服务补救的权力。

5. 从补救中汲取经验教训

服务补救不只是弥补服务裂缝、增强与顾客联系的良机，它还是一种极有价值但常被忽略或未被充分利用的、具有诊断性的、能够帮助企业提高服务质量的信息资源。通过对服务补救整个过程的跟踪，管理者可以发现服务系统中一系列亟待解决的问题，并及时修正服务系统中的某些环节，进而使"服务补救"现象不再发生。

（三）服务补救的步骤

通常，服务企业实施服务补救执行如下步骤。

1. 确认服务过失

要为顾客提供优质的补救服务，管理人员首先必须深入了解顾客不满的原因，发现服务工作中存在的各种问题。确认了过失，才能有效地进行补救。顾客抱怨及其反馈，是企业确认服务的一种重要方法。

2. 解决顾客问题

对于顾客的投诉提供方便、高效率的回应服务，解决顾客的问题，有助于提高顾客的满意度，让抱怨的顾客成为企业商品或服务的永久购买者，使企业投入于服务补救的努力获得回报。

3. 整理资料，查找原因

企业应认真收集、记录顾客的反馈资料，并将资料整理分类，评估抱怨的内容，从而有助于企业做好补救服务，有效地提高顾客的满意度。

4. 改进服务质量

企业应在整理分析资料、找出服务失误原因的基础上采取各种措施来持续改进服务质量，提高顾客满意度。

案例：长沙机场航班延误的服务补救体系

针对长沙机场的航班延误，由长沙机场公司牵头，会同各航空公司、驻场各单位采取一系列服务补救措施，构建了长沙机场航班延误服务补救体系的基本框架。

1. 成立了延误处置组织领导机构

在出现航班延误的情况下，为及时掌握航班动态，准确发布信息，指挥协调各相关单位（部门），开展现场组织、处置，做好延误航班的服务工作，长沙机场成立了航班延误处置领导小组。各相关保障单位也结合各自工作实际成立了相应的航班延误处置领导机构。通过逐级下达保障指令，层层监督服务补救措施的落实，定期分析、评估航班延误服务补救水平，构建了长沙机场有机协调的航班延误服务补救组织领导机制。

2. 规定了部分保障单位的职责

（1）规定长沙机场公司各部门职责

长沙机场公司在不正常航班服务应急预案中，对公司各部门职责一一做了规定。现场运行指挥中心负责协助机场不正常航班处置领导小组进行指挥协调工作。运输候管部负责协助机场不正常航班指挥中心进行现场组织领导。航空器航线维修站负责做好不正常航班的服务保障工作。安检护卫部及时了解不正常航班延误信息，保障人员及时到位。机场保障部负责确保不正常航班候机楼内、机场宾馆等旅客活动区域水、电的正常供应，以及有线通信的畅通。医疗救护中心了解不正常航班延误信息，负责为旅客提供及时的医疗保障服务。党群工作部积极跟踪获悉不正常航班延误信息和服务情况，了解现场实时动态，做好与媒体的沟通和宣传报道工作。

（2）规定驻场其他单位的职责

长沙机场公司在不正常航班处置预案中还明确了部分驻场单位的职责：南航湖南分公司负责执管代理的航班，负责候机楼内各类突发事件的巡视、监控和及时反馈等工作。空港实业旅服分公司根据不正常航班情况，按照航空公司的要求标准向旅客及时提供餐饮、住宿及往返长沙市区、候机楼交通服务和旅客行李、货物从机上及时提取及装载工作；及时与航空公司取得联系，协调解决旅客票务方面的需求等工作。机场公安局及时了解不正常航班延误信息，负责维护好候机楼内的正常秩序等工作。

3. 规定了部分服务补救标准

（1）航空公司有关延误服务补救的标准、规定

针对航班延误服务补救，在长沙机场运营的航空公司大多在其对外公布的《旅客、行李国内运输总条件》或者《顾客服务指南》中规定了有关航班延误服务补救的部分标准。例如，有关食宿安排规定：因工程机务、航班计划、运输服务、空勤人员4种属于航空公司原因造成的航班延误，将免费为旅客提供餐饮、住宿服务。

（2）长沙机场有关延误服务补救的标准及流程

一方面，规定了延误信息的发布标准及传递流程。例如，长沙机场公司在不正常航班处置预案中要求：现场运行指挥中心必须在第一时间（超过前方站预计起飞时间30分钟内)向航空公司或空管分局站了解不正常航班的信息，同时密切关注延误航班的动态跟踪。另一方面，长沙机场列明了延误服务标准及流程。例如，长沙机场公司在不正常航班处置预案中规定：运输候管部在接收到航班信息之后至少每30分钟广播一次或通过电子屏幕显示等方式发布更新的不正常航班信息并做好相应记录。

基于上述措施，近年来，在长沙运营的航空公司、长沙机场各单位的带领下，广大员工克服运输生产快速增长、运行安全压力凸现、机场扩建全面铺开、不停航施工点多面广、基础设施严重滞后、保障设备严重欠缺等前所未有的困难和挑战，团结一心、扎实工作，确保长沙机场

连续 7 年没有发生一起重大有效投诉事件。长沙机场也先后获得"全国文明机场""全国精神文明建设工作先进单位""湖南省文明窗口单位"等荣誉称号。

术语表

服务失误（Service Failure）

服务补救（Service Recovery）

顾客抱怨（Customer Complaints）

服务传递（Service Delivery）

结果公平（Outcome Fairness）

程序公平（Procedure Fairness）

互动公平（Interaction Fairness）

第九章　服务组织

服务导向型组织要求对顾客的需求能及时做出反应，为此，在组织结构设计上应体现出明确的服务导向，充分体现出对顾客的重视和对员工的尊重。本章首先介绍现代服务组织的三种结构形式，其次探讨内部营销的含义和作用，最后讲述员工授权的原因、收益与成本以及授权的原则、过程与方法等。

第一节　服务组织结构

传统的组织结构是按照组织内部指挥链层次和组织内各部门之间的关系构成的，最典型的组织结构就是"金字塔"形组织结构。然而，随着技术进步和市场化进程的加速，顾客成为市场的主体，顾客的需求主宰着企业的经营方向和经营理念，企业的运作要以满足顾客需要为前提条件。这样，对于一个服务组织来说，不应有烦琐的官僚机构或过多的组织层次。服务导向要求组织成员理解并承担对顾客的责任和拥有为顾客提供服务所需的权力。为了减少顾客和企业高层管理者之间的沟通障碍，也为了给顾客提供更及时和更灵活的服务，企业的组织结构就需要进行调整。下面介绍现代服务组织的三种结构形式："倒金字塔"形组织结构、扁平化组织结构和网络化组织结构。

一、"倒金字塔"形组织结构

在传统的"金字塔"形组织结构中，总经理高居塔顶，而一线员工位于金字塔的基座。这种模式隐含着一种传统理念，即一线员工处在企业的最底层，在组织指挥链的最末端，谁都可以向他们发号施令，其地位是最低的，也是最不受重视的。而"倒金字塔"模式则树立了一种全新的服务理念。在这种模式中，企业将顾客的需求放在第一位，组织结构设计也是根据市场的变化和顾客的需求及时进行调整。在组织内部，一线员工处于组织的最重要部位，因为顾客满意源于与顾客接触的一线员工。部门经理是为基层员工服务的，而高层总经理则是为部门经理服务的。这两种组织结构模式可通过图 9-1 进行比较。

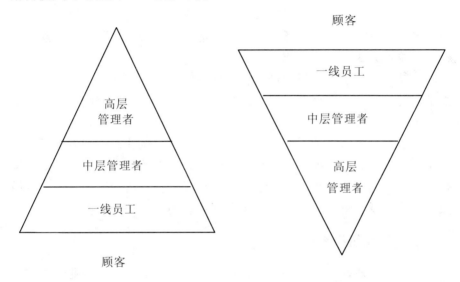

图 9-1　"金字塔"与"倒金字塔"形组织结构的比较

值得说明的是，金字塔的倒置并不是说指挥链出现倒置，总经理当然还是企业的最高指挥者，员工也仍需要服从上级主管的安排。我们将金字塔结构倒置只是想说明服务型组织需要更新的经营理念。

与传统的组织结构相比较，"倒金字塔"组织结构有以下 3 个特点。

（1）从"金字塔"组织结构转变为"倒金字塔"组织结构，管理层级顺序发生变化。在传统的组织结构中，高层管理人员远离服务工作第一线，很难对服务工作做出正确、及时的决策。在"倒金字塔"组织结构中，高层管理部门不再是"金字塔"组织结构的最高一个层次。前台人员直接为顾客服务，他们的工作实际最终决定服务企业能否盈利，能否取得竞争优势。因此，前台服务人员应成为"倒金字塔"组织结构的最高一个层次，管理人员和职能部门的员工必须支持前台服务人员的工作，为优质服务提供必要的条件。

（2）服务工作决策权从管理部门和职能部门转移到服务工作第一线。在面对面服务过程中，服务人员必须善于根据顾客的特殊要求，迅速地做出各种决策。因此，管理人员应授予服务人员必要的决策权，将服务质量管理职责从高层管理部门转移到服务第一线，使每位服务人员都成为服务工作的"管理人员"。在服务过程中，每位服务人员都应有权在其他员工的帮助之下或独立地确定恰当的服务方法，满足顾客的需要和愿望。管理人员应鼓励、支持并指导服务人员为顾客提供优质服务。同时，管理人员的作用和管理方式也发生了相应的变化。

（3）减少管理层次，组织结构扁平化。服务工作决策权由管理部门和职能部门转移到服务工作第一线，要强化一线员工的自主管理和团队精神，必然要求服务企业减少"金字塔"组织结构中的管理层次，以便于上下级之间的沟通，让员工充分了解和掌握企业信息，为企业寻求和创造更多的市场机会。减少管理层次，不但可以使管理人员直接从服务人员那里了解市场信息，迅速地根据市场的需要做出各种经营管理决策，而且可以分散决策权力，降低管理成本，使服务企业真正做到以市场为导向。

二、扁平化组织结构

采用高科技成果，特别是计算机和信息技术成果，服务企业可无限地扩大管理跨度。"管理跨度"是美国著名管理学家泰勒（Frederick W. Taylor）提出的一个概念，是指一名管理人员或一个管理中心可有效地直接管理的下属员工的人数。长期以来，许多管理学家认为管理人员只能有效地管理 7~9 名员工。然而，采用高科技成果之后，许多服务企业的管理跨度已扩大到 20~25 人，有些服务企业的管理跨度甚至已经高达数百人。因此，奎因（James Brian Quinn）认为，"管理跨度"概念已经过时，也许应改用"沟通跨度"或"协调跨度"的概念。

许多服务企业采用扁平组织结构。例如，快餐公司的采购中心可为几百个快餐馆订货，一个通信卫星跟踪系统可指挥并协调世界各地无数飞机的客运工作或无数集装箱船的货运工作。在金融服务业，美林公司（Merrill Lynch）在美国的 480 多个办事处都与公司总部的主机联机，17000 多名经纪人都能直接与公司总部的专家联系。运用信息技术，美林公司既能充分发挥大型金融企业的竞争实力和规模经济，又能使每位经纪人按照客户的需要，做好金融服务工作。从经营的角度来看，美林公司的组织结构是无限扁平的，公司总部能满足所有经纪人的需要。在这类"无限扁平"的组织结构中，直线管理人员极少向下属员工发号施令，管理部门变成员工的信息来源、整个企业内部沟通活动的协调机构或员工的问询处。各个基层单位与公司总部联机，并不是为了向公司总部管理人员请示汇报，而是为了从公司总部获取特殊信息，以便更好地做好经营管理工作。

在下列条件下，服务企业采用精心设计的信息系统，可无限地扩大管理跨度。各个基层单位都能单独经营，不存在相互依赖关系。分散经营的各个基层单位与信息中心之间的联系主要是信息联系。信息中心可根据决策规则或例行程序，指导各个基层单位的经营活动。

"无限扁平"组织形式的主要特点是各个基层单位可在限制性条件或决策规则的约束之下独立经营，企业内部的沟通主要是各个基层单位与总部信息中心之间的相互沟通或各个基层单位的内部沟通，各个基层单位之间的横向联系并不重要，甚至并不存在。

服务企业采用"无限扁平"组织结构，可减少管理层次，降低行政管理费用，提高管理效率和劳动生产率。在这类组织结构中，无数员工或无数基层单位可直接向同一位管理人员请示汇报；管理人员可使用计算机和通信系统，安排员工工作时间，指挥大批员工工作，为员工提供信息和反馈的管理人员可使用实时联机监控系统，加强服务质量管理工作和劳动生产率考核工作；第一线服务人员有更大决策权力，可完成传统组织结构中由中层管理人员负责的大部分工作任务。因此，传统工业组织结构中的许多管理层次就可以完全取消。

三、网络化组织结构

如果高度分散经营的基层单位必须经常直接联系，服务企业会采用网络化组织形式。在网络化组织结构中，不存在或几乎不存在正式的权力机构或"发号施令"的等级层次。各个基层单位（网络节点）完全独立经营，相互提供信息。网络组织的相关部门和人员是通过互联网或内部网立体连在一起，处在核心地位的管理中心与各团队保持着密集的多边联系。管理中心与团队之间架有立体通道，可实现管理中心与团队、团队与团队之间的实时沟通，使企业能集中最优势的资源来共同处理企业各项业务和各类问题，达到企业的经营目标。

科研、诉讼、投资银行业务、审计、咨询、技术开发合作项目的组织形式与真正的网络化组织形式非常接近。在这类组织结构中，各个独立的基层单位基本上掌握整个组织积累的全部知识，在大部分时间内有很大自主权，不必接受正式权力机构的管辖。如果这类组织有一个中央机构，这个中央机构并不产生信息，而是从各个基层单位收集信息，为各个基层单位交换信息。在各个基层单位，可能存在有限的几个管理层次。如果各个基层单位必须接受中央权力机构的领导，这个权力机构往往是一个特设委员会、特别工作小组或协调委员会。

在网络化组织结构中，各个基层单位有很大自主权。然而，要提高整个网络的经营效率，各个基层单位必须保持密切的联系，相互交换信息，共享资源。在某些服务工作中，例如，在跨国公司财务报表审计工作中，各个基层单位必须高度统一行动，相互协作，才能充分发挥整个网络的竞争优势。

网络化组织结构具有小型、灵活、高度分散经营等特点。许多企业为了充分利用自己的才智，以较少量投资，获取较高投资收益率，都尽力寻找世界上最杰出的联营单位，委托其他企业或个人完成一部分工作任务，以便减少本企业经营风险和成本费用，更迅速地为顾客提供更优质的产品和服务，提高顾客的消费价值。越来越多的企业既不搞大而全，也不搞小而全，既充分发挥自己的专长，又充分利用其他企业或个人的专长。因此，采用网络化组织形式的服务企业将进一步增加。

网络化组织形式和扁平化组织形式有明显的区别，在网络化组织结构中，所有基层单位都由通信网络联结起来，相互之间的沟通更加密切。然而，各个基层单位都相当独立，主要按照共同商定的目标或业绩标准进行经营管理。网络核心企业和各个合作企业不存在上下级权力关系。各个合作企业可自筹资金，为不同的客户服务，甚至为网络核心企业的直接竞争对手服务。

奎因认为，如果各个基层单位的专业知识和技能非常重要，基层单位之间或基层单位与网络核心之间的联系主要是间断性信息联系，或者基层单位经营灵活性和创造性比核心单位的效率更重要，网络化组织形式就比较有效。

第二节　内部营销

一、内部营销的含义

贝里（Berry，1981）首先提出了内部营销的概念，即把员工看成内部顾客，把工作当作满足内部顾客需要的产品[①]。越来越多的企业认识到，为了成功地实行服务营销，公司首先必须进行成功的内部营销。一名受过良好训练和服务导向的员工，是比原材料、生产技术或产品本身更重要的稀缺资源。企业对待内部员工要向对待外部顾客一样，其竞争同样激烈，并富于挑战性。只有进行恰当的内部营销，企业在外部市场上进行的经营活动才可能获得最终的成功。

虽然内部营销的定义各不相同，但以下观点基本达成共识，即满意的员工产生满意的顾客是内部营销的基本前提；内部营销的对象是企业内部员工，目的是通过满意的员工来实现外部顾客满意，从而获得企业竞争优势；员工满意可通过将营销原理运用于企业内部来实现。因此，我们可以把内部营销理解为，将营销管理的思想和技术运用到企业内部，实现企业内部员工的满意，最终实现外部顾客满意目标的过程。

内部营销作为一种管理过程，能以双重方式将企业的各种功能结合起来。一方面，内部营销能保证公司所有级别的员工体会并理解公司的业务及各种活动；另一方面，它能保证所有员工得到足够的激励，以服务导向的方式进行工作。内部营销强调的是公司成功达到与外部市场有关的目标之前，必须有效地进行组织与其员工之间的内部交换过程。

二、内部营销的研究进展

经过对 20 多年内部营销文献的仔细研究，拉菲克和阿迈德（Rafiq & Ahmed，1993）认为存在 3 个相互独立并紧密联系的内部营销的概念化阶段：员工激励和员工满意阶段、顾客导向阶段、战略执行或变革管理阶段[②]。

[①] Berry L L. The Employees as Customer[J]. Journal of Retail Banking, 1981, 3(1): 25-28.
[②] Rafiq M, Ahmed P K. The Scope of Internal Marketing: Defining the Boundary Between Marketing and Human Resource Management[J]. Journal of Marketing Management, 1993, 9(3): 219-232.

（一）员工激励和员工满意的内部营销

内部营销被当作提高组织传递服务质量的一种方法。在内部营销理论的早期发展阶段，大部分文献都聚焦于对员工激励和员工满意的讨论。基于对服务质量与服务人员关系的认识，为了使顾客得到满意，公司必须追求员工的满意，就必须要为他们提供满意的产品。这些员工清楚地懂得与顾客交往时有礼貌和有感情的行为的好处，因此会产生更多的顾客满意。

（二）追求顾客导向的内部营销

内部营销理论发展的第二阶段的代表人物芬兰学者格罗鲁斯认为，交互式营销是服务行业一线员工对顾客需求即时反应所必需的，买卖双方互动不仅仅对于顾客购买或再次购买有一定的影响，而且为公司提供了一个营销机会。为了好好利用这些机会，公司需要有顾客导向意识的员工。另外，有效的服务同样要求一线员工和后台员工之间进行有效的合作。格罗鲁斯认为，内部营销观念作为组合不同功能的工具，这些功能对服务组织的顾客联系非常关键。

（三）作为战略执行或变革管理的内部营销

内部营销理论发展到第三阶段的标志是学者们开始将内部营销作为战略执行的工具。温特（Winter，1985）率先提出内部营销是管理员工实现组织目标的一种技术，强调内部营销是一种执行工具。将内部营销视为战略执行的工具是基于这样一种共识：如果要更有效地执行战略，必须消除企业内部职能的冲突，在企业内部要进行良好的沟通。内部营销应被当作各类组织执行内部和外部战略的一个通用工具。

三、内部营销的作用

首先，内部营销有利于建立顾客导向型组织结构。市场导向型企业文化不能通过强制的方式实现，它是企业通过内部营销的手段，逐渐使全体员工、所有部门树立起"顾客服务"意识的结果。内部营销手段是一种温和的方式，它不能命令或强制员工或部门接受某种思想、观念和计划，只能想方设法让人们主动接受。在内部营销方式实施的过程中，企业的运作方式、组织结构也不断发生改革。

其次，内部营销能有效消除部门之间的冲突，实现顾客导向的跨部门整合。在企业经营实践中常遇到部门间的冲突。从企业的生产流程看，一个产品或服务的最终产出必须有各个部门连续不断的配合与协调生产，企业的每个部门通常在为其他部门提供某些产品或服务的同时，又是企业内部不同部门产品的使用者。各部门都有各自的经营目标，各部门独立经营目标之间容易产生矛盾和冲突。企业的成功依赖于在企业范围内建立市场导向。通过内部营销可以让人们认清这种客观上存在的内部交换关系，有助于促进部门间的合作。

再次，内部营销是培养和维护顾客导向型企业文化的重要途径。在原有服务文化的企业组织中，关心顾客和服务导向是最主要的行为准则，而内部营销常常是实现这种文化的手段之一。由于管理者对产品的生产或服务、支付等过程以及实际中员工对具体问题的应对不能直接控制，因此往往要设法在企业内部营造出顾客至上的气氛，借以进行间接控制。

最后，内部营销能保证一线员工的服务质量，提高顾客满意度。服务产品与有形产品最根本的区别就是无形性，赢得消费者的忠诚需要提供更多个性化的服务，建立更多的个人型的关系，这就对一线员工提出了更高的要求。内部营销认为，员工与外部顾客一样需要功利性和情感性的组合激励，特别是那些看不见的情绪、价值观、动机决定着员工怎样认识企业目标、怎样对待外部顾客。

第三节　员工授权

许多企业发现，要真正做到对顾客需求及时响应，就必须授权给一线员工，使其能对顾客的需求做出灵活的反应，并在出现差错时及时进行补救。授权就是指上级给予下级一定的权力和责任，使下级在一定的监督之下，拥有一定的自主权和行动权。授权者对被授权者有指挥、监督权，被授权者对授权者负有汇报情况及完成任务的责任。

授权意味着把为顾客服务的意愿、技能、工具和权利交给员工。尽管授权的关键是把决定顾客利益的权利交给员工，但只是权利的给予还不够。员工需要能够做出这些决定的知识和工具，还要有激励措施鼓励他们做出正确决定。如果服务组织单纯地告知员工"你现在有权做任何可以使顾客满意的事"，这种授权根本不能成功。一方面，员工通常不相信这些话，尤其在组织等级森严或有官僚作风时，更令人难以信服。另一方面，如果员工未经培训，没有做出类似决定的指导原则和工具，他们通常不会清楚"做任何可以做的事"的含义。

一、授权的原因

对工作授权的原因有很多。第一，是为了保证工作的完成。服务人员可能会遇到来自遥远地方的顾客求助，而且通常是临时通知，甚至是在正常工作时间以外。例如，警官、有线电视安装员、电工、水暖工和清洁工，他们的大部分时间都是在社区里面度过的，往往要走进人们的家庭或者工作场所。在合适的情况下给予员工更大的自主决策权，可能会使他们在现场提供优质的服务。他们不必参考规则手册，也不必花费时间请求上级的批准。所以应该授权一线员工去发现服务难题的解决方案，并促使他们就传递顾客定制化服务做出适宜的决策。第二，在"生产线"这种传统方法下，管理层设计了一个相对标准化的系统，并且期望工人们能够在狭窄的规则范围内执行任务。相比之下，授权方法更可能产生高度激励的员工和满意的顾客。生产线方法对于管理人员来说，是基于组织设计与管理的"控制"模式的完善确立，其中有定义明晰的角色、自上而下的控制系统、一个"金字塔"形的组织结构，还有一个关于"管理层掌握的信息最多"的假设。相比之下，授权方法是基于"参与"（或"承诺"）模式之上的，这种模式的假设是，如果员工们经过了适当的社会化和培训过程，并且掌握足够充分的信息，那么绝大多数员工都能够为经营企业做出好的决策、萌生好的想法。这种模式还假设员工可以通过内部激励来有效工作，他们能够进行自我控制和自我引导。

授权是一项重要管理原则，无论是制造业还是服务业，都需要对员工进行适当的授权。然而，对于服务业来说，由于员工直接与顾客打交道，而顾客的行为模式是不存在固定程序的，顾客对服务的要求也是多变的，因此，授权对服务导向型组织来说更有必要。

完整的授权涉及以下3个要素。一是任务，它是指管理者让员工去完成的具体事件；二是权力，它是指员工完成工作所需要的财力、人力及其他资源的自主支配权；三是责任，它是指员工在没有完成工作时所承担的风险。只有将任务、权力和责任相结合，才能真正称其为授权。

二、授权的益处与成本

在标准化生产线与授权两种方法中,企业如何进行选择呢? 一般来说,不同的情况可能需要不同的解决方案。由更大程度的授权所带来的回报,必然会被由甄选和培训所增加的成本、人工成本的上升以及服务速度的减慢而有所抵消,因为与顾客接触的人员在个别顾客的身上投入更多的时间,从而降低了服务传递的一致性。因此,服务企业应该对授权的收益和成本进行权衡考量。

(一)授权的益处

对服务人员授权的益处主要体现在以下几方面。

一是在服务过程中可以对顾客需求更快速、更直接地回应,因为在特殊的情况下,顾客通常要等到主管出现才会得到自己想要的决策结果。同时,顾客如果感受员工是在自发及自愿地提供帮助,这将有助于改善感知服务质量。

二是在服务补救过程中,能更快、更直接地回应不满顾客,原因和第一种一样,在企业没有抱怨系统时,他们不会对不满做出很正式的反应。

三是员工的工作满意度更高,自我感觉也更好,因为他们有权处理自己的工作并能和其他员工彼此信任。同时,也会减少缺勤和跳槽现象。

四是员工会以更加饱满的热情提供服务,因为他们有更强烈的工作动机。这要求员工能意识到自己的兼职营销员职责。

五是被授权的员工是新思想的宝贵源泉,因为他们直接和顾客接触,在服务过程中可以观察到各种机会和问题,以及顾客的需求、愿望、预期和价值。被授权员工更倾向于关注问题和机会,并与他们的主管和经理分享他们的发现。

六是被授权员工在创造好的口碑和提高顾客保持率方面极有价值,因为企业可以期待他们以服务导向的方式快速、纯熟地提供服务,这会让顾客感到惊喜并倾向于重复消费和传播良好的企业形象。

七是授权可以使高层管理者从日常事务中解脱出来,专心处理组织的重大问题。而且,授权可以增长下属的才干,使下属有机会独立处理问题,从而提高管理水平。

(二)授权的成本

虽然授权会带来以上好处,但有时授权也会给企业带来以下额外的成本。

一是对人员进行选择和培训所需的大量投资。发掘能在授权环境中胜任的员工需要许多的花费。由于员工需要更多的关于公司、产品的知识，以及如何灵活地与顾客打交道的方法，相应的培训花费也比较昂贵。

二是更高的人工费用。在选择被授权员工时，组织一般不使用兼职工或季节工，因而要为获得授权的员工所承担的责任给予相应的回报，为其增加工资。

三是潜在的迟缓或服务执行不一致。如果被授权的员工为所有或部分顾客花更多时间服务，那么服务的总体时间将被延长，这会惹火那些等候的顾客。授权还意味着顾客将得到其需要或要求的服务，如果顾客满意度交由员工通过个人判断决定，服务执行的水平就可能因人而异。

四是可能损害顾客得到公平服务的感知。顾客可能认为照章办事对每位顾客才公平。如果他们看到其他顾客得到不同水平的服务，或者员工为一些顾客提供特殊对待，他们可能认为组织没有公平待客。

五是员工可能"大手大脚"或做出错误决策。许多人担心被授权的员工会做出一些费用相当高的、组织无法承受的决策。这种事情会导致企业支出多余的成本并在顾客中造成坏的影响。

总的来说，授权和真正给员工权力产生的收益远大于它所造成的成本。服务企业可以通过减少缺勤、降低员工流失率以及恰当地聘用和谨慎地给予员工权力来削减授权可能带来的成本。

三、有效授权的原则、过程与方法

有效的授权必须遵循相应的授权原则，并按照完整的授权过程，选择适当的方法进行授权管理。

（一）授权的原则

许多企业的高层管理者经常声称授权，或锻炼部下，然而他们所说的授权只是将工作责任下放。真正的授权需要遵循以下原则。

一是明确授权的目的和权限范围。授权者在向被授权者明确所授事项时，必须明确任务目标及权限范围，使被授权者能十分清楚地工作。

二是职、权、责、利相当。为了保证被授权者能够完成所分派的任务，并承担起相应的责任，授权者必须授予充分的权力并许以相应的利益。只有职责而没有职权，无法顺利地工作；而只有职权无职责，也会造成滥用权力、瞎指挥和官僚主义。缺乏利益驱动会使被授权者不愿过多承担责任，因此授权必须是有职有权，有权有责，且有责有利。

三是正确选择被授权者。在选择被授权者时，应遵循"因事择人，施能授权"和"职以能授，爵以功授"的原则。要根据分派的任务，来选择具备完成任务所需条件的被授权者以避免出现不胜任情况，应根据所选被授权者的实际能力，授予相应的权力和对等的责任。

四是加强监督机制，建立反馈机制。授权者要对被授权者的行为负责，因此就必须加强对被授权者的监督控制。授权者要建立反馈机制，及时检查被授权者的工作进展情况以及权力使用情况，出现问题及时予以解决，对滥用权力的要及时予以制止，必要时可以更换被授权者，从而确保目标的实现。

（二）授权的过程

授权是一个过程，包括分派任务、授予权力、明确责任和实施监控 4 个步骤。一是分派任务。在这个阶段，需要明确被授权者所应承担的任务。二是授予权力。在这个阶段，需要给予下属行动的权力或指挥他人行动的权力，它是实现所分配任务的基本保证。三是明确责任。在这个阶段，被授权者向授权者承诺保证完成所分派的任务，保证不滥用权力，接受授权者的奖励或处罚。四是实施监控。在这个阶段，授权者可以向下级分派工作责任，但自己仍要对组织负有最终的责任。授权者给予被授权者的只是代理权，因此授权者有权对下级的工作情况和权力使用情况进行监督检查，有权调整所授权力或收回权力。

（三）授权的方法

对员工的授权是一门管理艺术。影响授权程度的因素有很多，上级和下级对权力的追求程度、工作岗位的特点、服务对象的特点等决定了授权的方法。一般来说，授权的方法包括以下 4 种。

一是充分授权。只给予目标和时限，提供必要的资源支持，允许下级有充分的自主权来完成任务。这有利于部属发挥创造力和聪明才智，适合独立工作能力强、经验丰富的下属。

二是部分授权。在给予目标和时限后，提供一定的策略指导，在完成任务的过程中适度监督和控制进程，随时协助处理棘手问题。这在任务比较困难和下属经验不足的情况下适用。

三是制约授权。在某项任务既重要又时间紧迫时，授予多个子系统来协助完成。在任务进程中，各子系统在时限和任务上相互制约，形成一定程度的竞争氛围。

四是弹性授权。在完成一系列任务时，在不同时期采用不同的授权方式，因任务授权限。

案例：丽思·卡尔顿酒店的员工授权

丽思·卡尔顿（Ritz-Carlton）作为全球首屈一指的奢华酒店品牌，从19世纪创建以来，一直遵从着经典的风格，成为名门、政要下榻的首选酒店。因为极度高贵奢华，它一向被称为"全世界的屋顶"，尤其是它的座右铭"我们以绅士淑女的态度为绅士淑女们忠诚服务"更是在业界被传为经典。

丽思·卡尔顿酒店对于崇尚奢侈品的人来说是一个传奇，这个传奇有无数名流为其背书，其中最为有名的故事来自称得上时尚代名词的可可·香奈儿，从1934年到1971年她去世，可可一直住在巴黎的丽思酒店，酒店专门为她安装了私人专用电梯，电梯从她的豪华套房一直延伸到酒店后面的康朋街大门，方便她只需穿过康朋街就到达办公室。

这些富豪与名流对这家酒店的态度可以用依恋来形容，很多人将其当作家，而酒店的服务人员在某种程度上就是其家人，他们对客人直呼其名。无论岁月怎样流逝，你遇到的始终是同样的楼层服务生和侍者，他们个个都对你的怪癖了如指掌，无论是从客人最喜爱的长圆形小甜糕的味道、最讨厌的格子床单，还是客人生了病的小狗需要吃什么样的食物。这一切成为商业服务业最为经典的案例。

没人知道谁将是忠诚的客人，但所有的丽思员工都知道，只要做到"我能及时对客人表达和未表达的愿望及需求做出反应"，以及"我得到了足够的授权为我们的客人提供独特、难忘和个人化的体验"这两条准则，来酒店的每一位客人都有可能成为"终生顾客"。

在丽思酒店，有一个全体员工每天必须参加的15分钟小组晨会，主要内容就是分享全球各地丽思人每天为创造顾客优异体验的亲身经历。

一个家庭带着三个小男孩在周末抵达萨拉索塔丽思酒店。在他们入住的最后一晚，他们在酒店的餐厅进餐。餐厅打烊时，服务员发现椅子坐垫下面隐藏着一个毛绒小狗。服务员立刻意识到，三位小男孩中的某一位落下了它。时间太晚了，因此服务员们计划在第二天以一种有趣的方式归还那个小狗玩具。他们将小狗玩具摆放在餐厅中，做出进餐、弹奏钢琴以及在厨房中烹调美食的样子，并为其拍照，然后为每一张照片配上故事情节。他们打印了所有的照片，为小宾客创建了一个名为"小狗历险记"的图集。

第二天上午9点，他们将图集和毛绒小狗玩具一起送至宾客的房间内。当小男孩看到他丢失的小狗时，欣喜雀跃；在这个孩子和他的家庭中，这段美妙的经历是不会被忘怀的。

丽思的员工每时每刻都用心创造着独特的体验，上述故事被公司印成小报，在全球的每个丽思的角落中反复传播。每名员工都在试图创造这样美妙的服务。当这成为一种每天都无数次地用各种故事演绎的文化时，终生顾客只会是必然结果。正因为不知道谁是下一位终生顾客，所以每一位享受丽思服务的客人都得到了最衷心的照顾。

丽思有一个闻名遐迩的规定，就是任何一位员工，无论是客房服务、门童，还是行李员，无须上级批准，都有2000美元的额度去服务有需要的客人。正是因为这个授权，客房人员会在发现客人落在房间的护照时，立刻打车到机场，从洛杉矶追到旧金山，在客人出国之前送还护照。

那有没有人将这笔钱花在亲朋好友身上？有没有专门的预算来预计这笔钱占收入的比例？但实际的情况是，每年的额外支出很少，也没有人滥用这笔授权。因为酒店的信条中提到的独特的体验并非一定要花钱才做得到，员工们非常珍重酒店给予他们的权力，大家致力于在不花钱或少花钱的情况下，努力让客人得到最极致的服务，在客人遇到问题时负起第一份责任并立刻解决。

当员工发现顾客有什么需要时，酒店允许员工放下日常工作，立即采取积极的措施，不惜一切去满足顾客。如果需要其他部门的员工帮助，其他部门的员工也应立即放下手上的日常工作协助满足顾客。比如，有一位服务生在客人聊天时，得知客人的妻子钟爱巴黎酒店提供的意大利肉酱面，而且现在就很想吃，为了提供非凡的体验，服务员立刻向总厨们提供了巴黎酒店的电话号码，他们便可获得食谱并在旧金山为客人再现那份特别菜肴。当客房送餐人员奉上精心准备的美食时，宾客和妻子兴高采烈，喜悦之情难以言表。类似的独特体验并不需要很多钱，但需要非常的"情感投入"，酒店非常相信自己的员工，同时，员工也热爱丽思，真心愿意为客人创造传奇，这形成了一个良性循环。

不过，每个动用了授权的员工在报销这笔费用时，需要将自己的故事写下来传播出去，他给我们看了一份小报，大概有 6 版，上面写着全球各家丽思酒店发生的各种各样的小故事。在每天的晨会时，由团队中的人轮流分享报上的小故事，再讨论如何在自己的工作中创造这个传奇服务。

丽思用了最棒的方法来保障授权，没人会将钱用在自己的亲朋好友身上，因为无法向其他同事和公司交代；也没人会滥用，因为大家的目的都是创造独特体验，但并非一定要运用授权资金。无数晨会传播的故事都在提供各种灵感启发员工，丽思用了最高尚也最善良的方法，既极大地尊重和信任了员工，又用这种信任为自己的商业经营提供了保证。

丽思酒店无疑是"以客户为中心"的最佳实践，文化与价值观才是塑造传奇最大的秘密。上述种种做法都来源于酒店的创始人恺撒•丽思的个人信条，他相信通过最为专业周到的服务能够赢得尊重和成就，而正是这种理念和价值观造就了丽思酒店今日的传奇。

术语表

服务组织（Service Organization）

组织结构（Organizational Structure）

顾客导向（Customer Orientation）

"倒金字塔"形组织（Inverted Pyramid Organization）

扁平化组织（Flat Organization）

网络化组织（Network Organization）

内部营销（Internal Marketing）

员工授权（Employee Empowerment）

服务文化（Service Culture）